【經典】
HUMANITY
【人文】

主編

林元清　邱文達　王懿範

長照新政策的未來展望
落實健康台灣大策略

The Future Prospects of Long-Term Care Policies
A Vision for A Healthier Taiwan

推薦序

「健康台灣」願景下的長照新篇章　衛生福利部部長 邱泰源 ──── 004

邁向超高齡社會的長照新願景　行政院政務委員 陳時中 ──── 008

完善長照體系：人才、資源與財務永續的關鍵 ──── 012
　　　　衛生福利部前部長 蔣丙煌

長照 2.0：開創全民照護的新時代 ──── 014
　　　　衛生福利部前部長 林奏延

一代代的承諾：建構具韌性的照護藍圖 ──── 016
　　　　衛生福利部前部長 薛瑞元

健保給力社會更友善　高齡需求照護更貼心 ──── 018
　　　　衛福部中央健保署署長 石崇良

在宅醫療的未來：台灣長照政策的轉型與挑戰 ──── 020
　　　　台灣社會福利總盟副理事長 陳節如

智慧健康願景：台灣長期照護的創新與挑戰 ──── 024
　　　　臺北醫學大學董事長 陳瑞杰

跨領域協作與社區照顧：共建台灣的健康老化未來 ──── 026
　　　　國際整合照顧學會理事長 洪德仁

AI 引領長照創新：智慧化照護未來展望　臺北醫學大學教授 李友專 ──── 028

引　言　　林元清 邱文達 王懿範 ──── 030

第 1 章　全球長期照護的趨勢分析：從 WHO 年度主題看台灣 ──── 034
　　　　　的長照發展　邱文達 林元清 王懿範

第 2 章　長照與醫療銜接整合之規劃與推動　祝健芳 王銀漣 ──── 070

第 3 章	**財務與給支付制度之建言**　李玉春	102
第 4 章	**擘劃高齡長照未來政策展望與國家級高齡研究中心之核心角色**　許志成　林玨赫	138
第 5 章	**高齡醫學與長照整合** 黃偉嘉　曾珮玲　黎家銘　詹鼎正	176
第 6 章	**後疫情時代無牆化健康照護生態系：以內在健康力為核心的高齡智慧整合照護的實踐**　楊宜青	202
第 7 章	**日本超高齡社會的醫療照護問題與因應對策**　李光廷	230
第 8 章	**超高齡時代的健康照護：居家醫療與長照的整合策略** 余尙儒　王維昌	272
第 9 章	**長照政策　健康台灣方針的落實：長照服務實務經驗分享及高齡產業機會與前瞻建言**　蔡芳文　蔡孟偉	302
第 10 章	**智慧長照資訊政策未來展望**　徐建業　郭佳雯　饒孝先	328
第 11 章	**長照科技發展芻議**　江秉穎　許明暉　詹鼎正	364
第 12 章	**長照法規之發展與探討**　鄭聰明	402
第 13 章	**衛生福利部所屬醫院長期照護現況** 林慶豐　李孟智　黃元德　賴仲亮　歐建慧　林三齊 簡以嘉　王蘭福	432
第 14 章	**臺北醫學大學長期照護發展與目標** 劉芳　張詩鑫　吳麥斯	456
第 15 章	**慈濟長照模式的背景、核心價值及執行成果** 莊淑婷　林名男	472

推薦序

「健康台灣」願景下的長照新篇章

衛生福利部部長 邱泰源

　　在賴清德總統提出的「健康台灣」願景引領下，衛生福利部正以前瞻性的視野，全力推動醫療與長期照護的整合與創新。面對台灣即將邁入超高齡社會的重要歷史關口，這不僅是因應人口結構變遷的必要之舉，更是為了實現我們共同的願景──讓每一位國人都能享有優質、平價、普及的醫療照護服務，並能夠在熟悉的環境中安享晚年。

　　回顧過去幾年，我們在長期照顧2.0計畫的基礎上，不斷精進與創新。我們推動了出院準備銜接長照服務計畫，將民眾從出院到接受長照服務的等待時間從原本的數十天縮短至僅需數天，服務銜接率也顯著提升。我們實施了居家失能個案家庭醫師照護方案，目前已有近千家特約醫事機構參與，服務了超過20萬名個案。在失智症照護方面，我們布建了超過500處失

智社區服務據點和 100 多處失智共同照護中心，為數以萬計的民眾提供了服務。

特別值得一提的是，我們正積極推動在宅醫療服務，讓更多行動不便或居住在偏遠地區的民眾能夠在家中獲得必要的醫療照護。這不僅提高了醫療可及性，也大大提升了患者的生活品質。我們已在多個縣市試行「在宅急症照護試辦計畫」，初步成果令人鼓舞，未來將進一步擴大實施範圍。

然而，我們深知挑戰仍然存在，直至民國 113 年，我國失智症人口達到約 35 萬人，長照需求也將隨之大幅增加。因此，我們的願景是建立一個更加整合、更具彈性、更能回應個人需求的醫療與長照體系。

在未來，我們將致力於以下幾個方向。首先要先強化醫療與長照的無縫銜接，透過資訊系統的整合，期望實現醫療團隊與長照團隊的緊密合作，提供真正的全人照顧。其次，將持續推動以社區為基礎的照顧模式，包括擴大在宅醫療服務的覆蓋範圍，希望看到更多醫療院所參與家庭醫師照護方案和在宅醫療服務，同時強化長照專業服務，讓長者能在熟悉的環境中獲得所需的照顧。另外，將加強對特殊需求群體的照顧。特別是在失智症照護方面，我們計畫持續建立多元化的服務資源，從社區服務據點到專業的照護中心，全面提升照護品質，我們的目標是讓更多失智症患者及其家屬能獲得及時、適切的支持。除

此之外，我們將積極推動創新的照顧模式，並因應新的醫療照護需求，探索更具彈性、更能滿足個別需求的照顧模式，為人民提供更貼心的服務。最後，我們將持續投入資源培育專業人才，提升照護品質，我們相信唯有擁有優秀的照護人才，才能為全國人民提供最好的服務。

建構一個完善的醫療與長照體系是一項艱鉅的任務，需要政府、醫療機構、長照單位以及全體國民的共同努力，未來，我們將持續推動照護體系的創新與整合，期待透過各界的共同努力，打造更完善的健康照護網路，讓每位人民都能享有優質的照護服務。

推薦序

邁向超高齡社會的長照新願景

行政院政務委員 陳時中

台灣正迎來人口結構的重大轉折點。根據預測，2025 年我國 65 歲以上老年人口占比將突破 20%，正式邁入「超高齡社會」。面對這一巨大的社會變遷，建構完善的長期照顧體系，確保每位長者都能安享幸福晚年，已然成為當前最迫切的社會議題。

回首過往擔任衛生福利部部長的歲月，長照政策的推動過程歷歷在目。從長照 1.0 到長照 2.0，我們不斷擴大服務範疇、增加資源投入、提升照顧品質。然而，要真正建立起全面且永續的長照體系，仍有漫長的路要走。

長照人力短缺一直是我們面臨的主要挑戰。隨著服務需求日益增加，第一線照顧人員的缺口愈發擴大。我們必須通過提升薪資待遇、建立明確的職涯發展路徑、強化專業教育訓練等多

管齊下的方式，吸引更多年輕人投身長照產業。同時，積極運用科技輔具，減輕照顧者負擔，提升照顧效率，也是不可或缺的發展方向。

長照服務的可及性與普及性同樣需要我們持續努力。特別是在偏遠地區，長照資源分布往往較為不均。推動社區整體照顧體系的建置，讓長照服務深入每個角落，是我們的重要使命。與此同時，加強對家庭照顧者的支持，提供喘息服務、照顧技巧訓練等資源，也是減輕照顧壓力的關鍵所在。

長照與醫療體系的整合更是不容忽視的課題。許多長者同時面臨慢性病管理與日常生活照顧的雙重需求。如何讓醫療照護與長期照顧實現無縫對接，提供連續性的服務，需要我們深入思考。這不僅需要跨專業的合作，更需要跨部門的協調，共同建立起完整的照顧網絡。

長照財源的永續性問題也值得我們高度關注。隨著人口老化加速，長照支出必然持續攀升。在政府財政、保險制度與使用者付費之間尋求平衡，確保長照體系的長期穩定發展，需要社會各界的共同智慧與努力。

最後，我想強調的是，長照不僅是一項社會福利政策，更是關乎每個人未來生活品質的重要議題。我們必須轉變思維，從被動的「被照顧」轉向主動的「活躍老化」。通過推動預防保健、延緩失能、鼓勵社會參與等措施，讓每個人都能盡可能保

持健康、獨立自主的生活能力,從而減少對長期照顧的依賴。

展望未來,建構完善的長照體系無疑是一項艱鉅而必要的任務。它需要政府、民間組織、企業、學界等各方力量的共同投入與協作。我深信,只要我們同心協力,必定能為台灣的長者們營造一個有尊嚴、高品質的晚年生活環境,也為我們自己的未來預做最好的準備。

讓我們攜手同心,共同邁向一個友善高齡、世代共榮的美好社會。在這個充滿挑戰與機遇的時代,每一個人的參與都至關重要。通過政策引導、社會支持、科技創新,我們定能構建一個讓所有人都能安心變老、幸福生活的美好家園。

推薦序

完善長照體系：
人才、資源與財務
永續的關鍵

衛生福利部前部長　莊丙煌

台灣即將邁入超高齡社會，隨著高齡化趨勢加速，長期照顧需求與日俱增，建構完善的長期照顧制度刻不容緩。

在任職衛生福利部部長期間，我們積極推動長照十年計畫，建構長照服務網絡，並於 2015 年 5 月通過長照服務法，為長照制度奠定法制基礎。長照十年計畫是我們推動長照制度的重要里程碑。透過這項計畫，我們已逐步建置社區整合型服務中心、複合型服務中心等資源，擴大服務涵蓋率。

當時我們也積極推動「一鄉鎮一日照」政策，擴充社區日間照護據點的建置。在這些日照中心，要考慮到老年人可能面臨的特殊飲食需求，提供均衡且適合老年人的膳食。

目前國內照顧服務員嚴重短缺，造成這種現象的主因之一是照服員薪資偏低，許多人接受培訓後不願投入產業。為此，我

們曾積極改善照服員的薪資待遇與工作條件，以吸引更多優秀人才投入長照產業。同時，我們也注意到了營養專業人才在長照體系中的重要性，考慮如何更好地將營養師納入長照團隊。

財務永續是另一項重要挑戰，為了確保長照服務的永續發展，我們曾參考西方及日、韓的制度，推動台灣的長照保險制度，建議採收支連動機制，並設置三個月準備金，以確保財務平衡。我們建議審慎精算費率，盡量減輕民眾負擔。值得強調的是，長照保險不同於健保或勞保，它是為照顧失能者而設，其服務對象不分年齡，目的在減輕整個家庭的照顧負擔。可惜後來的執政黨無意推行長照保險制度，致使功虧一簣。

建構完善的長照制度是一項艱鉅但極端重要的任務，它不僅關乎高齡者的福祉，更攸關整個社會的永續發展。我們希望台灣能夠持續完善長照服務網絡，提升照顧品質，同時積極培育專業人才，建立穩定的財務機制，打造一個讓所有國人都能安心老年的社會。

推薦序

長照 2.0：
開創全民照護的新時代

衛生福利部前部長　林奏廷

　　長期照護體系一直是台灣健康照護發展的重要基石，尤其是近年來隨著人口急遽老化，人民對長照的需求逐年增加。回顧當年推動長照 2.0 的過程，我們的目標始終如一，讓更多需要幫助的長者、失能者及他們的家庭能獲得及時的照護服務，能夠參與長照 2.0 的規劃與執行，我感到無比榮幸。

　　在推動長照 2.0 的過程中，面臨了許多挑戰，從資源的配置、服務的整合、到基層人員的訓練與部屬，幸運的是，當年持續的努力獲得了不錯的成效。如今，長照 2.0 已讓全國的長照覆蓋率大幅提升，許多長者、失能者和家庭因此受惠，這不僅是政策的成功，更是一個社會制度的進步。我們的目標是要讓每

一位需要長照的國民，不論其經濟條件或地理位置，都能夠平等享有這項權利。

《長照新政策的未來展望——落實健康台灣大策略》這本書，不僅是對過去成果的回顧，也是對未來政策的深思與前瞻。長期照護的需求只會隨著社會老化的加劇而增加，因此未來的長照制度必須具備更多的彈性與創新。我們需要持續提升服務品質，運用科技的力量優化照護模式，才能面對更多、更複雜的照護挑戰。

透過這本書的討論與分享，我們能為未來的長照發展提供更多實際的方向與策略，讓台灣在面對高齡化社會的挑戰時，依然能夠保持健康與幸福。

推薦序

一代代的承諾：建構具韌性的照護藍圖

衛生福利部前部長 薛瑞元

　　隨著台灣邁入超高齡社會，醫療與照護的整合問題顯得愈加迫切。在我擔任衛生福利部部長期間，有幸參與並推動長照2.0計畫，這不僅是我國在長期照護政策上的重大突破，也奠定了照護資源的整合與強化基礎。我們在社區與居家照護模式中取得的進展，展現了我們持續努力的成果，實現了讓更多人能夠在熟悉環境中安享晚年的目標。

　　儘管如此，長照2.0只是邁向未來的第一步。隨著需求的日益增長，我們需要進一步發展一個更前瞻性的長期照護體系。這包括透過政策引導吸引民間資本投入，並運用創新科技提升照護效率。未來，如何利用數位科技與智能技術，讓照護服務更加精準且普及，將是我們共同面對的挑戰。

　　照護不僅是針對高齡者的健康需求，更涉及整個社會的福

祉。因此，建立一個長期照護保險制度，確保財務永續，是我們未來必須達成的目標。透過保險機制，我們可以減輕家庭的經濟負擔，同時確保失能者能夠獲得應有的照護。

在照護人才的培養方面，我們將持續加強對基層人員的訓練，並提升其工作條件與薪資待遇，以吸引更多年輕人加入這一重要產業。這將是我們長期照護體系持續發展的關鍵。

我們共同的願景是讓每一位高齡者都能夠安享晚年，無論其經濟背景或所在地區，這是我們對下一代的責任。長照不是一時的任務，而是一代代的承諾，我們必須不斷推動，為未來創造一個更加完善且具韌性的照護體系。

推薦序

健保給力社會更友善
高齡需求照護更貼心

衛生福利部中央健康保險署署長
總統府健康台灣推動委員會副執行祕書 石崇良

依據國發會所公布的資料，台灣 65 歲以上的人口占比將於 2025 年突破 20%，成為世界衛生組織所定義的超高齡社會；伴隨快速高齡化社會的來臨，醫療需求的增加與失能人口的照護問題將逐步湧現。長期照護政策不僅是社會福利的核心議題，而如何整合資源，無縫銜接醫療照護與長照服務，更是健康台灣願景推動策略的重要一環。

全民健保自 2016 年起推動「居家醫療整合照護計畫」，串聯醫事人員與醫療院所，鼓勵組成社區整合照護團隊，提供失能及行動不便的民眾在家就可以接受到醫療照護，包括一般慢性病照護、重度呼吸依賴居家醫療及居家安寧療護等。自 2024 年 7 月起，健保署進一步推動「在宅急症照護試辦計畫」，由醫師、護理師、藥師及呼吸治療師等專業人員組成照

護小組,將急性照護服務直接送到患者家中或照護機構中,減少病人及家屬往返醫院奔波,降低住院期間照顧負擔和交叉感染的風險,實現「居家就是最好的療養場所」願景,滿足民眾在地安老的需求。居家醫療的普及,不僅是為了應對超高齡社會,醫療與長照機構床位不足之現實挑戰,更是為了讓長者及行動不便者,在熟悉的環境中獲得整合醫療與長照,且即時、連續性之照護服務。醫療與長照 3.0 結合是健康台灣願景之一,健保將持續強化出院準備服務、擴大急性後期整合照護計畫(PAC 計畫)及各項居家醫療照護模式,加強資訊整合、服務無縫銜接,並使資源有效利用發揮綜效,藉由提供居家、社區、機構、醫療、社福一體式服務,達成在宅安心、安養又安老的樂齡社會。此外,為降低國人不健康餘命年數,未來的長期照護政策,更必須從預防、早期介入、居家照護、急性醫療等多方位出發,提供以全人為中心之整合性服務,讓身體功能退化者,可以安心待在家中接受完善有品質的醫療和照護。

「健康老化」,是當前施政之重要目標。而長照政策的成功,不僅在於制度的設計,更取決於如何落實到每一個家庭、每一位民眾的日常生活。本書正是基於這樣的宏觀視野,深入探討台灣在面對高齡化社會時所採取的政策措施,並提出具前瞻性的實踐路徑,亦為長照政策提供更深刻的思考與行動指南,讓我們共同朝向健康台灣的目標邁進。

推薦序

在宅醫療的未來：
台灣長照政策的轉型與挑戰

台灣社會福利總盟副理事長　陳節如

　　隨著台灣社會高齡人口的快速成長，失能人口數的快速增加，亟需建立以人為本、以社區為基礎的醫療與照護整合體系，滿足身心障礙者與失能老人需求，故民間團體自 2013 年起積極推動在宅醫療。在 2014 至 2015 年間，當時擔任立法委員的我與台灣社會福利總盟（簡稱總盟）共同率領政府部門、醫療界及社福界專業代表，參訪日本千葉縣松戶市、長野縣佐久市的在宅醫療，深入了解日本在宅醫療政策推動現況與實務運作模式。此外，我與總盟也辦理多項活動，邀請日本在宅醫療專家來台分享經驗，希望能推動台灣實施「在宅醫療」。因此，在與時任健保會委員吳玉琴共同努力，將在宅醫療納入健保總預算，促成「104 年全民健康保險居家醫療整合照護試辦計畫」的實施，並於 2016 年修訂整合了「居家醫療」、「重

度居家醫療」及「安寧療護」，透過跨專業、多職種的合作模式，提供在宅老人有尊嚴、有品質的在地生活。

台灣健保制度舉世聞名，近幾年政府與民間大力推動長照2.0、居家醫療等，但仍有服務斷裂之處，包括出院回家時（出院準備）、在家或機構病情急性變化、以及人生最後階段（臨終照護），需要透過整合做好照顧的銜接。總盟看見服務使用者的需求，在2019年、2023年及2024年率團分別至澳洲雪梨、美國克里夫蘭和日本北海道研習參訪，瞭解整合照顧對弱勢族群的協助。這些國家透過跨團隊的夥伴關係支持社區式照顧，以居家醫療預防不必要的住院，或以外展機構服務減少住院，都值得國內借鏡。基於此，總盟也從2021年開始辦理「台灣社區整合照顧研討會」，以加強各專業對在宅醫療的認識與支持，並倡議將住宿式機構納入居家醫療。歷經三年的倡議，值得肯定的是，政府聽見民間團體的聲音，在政策有些回應改進。譬如2024年起居家整合照護計畫2.0，在宅急症照護模式擴及到住宿式機構，並將急性照護納入居家醫療。而落實社區整合照顧，急性後期照護（PAC）的銜接也是重要一環；未來發展社區PAC照顧模式是可以努力的方向，以增加民眾的就近性，實踐在地老化。

2025年台灣將邁入超高齡社會、長照3.0也即將上路之際，欣見長期致力於推展醫療與長照整合模式，積極促成國際經驗

交流的王懿範教授與林元清醫師及邱文達教授，網羅各領域專家學者撰寫《長照新政策的未來展望——落實健康台灣大策略》一書。這本書內容相當豐富，包括全球長照趨勢分析、長照法規、給付、資訊、科技等政策展望，以及我國與日本醫療照護問題與實踐模式等探究，不僅讓我們更了解國際發展趨勢，也為台灣建立未來的「健康生活和健康社區」提供了相當有價值的參考。

推薦序

智慧健康願景：
台灣長期照護的創新與挑戰

臺北醫學大學校長 陳瑞杰

當我們展望未來，長期照護已成為一個至關重要的議題。隨著全球老齡化趨勢的加劇，長照的需求不僅關乎個人及家庭，更成為國家社會福祉的核心。在我擔任臺北醫學大學董事長的過程中，智慧醫療的推動與長期照護的發展一直是我努力的方向。我們不僅要創新醫療技術，更要將其落實於人們的日常生活中，為所有需要照護的人提供更好的服務。

《長照新政策的未來展望——落實健康台灣大策略》這本書，正是我們在這條道路上重要的一步。我們必須思考如何藉由政策、科技與人力資源的整合，創造一個可持續且高效的長照系統。在北醫，我們不僅致力於醫療技術的創新，更推動長期照護的全面發展，以期達成智慧健康的願景。

我堅信，智慧醫療的進步可以大幅提高長期照護的質量與效

率,並為我們的患者提供更人性化的服務。台灣的長期照護系統在未來將面臨許多挑戰,但我相信透過全社會的共同努力,我們可以實現「健康台灣」的大策略,確保每個人都能獲得有尊嚴且高質量的照護。

我非常榮幸能為這本書撰寫序言,並期待這本書能夠為台灣及國際的長期照護發展帶來深遠的影響。

推薦序

跨領域協作與社區照顧：共建台灣的健康老化未來

國際整合照顧學會理事長
臺北市醫師公會理事長　洪德仁

2025 年，台灣將進入超高齡社會，65 歲以上老年人口占總人口比率高達 20％，高齡者的需求和服務，是急迫的挑戰和創新契機。

賴清德總統上任後，積極推動「長照 3.0」政策，以過去「長照 2.0」的基礎，持續增加服務據點和內容，給予家庭照顧者和長照機構更多支持，並積極結合醫療和社會福利，發揮最大的功能，提升對長輩的照顧。

2024 年 10 月下旬開始，我在衛生福利部指導，於台北市、台南市、雲林縣、台東縣、連江縣等地進行 5 場次的「健康台灣公民參與論壇」，每場次都聆聽到公民積極反映：快速的高齡化後，造成長輩、家人、醫療、照護很大的負擔，除了有賴醫療、長期照護專業資源的努力之外，更建議要結合社區生活

圈內的相關社會資源，形成一個社區生活照顧網絡。

大家更鼓勵還保有自我照顧能力、輕度慢性病的亞健康老人家，提升健康自覺、改善健康生活型態、積極進行慢性病管理，持續社會參與，進行社會處方、志願服務、參與時間銀行，成為社區重要的照顧人力資源，就近在社區生活圈內服務。

目前台灣社會多是小家庭的關係，傳統家庭功能弱化，如何在家庭外的社區，提供體制內長照 3.0 相關醫療、生活照顧服務之外，這些具有特色的社區在地高齡志工、據點生活營造活動，都能夠提供正向、多元關懷模式，營造成為一個自助、互助、共助、公助的生活共同體。如果能夠加上 AI 智慧 APP 的介入，更能提供友善、具有實證基礎的評估和管理，優化服務模式。

這些都需要跨專業領域、分級醫療及照顧轉介、青銀跨世代、本土和國際交流的整合，有賴我等同儕一同努力，提供以人為本，全人、全家、全社區、全團隊、跨團隊整合的優質健康、長期照護模式，打造健康台灣。

推薦序

AI 引領長照創新：
智慧化照護未來展望

臺北醫學大學醫學科技學院資深教授及前院長
國際醫療資訊協會（International Federation for Information Processing）主席 李友專

長期以來，我們依賴人力提供照護服務，這使得資源分配的壓力日益增大。然而，隨著 AI 技術的成熟，未來的長照系統將能更有效率地運作，並能夠實現個人化的照護服務。AI 不僅可以幫助監測長者的健康狀況，預測潛在風險，還能夠結合大數據分析，提供針對性更強的預防及治療方案。這樣的進步不僅解放了人力，更重要的是提高了照護的精準度與品質。

本書中的「長照科技發展芻議」與「智慧長照資訊政策未來展望」兩篇文章，正是針對這一領域的深入探討。江秉穎教授、許明暉教授與詹鼎正教授的文章，為我們描繪了長照科技發展的未來藍圖，提出了如何利用新興技術來改善照護系統的可行性方案。而徐建業教授、郭佳雯教授及饒孝先博士的文章，則

為我們展望了智慧長照資訊政策的發展方向，並強調了 AI 在這其中的核心作用。

未來的長照不僅僅是對現有體系的延續，它將是一個充滿創新與變革的領域。我們將看到更多智慧化的系統應用，無論是在日常照護、健康管理，還是風險預測與危機應對上，AI 都將扮演關鍵角色。這不僅有助於提升長者的生活品質，也將對整體社會的照護資源分配帶來深遠的影響。關於醫療，華麗炫技的人工智慧並不是必須的，真正需要的是把病人擺第一、能夠解決核心需求的人性智慧，這才是生技醫療界所期盼的人工智慧。

引言

林元清　邱文達　王懿範

　　隨著全球人口快速老化，長期照護已成為二十一世紀最重要的公共衛生與社會福利議題之一。值此關頭，台灣即將在今年底跨越重要的人口里程碑——邁入超高齡社會，老年人口比例將突破 20%，標誌著我們站在承先啟後的歷史轉折點上。

　　本專書彙集了多位醫療、長照、政策與科技領域的專家學者，從不同面向探討長期照護的現況、挑戰與未來發展方向，為台灣的長照政策與實務工作提供重要的思考框架與建議。

　　全球長期照護的趨勢變遷無疑是我們面臨的重要挑戰之一，邱文達、林元清與王懿範等教授分析了 WHO 及全球長照發展的現狀與未來走向，為我們提供了國際視野。隨之，祝健芳司長及王銀漣專員探討了長照與醫療銜接整合的必要性，從規劃到實踐，強調協作對於提升照護品質的關鍵角色。李玉春教授則聚焦於財務與給支付制度，提出長照資金運作的策略建議，力求平衡財務可行性與照護需求。

在長照政策的未來藍圖中，許志成與林玨赫教授等勾勒了國家級高齡研究中心的核心角色，為高齡照護政策提供學術支撐與前瞻性研究。黃偉嘉、曾珮玲、黎家銘、詹鼎正教授等人則闡述高齡醫學與長照整合的必要性，強調醫療與照護並行的重要性，讓高齡者在熟悉的環境中獲得全方位的支持。楊宜青教授帶領我們走進後疫情時代，提出無牆化健康照護生態系的概念，強調以內在健康力為核心，實現智慧化的高齡整合照護。

　　此外，透過李光廷教授的分析，我們得以深入了解日本超高齡社會的醫療照護挑戰及其因應策略，提供台灣借鏡的寶貴經驗。余尚儒與王維昌教授等則從居家醫療與長照的整合策略出發，描繪了在地化、貼近家庭的照護模式，展現了現代長照的多樣性與靈活性。

　　在政策與技術方面，蔡芳文與蔡孟偉等專家分享了長照政策的落實經驗，展現「健康台灣方針」的具體成效；徐建業、郭佳雯及饒孝先教授等則前瞻性地探討智慧長照資訊政策的未來發展；江秉穎、許明輝及詹鼎正教授等提供了長照科技應用的創新思考。對於法規層面，鄭聰明專家深入剖析長照法規的演變，為未來立法提供方向指引。林慶豐執行長及七家部立醫院李孟智、黃元德、賴仲亮、歐建慧、林三齊、簡以嘉、王蘭福等院長從衛生福利部所屬醫院的現況出發，提供實務操作的寶貴經驗，展現政府在長照領域的承諾與努力。

臺北醫學大學的長期照護發展目標，由劉芳、張詩鑫與吳麥斯教授等詳述，展現了學術與實務結合的豐碩成果。莊淑婷與林名男兩位副院長則以慈濟長照模式為例，闡述其背景、核心價值及執行成果，為本書畫下深刻的註腳。

這本專書透過多方專家的研究與實踐經驗，期待為讀者提供全方位的長照政策洞見，啟發未來的發展思路。我們相信，唯有整合資源、促進醫療與長照的無縫連結，並積極探索創新模式，才能在面對未來挑戰時，實現「健康老化」與「在地安老」的願景。期待這些研究成果能為台灣的長期照護體系注入新的動力，共同建構更優質的高齡照護環境。

第 1 章

全球長期照護的趨勢分析

從 WHO 年度主題看台灣的長照發展

邱文達 [1,2,3] **林元清** [4,5,6] **王懿範** [7,8,9]

[1] 美國 AHMC 醫療集團 共同執行長 [2] 臺北醫學大學 講座教授及前校長 [3] 前衛生福利部 部長
[4] 美國 AHMC 醫療集團 副總裁 [5] 川普總統衛生部前副助理部長 [6] 前美國聖瑪利諾市三任市長
[7] 美國凱斯西儲大學醫學院臨床助理教授及 2024 醫學院教授獎 [8] 北京協和醫學院衛生健康管理學院榮譽及客座教授 [9] 國際整合照護基金會會刊（IJIC）編委及中國編委會主席

前言

隨著全球人口持續的老化，長期照護（Long-Term Care, LTC；或簡稱長照）已成為世界各國人口與衛生政策的核心議題。為了應對高齡化社會帶來的挑戰，世界衛生組織（WHO）與世界衛生大會（WHA）於 2015 至 2024 年間，每年均提出長照相關之主題和方針。儘管台灣並非正式會員國，WHO 和 WHA 所

提出的議題不僅反映了全球趨勢,也與台灣目前所面臨的問題高度契合。筆者等皆有參與國際健康衛生及長照政策的豐富經驗,如前衛生福利部部長邱文達於 2011 至 2014 年連續四年赴日內瓦參加 WHA 並發表演講。林元清醫師在任職美國衛生及公共服務部次長期間,主持少數族裔辦公室,領導美國及全球少數族裔的健康與長照政策。王懿範博士則長期投入美國、中國、澳洲及西歐醫療長照整合政策的研究及世界衛生組織的試辦計畫。這些經歷不僅深化了對國際健康與長照政策的理解,更促使筆者等持續關注 WHO 和 WHA 的議題發展。2015 年,WHO 發表了長達 260 頁老化與健康的全球報告(World Report of Ageing and Health),說明 WHO 將積極推動長照政策;2016 年,WHA 討論到長照和健康老化的議題,通過了「全球老化與健康策略和行動計畫(Global Strategy and Action Plan on Ageing and Health)[1]」,開啟了對長照的一系列議題,這些計畫強調促進老年人健康、增強生活機能以及提供綜合性長照服務,鼓勵各國制定全民覆蓋的長照計畫,並強調跨部門合作以支持健康老化。這些議題成為後續健康老化十年(2021-2030)計畫的基礎,旨在改善全球老年人的生活品質和健康狀況,此趨勢表示全世界將開始重視健康老化及長照的問題。

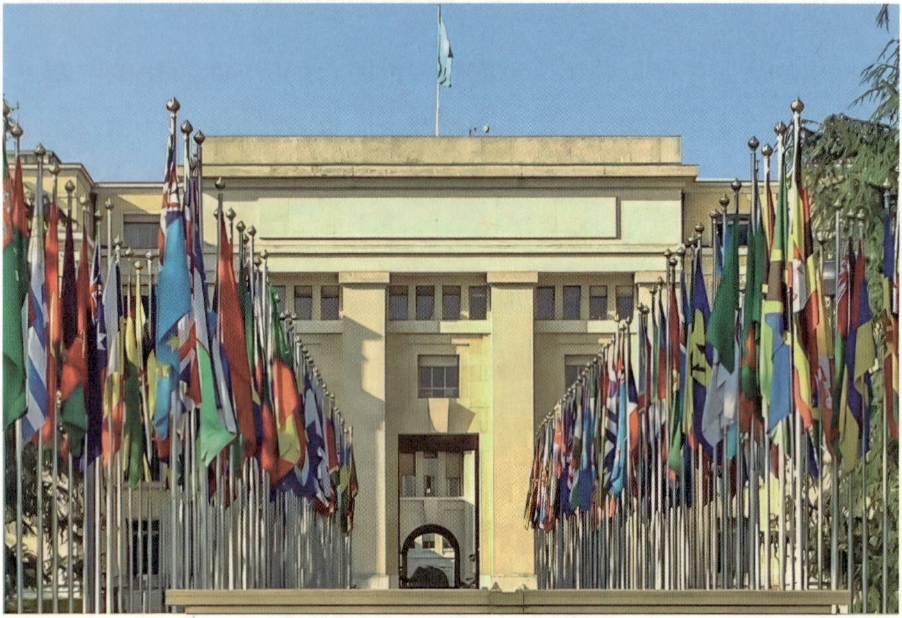

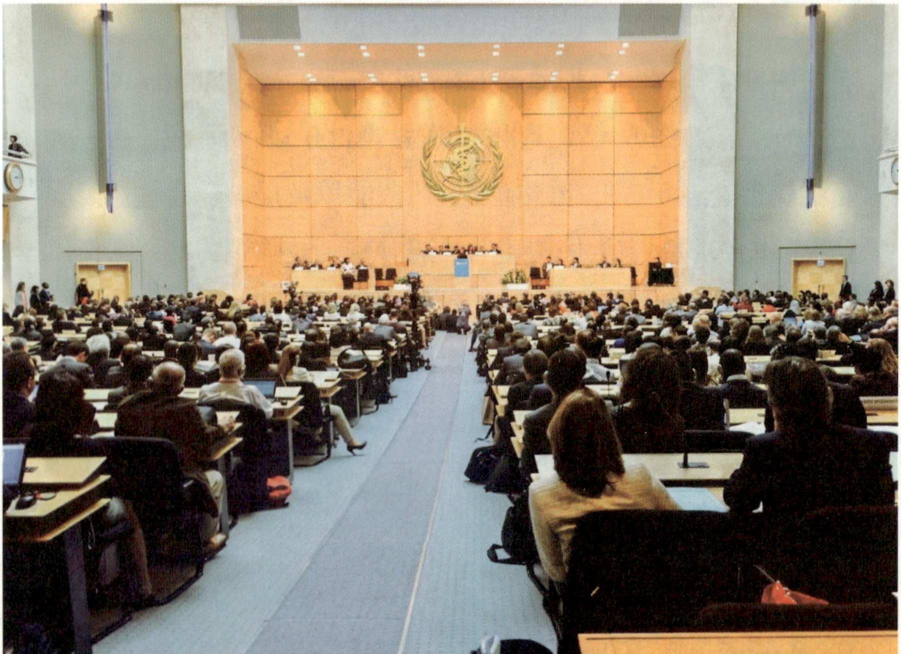

一、背景介紹── WHO 長照的倡議

WHO 提出應將「以人為本」（Person-Centered）作為長期照護的核心，2015 至 2024 年間，WHO 關於長照的主要倡議包括：

（一）2015 年──WHO 發表「高齡化與健康的全球報告（World Report on Ageing and Health）[2]」

此報告分析 2010 至 2014 年間相關數據，提出健康老齡化（healthy ageing）的目標是幫助發展和維護老人健康所需功能的發揮，涵蓋提升老年人照護品質、加強失能者社會支持，以及推廣各國相關政策。

瑞士日內瓦萬國宮（Palace of Nations）前門，世界衛生組織（WHA）大會每年於此召開（左上）。2011 至 2014 年，本文作者之一邱文達前部長四度代表台灣以觀察員身分赴日內瓦參加 WHA，並發表四次演說（左下、右圖）。多年來，邱前部長一直追蹤 WHO 醫療與長照的發展方向。
（攝影、圖片提供／邱文達）

(二) 2016 年──WHO 通過「全球健康老化戰略與行動計畫五年計畫（Global Strategy and Action Plan on Ageing and Health 2016-2020）」

此計畫目標為促進健康的老化，提升老年人的基本能力，並建立能提供高品質的長照系統，同時為後續的「健康老化十年」（2021-2030）奠定基礎。

(三) 2017 年──WHO 推動「長者健康整合照護（Integrated Care for Older People, ICOPE）」

此計畫以老年人為中心，強調以人為本，透過整合健康和社會照護服務，解決老年人身心能力不足的問題。

(四) 2018 年──WHO 第 13 個總體工作規劃（WHO's 13th General Programme of Work, GPW13）[3]

目標為確保衛生系統能夠響應老年人口的需求，使長照服務整合且易於獲得，同時持續推廣和實施 ICOPE。

(五) 2019 年──WHO 推動「聯合國 2020–2030 年健康老齡化十年（The UN Decade of Healthy Ageing 2020-2030）」

此為期十年的計畫強調減少健康不公平，改善老年人、家庭和社區生活，改變我們對年齡和年齡歧視的思考、感受和行為方式；以培養老年人能力的方式發展社區以人為本的整合照護；為有需要的老年人提供優質長

期照顧。將長照整合到衛生和社會照護系統中，目標是支持健康老化並改善老年人的生活品質。

(六) 2020 年——WHO 啟動「2020-2030 年健康老齡化十年（Decade of Healthy Ageing 2020-2030）[4]」

透過四個關鍵領域來改善老年人的生活，包含適合老年人的環境、整合照護、長期照顧及照顧者的支持以及消除年齡歧視。

(七) 2021 年——WHO 推行「2021–2030 年全球患者安全行動計畫（Global Patient Safety Action Plan 2021–2030）」

聚焦在患者安全，但也包括改善老年人長照服務安全性和品質，強調安全照護環境及在長照環境中的安全標準。

(八) 2022 年——WHO 推動「全球以人為本的整合衛生服務框架（Global Framework for Integrated People-Centred Health Services）」

世界衛生組織以人為本的整合衛生服務框架呼籲從根本上改變其服務的支付、管理和提供方式。提出未來願景使所有人都能獲得，這些服務以協調他們的需求的方式來提供，尊重他們的偏好。並且安全、有效、及時、可負擔，而且維持可接受的品質。

（九）2023 年——WHO 發表「將福祉納入公共衛生的全球框架（Global Framework for Integrating Well-Being into Public Health）[5]」

採用健康促進法，包括改善長照服務以增進老年人口的福祉，強調創新照護模式和數位健康技術的應用。

（十）2024 年——WHO 啟動「老年人長照：全民健康覆蓋（Long-term care for older people: Package for universal health coverage）[6]」

透過整合健康與社會照護，確定各國長照資源，並闡述長照在應對老化及全民健康覆蓋中的重要性。第七十七屆 WHA 也討論及長期照護的品質（Quality Matters in Long-term Care），強調長照品質，包括失智照護、感染預防及控制、最新的長照趨勢及新科技等。

二、分析 WHO 長照議題的核心

2015 至 2024 年間，世界衛生組織（WHO）積極推動長期照護政策，其核心議題涵蓋多個層面，包括（一）長照全民覆蓋：WHO 致力於實現長照的全民覆蓋，確保各國長照病人都能獲得必要的健康服務。（二）長者健康整合式功能評估（ICOPE）：2017 年，世界衛生大會（WHA）通過了 ICOPE 執

行策略，旨在社區推行以人為本的老年整合照護，獲得各國高度重視。（三）長照人力問題：全球關注焦點轉向解決人力短缺問題及加強對照顧者的支持，包括提供培訓、財務援助和臨時照護服務。（四）社區照護模式：ICOPE 的推動強化了社區照護模式的重要性，強調讓老年人能在熟悉的環境中安養晚年，突顯本地、可近性照護服務的重要性。（五）長照外籍勞工問題：WHO 注意到外籍勞工在填補本地長照人力缺口方面的關鍵作用，同時也意識到這可能帶來的人權問題和文化差異等挑戰。此外，也包括長照數位化及整合照護等問題，因各國差異大，就不在此討論。這些發展顯示，WHO 在長照政策上持續推動全面性的改革，以應對全球人口老化帶來的挑戰。以下我們將逐一說明。

三、長照的全民覆蓋計畫

（一）國際趨勢

世界衛生組織的長期照護（長照）全民健康覆蓋框架包含了完整的長照系統，其核心目標是確保所有人，尤其是老年群體，都能獲得必要的健康服務。此架構的根本理念在於：不論個人的經濟狀況如何，人人皆有權享有健康和福祉。

長照全民覆蓋與財務狀況密切相關，各國賦稅負擔率占國內

生產總額（Gross Domestic Product, GDP）比例是造成制度差異的關鍵因素。

長照制度和賦稅負擔占 GDP 的比率：

1. 稅收制長照──丹麥、瑞典及挪威

    丹麥以高稅收（賦稅負擔率 41.9%）資助長照，為所有需求者提供全面服務，包括居家護理、日間中心和照護院。瑞典依賴高稅收（32.6%）提供居家護理、特殊住房和日間照護中心等服務，政府不僅提供財政支持，還制定嚴格服務標準和品質監控。挪威同樣以高稅收（36.6%）確保長照資金充裕，服務涵蓋居家護理、日間照護中心和長照機構，使其長照體系享有國際聲譽。

2. 長照保險制度──日本、南韓、德國及荷蘭

    日本（賦稅負擔率 20.7%）於 2000 年引入長照保險制度，政府、企業、個人共同分擔，覆蓋 40 歲以上國民，提供居家、日間及住宿照護。南韓（23.8%）在 2008 年引入長照保險，借鑒日本模式，三方分擔費用，提供居家、日間及機構照護。德國（24.7%）的強制性長照保險覆蓋所有勞動人口，三方分擔費用，提供居家、日間及專業機構照護。荷蘭

（25.4%）的長照保險則由三方分擔，包括居家、日間及照護院服務，由政府負責監管和資金分配，因此效率極高。

3. 其他國家的長照制度

美國（賦稅負擔率 21.6%）的長照費用主要依賴私人儲蓄、家庭支持和商業保險，其長照模式存於私人保險、聯邦老年醫療保險（Medicare）以及低收入戶醫療補助計畫（Medicaid），形成獨特保險系統；但因成本高昂，覆蓋有限，長照體系存在顯著不平等。中國大陸於 2016 年起試辦長照保險，2020 年擴大至 49 個城市，2022 年底投保人數達 1.69 億，累計支出 624 億元，年人均支出 1.4 萬元；此外，國家政策鼓勵私有產業（如泰康集團，平安保險等的進入，利用其龐大的資源、科技及風險管理的理念加速長照險的推動。新加坡則透過政府補助和強制儲蓄計畫（如 Medisave）支援長照服務。印度的長照主要依賴家庭照護，政府的角色有限。

（二）台灣現況

根據行政院內政部資料統計，2023 年台灣 65 歲以上的人口數已超過 429 萬人，占總人口 18.4%。國發會推估，到 2025 年時，65 歲以上的人口比例將突破聯合國對超高齡社會 20% 的定義標準；而到 2039 年，台灣 65 歲以上人口將會達到

30%。台灣在 2017 年大力推動長照 2.0 計畫後，服務覆蓋率從 2017 年的 20.3% 大幅成長到 2023 年的 80.19%[7]，服務人數也從 10 萬人增加到 40.7 萬人，預算則從長照 1.0 時期的 50 億大幅追加到 650 億。

台灣在 2023 年的賦稅負擔率達到近 25 年的新高 14.6%，根據健保署石崇良署長所述，如再加上健保則約在 17% 左右；但是這占比在國際上仍居於偏低水準，此低稅收模式使得政府難以籌集足夠的資金來應對快速增加的長照需求。

台灣目前實行的「長照 2.0」計畫主要依賴稅收和部分自費，處在面臨巨大財務壓力的情況，而預計在 2024 年推出的長照 3.0，將針對給支付制度、提高長照服務涵蓋率、人力運用效率、居家及社區一站式服務等四大面制度提出新的發展方向，財務應會繼續增加。

台灣的長照系統中，主要機構包括長照中心、老年人安養中心、居家服務機構、日間照護中心及社區照護據點等。依 2022 年家庭照顧者關懷總會統計，國內長照需求者中，聘僱外籍看護工者約占 31%，比其他國家高出許多，這是值得注意的現象。期待未來長照 3.0 後，能依循全球的潮流，繼續往全民覆蓋的方向努力。

（三）建議方案

面臨高齡化社會挑戰，WHO 及全球各國紛紛實施長照全民覆蓋；就以近鄰的東北亞國家為例，日本已實施介護保險 24 年（2000 年），韓國也相應實施長照保險超過 15 年（2008 年），均早已達成長照全民覆蓋的目標。台灣目前則是採用稅收制，但其醫療支出占 GDP 僅 14.5%，與各國相較之下仍為較低。因此，達成長照全民覆蓋是台灣還需努力的目標。

台灣 65 歲以上的人口增加後加劇了對長照的需求，這對現有的照護體系帶來了巨大壓力。如前所述，台灣目前的長照主要通過「長照 2.0 計畫」推行，覆蓋率已近八成；然而，資源分配不均、服務供應不足、專業人力短缺等問題依然存在，限制了長照的普及和品質。因此，如欲達成高度全民覆蓋的目標，建議如下：

1. 擴大「長照 3.0 計畫」覆蓋範圍：著重品質績效的提升及改善縣市照顧服務資源落差，自「長照 2.0 計畫」啟動以來，政府投入大量資金和資源，並持續優化政策框架。建議增加財政投入、擴大實施「長照 3.0 計畫」，為實現長照全民覆蓋鋪路。但因為台灣稅收比率偏低，政府的支出必將受到限制，可能會遭遇一些困難。因中央無具體一致的目標及指標，縣市照顧服務有所落差，公平性及績效度均有待建立系

統化的評估指標監測及提升方案。

2. 推動長照保險制度：借鑑國際及日韓經驗，就長照 2.0 已建立的基礎，加強與健保及社區服務的協調配合，循依全人全程照顧的理念，探索長照保險制度的可行性，由政府、雇主及個人分擔費用，確保資金來源穩定和可持續性。通過保險分擔個人和家庭的經濟壓力，促進長照的全民覆蓋。

3. 強化全人照護整合社區服務網：加強社區服務網，並與醫療網、長照網無縫銜接，推動老人、社區和家庭一同參與，是邁向全民覆蓋關鍵的一步。推動在宅醫療，加強與專業服務的連接並設立社區健康中心，提供整合性的健康管理和照護服務，方便老年人就近獲得照護。

4. 提升科技應用及跨醫療、長照、社福系統資料的整合：推動科技創新應用，普及數位及智慧健康技術，建立全人健康資料平台，實現數據共享和即時更新，提升醫療、長照、社區服務的連結與協調，提升全人全程的照護服務效率與品質。

5. 加強人力資源培養：台灣目前有約九萬名照護人員，實施長照全民覆蓋預估需增加四至五萬人；若擴大服務範圍，將需更多培訓。建議繼續增設專業教育培訓機構，提升照護人力素質，同時改善工作環境和待遇，增加職業吸引力，外籍勞工亦應納入專業培訓機制。

實現長照全民覆蓋在台灣具有可行性,但也面臨諸多挑戰。藉著擴大「長照 3.0」,漸進式推動長照保險制度、強化社區服務、提升科技運用及加強人力資源培養等,可以逐步推動長照服務的全民覆蓋,如 WHO 所建議,確保每個人都能獲得必要的照護支持。

四、長者健康整合式功能評估(Integrated Care for Older People, ICOPE)

(一)國際趨勢

ICOPE 是 WHO 於 2017 年推出的計畫,旨在應對全球老齡化帶來的健康挑戰,提供完善且以人為本的照護,幫助老年人保持和提升內在能力,延長健康壽命和提升生活品質。

核心要素包括健康評估:評估老年人六大內在能力,包括認知功能、行動能力、營養狀況、聽力、視力和抑鬱狀態;個人化照護計畫:根據評估結果制定健康管理計畫;數位化支持:使用 ICOPE MONITOR 和 ICOPEBOT 追蹤健康數據[8]。

目標則包含:(1)提升健康管理:通過早期識別和介入,預防和延緩老年人健康狀況的惡化;(2)促進自我照護:增強老年人及其照護者的健康意識和自我管理能力;(3)強化系統整合:促進醫療和社會服務的協同,提供綜合性的照護。

全球現況

　　ICOPE 在 2020-2025 年分三階段在全球推動，包括法國、中國及印度等多個國家進行試辦，通過多方合作和技術支持，推動各地區根據當地需求進行實施和改進。

1. 法國：作為 ICOPE 積極推動國，法國得到衛生區域機構和衛生部支持，與多家機構合作，以開發多種數位工具。截至 2022 年底，26,559 名老年人加入計畫，據 2021 年的調查顯示老年人和家屬滿意度高。由此可見法國成效顯著，為他國提供寶貴經驗。

2. 中國大陸：自 2020 年 9 月試辦，2021 年 8 月完成初步試辦，共 213 家機構推動實施，包括醫院和社區健康服務中心等，共 2,148 名老人參與。本地化工具並通過統計平台追蹤，共培訓 22,705 名醫療專業人員，目前已進入第三階段試辦，超過 30,000 名老年人參與。全球試辦國家中以法國及中國試點的研究設計為最完整，包括老年整合照護的全部步驟，支持政策、實施能力建設及數據平台等各個方面，可作為參考。

3. 印度：2020 年起試行，其中曾在拉賈斯坦邦（Rajasthan）社區進行試辦，成效達到一定的水平。在推動後不僅提升了老年人的自我管理能力和生活品質，也增強了社區對老年人健康需求的關注與響應，在得到政府和非政府組織支持且強

調工作人員的積極參與和多方合作外，還進行內在能力篩檢評估及數千名專業人員的培訓，從而促進了整體社會對於老年福祉的重視與投入。
4. 其他地區：ICOPE 在非洲、美洲和東地中海地區不同程度實施，主要建立社區層級介入措施，預防老年人能力下降。

各國實施 ICOPE 時面臨改變現有醫療和社會服務模式的挑戰，但也展現了改善老年人生活品質的潛力。這些試辦計畫提供了寶貴經驗和數據。

（二）台灣現況

截至 2023 年底，台灣約有 1,000 家醫療機構（包括藥房、診所、眼科診所、物理治療設施和醫院等）參與 ICOPE 服務，為超過 22.2 萬名老年人進行評估。台灣自 2020 年推動 ICOPE，旨在預防老年人功能衰退，提升生活品質。評估包括認知功能、行動功能、營養狀況、聽力、視力和憂鬱狀態等六大內在能力。

（三）建議方案

雖然台灣在 ICOPE 的實施上取得了一定的成效，但仍存在一些挑戰和改進空間。以下是幾個建議方案：首先，擴大參與機

構數量和類型，提供充分資源以提高服務覆蓋率，目前僅四分之一至五分之一的老年人接受 ICOPE 評估；其次，加強對醫療人員、社工和照護工作者的培訓，包括使用方法、核心技能、風險分級和後續轉介路徑，確保他們熟悉 ICOPE 工具的應用及預期效果評估；再者，改善資訊系統，建立完善的老年人健康管理資訊網絡，實現醫療資訊的有效整合與即時共享，確保及時預防功能衰退；此外，鼓勵老年人、照顧者及社區的積極參與，了解老人共病特質及健康風險，提供全面的健康支持，整合社區資源；最後，強化政策支持，建立跨部門跨專業的協調機制，提供資金保障，推動項目擴展並解決政策矛盾和運作障礙。這些措施將有助於提高 ICOPE 的覆蓋率和實施效果，使更多老年人受益於這一全面健康照護計畫。ICOPE 在台灣的實施對提升老年人健康和生活品質意義重大，透過擴大參與機構、加強專業培訓、優化資訊系統、促進社區參與和強化政策支持，可完善 ICOPE 實施效果。這些措施將提高 ICOPE 覆蓋率，使更多老年人受益於此全面健康照護計畫。

五、加強長照人力

（一）國際趨勢

WHO 為了加強全球長期照護人力資源，採取了多項策略和

措施，旨在提升照護工作的品質和可持續性，確保老年人及需要照護的群體能夠獲得高品質且可持續的服務。透過提供技術援助和教育培訓，WHO 協助各國改善照護人員的招聘、保留與培訓，不僅提升了這些工作者的專業技能，還增強了他們的職業認同感和工作積極性。此外，WHO 也支持各國制定政策，以改善照護工作者的薪酬和工作條件，增加長照行業的吸引力，並降低人員流失率。為了促進跨部門合作，WHO 強調資源共享的重要性，推動各國的衛生、老齡、殘疾及勞動力發展機構協同合作，藉此提高政策制定與實施的效率。在數據透明度方面，WHO 通過改善長照人力數據的收集與分析，要求各國定期報告相關情況，為更精準的政策提供數據支持。同時，WHO 也提供持續的政策和財政支援，協助各國建立和維持長照人力資源，以《美國救援計畫法案》（ARPA）為例，其提供資金強化了家庭和社區基礎服務，成為其他國家寶貴參考。這些策略反映 WHO 對全球長照人力資源的高度重視，並為各國提供切實可行的解決方案，以應對不斷增長的長期照護需求，確保所有有需要的群體能夠獲得穩定且優質的照護服務。

各國強化長照人力的措施

各國在加強長照人力方面採取了多種策略和措施。以下是一些國家實施的具體情況：

1. 日本：自 2000 年實施介護保險，擴大覆蓋範圍和服務品質。與印尼、菲律賓和越南等國簽署協議，引入外籍勞工。這些勞工通過語言和技能測試後可長期工作。同時加強本地人員培訓和職業發展。
2. 韓國：韓國於 2008 年啟動長照保險，提升服務品質和覆蓋面。提供經濟激勵和改善工作條件，吸引更多人進入長照行業並引入外籍勞工。
3. 德國：實施強制性的長照保險，引入中歐和東歐的外籍勞工，提供專業培訓以提升技能。
4. 瑞典：以稅收支持長照，強調家庭和社區照護，提供培訓和職業發展機會，吸引人才，並提升照護品質。
5. 挪威：增加工作時間限制，延長外籍勞工簽證，提供財政支持招聘失業者、前照護工作者和學生。
6. 加拿大：根據需求和收入提供補貼，培訓本地人員，引入外籍勞工填補人力不足。
7. 美國：提供培訓教育，改善工作條件薪酬，引用智慧管理科技增加人力使用效率，培訓社區基層健康工作人員，推動居家和社區基礎照護。
8. 歐盟國家：強調跨部門合作，推動政策制定和資源整合，提升技能、改善工作條件，引入外籍勞工。

這些國家的策略顯示了在面對全球長照需求增加的背景下，通過多方合作和政策支持，努力使長照人力充足。

(二) 台灣現況

台灣人口快速老齡化，長照需求持續增長，使人力資源培養成為急迫課題；未來，長照服務將邁向全民覆蓋時代。長照 2.0 計畫指出，目前約 100 萬人需要長照，包括因老化、慢性病、失智症等需持續照護的老年人口。

1. 培訓人力：大多數國家都在逐步加強對照顧者的支持，以應對不斷增長的老齡人口需求。台灣政府積極推動長照服務人員培訓與支持，建立多項措施確保照顧者訓練和福利。2017 年上半年新申請長照服務人數較前年同期增 69.2%。至 2021 年，台灣有逾 9 萬 2 千名照顧服務員，但仍需培訓更多人力[9]。
2. 培訓計畫：長照人員培訓分為多層次，包括基礎、進階及高階訓練。未來將推行數位化培訓課程。目前，所有長照人員須於六年內完成 120 點的繼續教育課程[10]。
3. 支持措施：（1）喘息服務：讓家庭照顧者休息，減輕照顧壓力；（2）財務支持：家庭照顧者每年可享最高 12 萬元長照特別扣除額，減輕經濟負擔，政府亦提供補助，幫助

經濟困難家庭支付長照費用；（3）單一窗口服務：全國 22 縣市設立長期照顧管理中心，提供一站式服務。

各國應對老齡化社會的策略雖有不同，但共同目標是提升照顧者能力，提供高品質照護，並通過多種公共支持形式實現這一目標。

（三）建議方案

為了加強長期照護人力資源的發展，應擴大教育與培訓計畫，設立專門的長照課程和相關學位，並鼓勵醫療、照護及社工專業的學生選修長照課程，從而擴大人力儲備。此外，提供系統性和持續性的在職培訓，提升現有照護工作者的專業水平和技能。在改善工作條件與待遇方面，應提升長照人員的薪資待遇，增加職業競爭力以吸引更多人才，完善福利制度，提供健康保險、退休金及帶薪休假等保障，並改善工作環境，降低照護人員的工作壓力與職業風險。為促進職業發展，應建立明確的職業晉升路徑，提供多樣化的發展機會，通過評估和考核讓有能力和經驗的照護人員獲得晉升。鼓勵照護人員參與學術研究和實務創新，並提供進修及學術交流的機會，支持其參加國內外研討會和培訓，擴展專業視野。加強社會認知與支持亦是關鍵，透過宣傳教育提升社會對長照重要性的認識，強化照

護職業的地位，同時建立完善的社會支持網絡，提供心理支持和諮詢，幫助照護人員應對壓力。政策層面上，政府應制定支持長照人力資源發展的政策，提供財政補貼和獎勵，支持教育培訓和職業發展，並加強監管與評估。同時，設立獎勵機制，表彰優秀的長照工作者，提升其職業榮譽感與滿意度。

強化長照人力資源是應對人口老齡化的關鍵，可透過擴大教育培訓、改善工作條件待遇、建立職業發展路徑、加強社會認知支持和政策激勵，並提升長照人力品質，確保優質服務覆蓋所有需求者，為長照全民覆蓋奠定基礎。

六、加強長照社區照護模式

WHO推行社區照護模式的目標是促進老年人在社區內健康、有尊嚴的生活，減少急性醫療服務濫用，並支持培訓家庭成員或社區志願者等非正式照護者。WHO推行的主要措施包括：

1. 以人為中心的社區照護：WHO強調，長照應該是以人為中心，根據個人需求、價值觀和偏好來提供服務。
2. 社區基礎服務：WHO提倡在社區內提供長照服務，以便老年人能在熟悉環境中接受照護，包括居家護理和社區照護。
3. 培訓和支持非正式照護者：對家庭成員和社區志願者等提供

技能培訓、心理支持和休息時間，以減輕其壓力和負擔。
4. 多部門協同合作：社區照護需要多個部門的協同合作，包括健康、社會服務、住房和交通等。
5. 技術和資源支持：WHO為各國提供技術支持和資源，包括長照最低服務標準、在線資源和工具，支持社區照護實施。

（一）國際趨勢

1. 英國的國民保健服務（NHS）：英國NHS提供廣泛社區健康照護，包括初級醫療、訪視護士和精神健康服務。全科醫生（GP）和社區護士在患者家中提供大部分服務，社區支持團隊（含社工、物理治療師等）協助老年人和特殊需求患者。日間中心為老年人和認知障礙者提供社交和日常照顧。
2. 美國多樣化的社區照護模式：居家照護由醫師、護士、治療師及照護助理為老年人和慢性病患者提供，其支付方式主要透過自付、私人保險或聯邦及州政府醫保。整合照護計畫如全包式老年人照護計畫（PACE）為需要機構照顧的年長者結合聯邦及州政府的給付，提供整合醫療社區服務，使其能在家或社區生活。聯邦資助的居家醫療及聯邦核准的社區醫療中心更是為低收入及高風險人群提供基本醫療。
3. 日本的介護保險（Long Term Care Insurance, LTCI）系統：社區整合照護系統為老年人提供全面醫療照護，包括家庭、

日間和社區照護，強調預防及社區服務以減少住院需求；社區日間照護中心則提供活動和醫療照護，助老年人維持居家生活能力。
4. 澳洲的綜合社區照護：結合醫療衛生體系及老人照護體系以服務連接分開管制的運作方式為老年人提供醫療及個人照護、清潔和膳食準備等支持；國家殘疾人保險計畫（NDIS）為殘疾人提供量身定制的社區支持服務。
5. 瑞典高度發展的社區照護：瑞典擁有全面老年人照護系統，包括家庭、日間照護和社區住房，由地方政府提供且稅收資助；多功能日間照護中心為特殊需求老年人提供照護、康復和社交活動。
6. 中國正在發展中的社區照護模式：社區健康服務中心與大型醫院合作，並引入私人產業利用其豐富的資源科技及研發能力，為居民提供基層醫療和預防保健；因應人口老齡化，社區養老服務逐步發展，其中包括日間照護、上門服務和社區餐飲等。

（二）台灣現況

台灣社區照護模式在應對快速老齡化帶來的長照需求，減輕家庭照護者負擔。長照 2.0 計畫建立三層級社區照護系統：A 級社區綜合服務中心、B 級服務中心和 C 級巷弄長照站，提供

整合社區照護。服務對象包括 65 歲以上失能者、55 歲以上原住民失能者、50 歲以上失智症患者，及持有身心障礙證明的各年齡層人士。政府會根據服務內容而非單純照護時數提供補助，以提高效率和照護員薪資。

（三）建議方案

隨著人口老齡化的加劇，社區照護模式在長照體系中扮演著越來越重要的角色。社區照護模式不僅能有效地滿足老年人就近獲得照護服務的需求，還能促進社區融合和家庭參與。以下是一些加強台灣長照社區照護模式的具體措施和建議。

首先，增加對社區照護中心的投資建設至關重要。確保每個社區都設有功能完善的照護中心，提供多元化服務，如日間照護、復健和健康管理。同時，加強社區醫療與長照的整合，促進家庭醫師、社區護士與照護工作者的緊密合作，推動在宅醫療的發展，使照護服務更加便捷和個性化。其次，強化現有的長照管理評估體系（Case-Mix System, CMS）是提升服務效率的關鍵。根據不同的照護需求進行資源分級，制定新的支付方式，如引入品質指標或試行包裹式付費模式。這些措施旨在提高效率、改善服務結果，從而降低住院率、急診室使用率以及療養院的照護需求，並提升民眾的滿意度。提高社區照護人員的素質亦為關鍵。社區照護模式應提供系統性培訓與教育，

提升其專業知識與技能。建立健全的職業發展路徑，為照護人員提供進修和晉升機會，並設立心理支持與諮詢服務，幫助他們應對工作壓力，提高職業滿意度。加強家庭和社區的參與是完善社區照護網絡的重要環節。為家人及照護者提供培訓，使其掌握基本的照護技能，並設立支持中心，提供心理諮詢、喘息服務及資源共享，以減輕照護壓力。同時，鼓勵社區志願者參與長照服務，形成多元化的照護支持系統。推動科技應用能進一步提升社區照護的效率與品質。利用智慧健康管理系統、遠程監測設備及健康管理應用，促進電子健康記錄與遠程醫療服務的普及。這使得老年人在家中就能獲得醫療專家的指導和診療，大大提高了照護的便利性和效率。最後，完善政策支持和資金投入是確保社區照護服務可持續性和普及性的基礎。政府應加大財政補貼，建立有效的評估監督機制，同時鼓勵企業和非營利組織參與社區照護、生活品質及減緩失能的建設與運營。這種多方共治的模式有助於形成更加多元、高效的社區照護體系。

　　加強台灣長照社區照護模式是應對老齡化社會的重要策略。通過擴展服務網絡、提高照護人員素質、強化家庭社區參與、降低失能及不健康餘命，推動科技應用及完善政策資金支持，可有效提升社區照護品質和覆蓋面。讓更多老年人在熟悉環境中享受優質照護服務，提升生活品質和幸福感。

七、引進外籍勞工的問題

（一）國際趨勢

WHO 認識到外籍勞工在長照中的重要性，他們填補本地勞動力空缺，尤其在高需求低供應情況下。然而，依賴外籍勞工也帶來挑戰，如工作條件差、文化差異和語言障礙等，可能影響照護品質和工作者生活品質。WHO 建議制定政策改善工作條件、提供文化語言和專業培訓，並保障權益。WHO 提出多項建議，以改善外籍勞工健康狀況和生活條件，保障基本人權：

1. 促進健康權益：強調享有最高標準無歧視、高品質、文化適應的健康服務。
2. 強化職業安全與健康措施：呼籲各國制定措施，減少工作相關事故和健康問題。
3. 保障外籍勞工：建議將其健康需求納入全球、區域和國家的政策議程中，推動相關政策法律制定，保障其權利。
4. 改善社會決定因素：強調需要解決影響外籍勞工健康的社會決定因素，如住房、教育和收入。
5. 認識外籍勞工的貢獻：建議加強基於證據的健康溝通，導正對於外籍勞工的錯誤觀念，提高社會對其貢獻的認同。

這些建議旨在改善健康服務和社會保障，促進外籍勞工健康福祉，確保其權益受到尊重保護。全球多國依賴外籍勞工填補長照系統人力不足。以下是一些主要國家的情況：

1. 日本：日本與東南亞國家（如印尼、菲律賓、越南）簽訂雙邊協議，允許外籍勞工從事照護工作，但需通過語言和技能測試後才可長期在日本工作，補充本地照護人力不足。
2. 韓國：韓國的長照保險制度也依賴外籍勞工，政府通過經濟激勵和改善工作條件，吸引東南亞和其他地區的外籍勞工。
3. 德國：德國在長照系統中高度依賴來自中歐和東歐國家的外籍勞工。這些勞工多數從事家庭照護和非正式照護工作，德國政府也積極提高照護人員的薪酬和福利，以吸引更多人進入這一行業。
4. 瑞典和挪威：瑞典和挪威依賴外籍勞工填補照護人力不足，透過改善工作條件和提供專業培訓，提升照護服務品質。
5. 加拿大：加拿大的長照服務主要依靠來自菲律賓和印度的外籍照護人員以填補本地照護人力的空缺。
6. 美國：高度依賴外籍勞工滿足長照需求，來自拉丁美洲、加勒比和菲律賓的勞工在家庭和機構照護中擔任重要角色，並藉由推動多種計畫吸引和保留這些外籍勞工。
7. 沙烏地阿拉伯：沙烏地阿拉伯長期依賴外籍勞工，特別是照

護領域。雖近年政府推動「沙烏地化」計畫增加本地勞動力，但外籍照護人員仍占大比例。

透過上述國家經驗能發現外籍勞工在全球長照系統中扮演著關鍵角色，尤其在應對本地勞動力不足的情況。然而各國在制定政策措施時，也需確保外籍勞工權益和工作條件得到保障。

（二）台灣現況

根據 2022 年家庭照顧者關懷總會統計，台灣長照需求者中約 31% 聘僱外籍看護工，比例似高於他國，顯示本地投入不足。截至 2023 年，約 241,532 名外籍勞工從事照護或社福工作，主要來自印尼（77.2%）、越南和菲律賓，這些勞工在台灣長照系統、特別是家庭照護和社福機構中占重要地位。

長照機構中，外籍勞工比例可達總床位數 20%，社福機構則可達三分之一。多數外籍勞工受雇為住家看護，與需照護家庭成員同住，提供全日制照護服務[11]。

外籍勞工在台灣長照系統中扮演不可或缺角色，但依然面臨低工資、長工時、權益保障不足及語言文化障礙等挑戰。政府已持續調整政策，但應對增長的長照需求，必須改善外籍勞工工作條件和權益保障，主要包括以下幾個問題：

1. 工資待遇低：外籍勞工常面臨工資低於本地勞工、工時長、休息不足等問題。多數外籍家庭照護員月薪約新臺幣 20,209 元，包括基本工資和加班費，但這仍低於台灣本地工資水平。
2. 工作環境保障不足：外籍勞工常缺乏基本權益保障，多不受《勞動基準法》保護，易遭受超時工作、缺乏休息日和不公平待遇等問題。
3. 語言障礙：由於語言障礙和文化差異，外籍勞工在與雇主和當地社區交流時常常面臨困難，這不僅影響他們的工作表現，也增加了社會孤立感。
4. 健康與安全問題：外籍勞工從事危險且高負荷的工作，面臨更高的職業傷害風險，且在發生健康問題時，往往無法及時獲得適當的醫療保健服務。
5. 法律和政策限制：外籍勞工無法取得國籍，身份始終暫時，缺乏長期保障。需依賴仲介獲得工作，高額仲介費增加經濟壓力。

  總體來看，儘管外籍勞工在台灣長照系統中發揮著重要作用，但他們仍面臨許多挑戰和困難，需要努力改善外籍勞工的工作和生活條件，保障他們的基本權益和福祉。

（三）建議方案

重新評估外籍勞工在台灣長照中的角色，需要從多方面進行綜合考量。首先，提升本地長照人員的專業技能和待遇，是吸引更多本地人加入的重要措施，同時應加強對家庭照護者的支持，從而減少對外籍勞工的依賴。政府可以通過政策和資金支持，推動長照保險制度，確保資金來源的穩定性與可持續性，並借鑒日本和韓國的經驗，推動本地化的長照服務模式。在科技應用方面，推廣智慧健康管理系統和遠程醫療技術將有助於提高照護服務的效率和品質，減少對人力資源的壓力。改善薪資和福利也至關重要，通過提升長照工作者的工作條件和待遇，可以增強職業的吸引力和穩定性。加強社區參與則是另一個關鍵舉措，通過對社區志願者和家庭照護者提供培訓和支持，減輕專業照護人員的負擔，從而進一步降低對外籍勞工的需求。是否應減少外籍勞工的角色，需要考慮本地人力資源狀況、政策與制度的完善程度，以及科技應用的推廣進度。借鑒日本和韓國的成功經驗，台灣可以制定適合本地需求的長照發展策略，逐步滿足不斷增長的長照需求，確保老年人能夠獲得高品質的照護服務。通過這些措施，台灣的長照服務有望在未來實現更全面和高效的發展。

八、結論與建議

　　分析全球長照趨勢及台灣現況，台灣在應對人口老化與長照需求方面已有進展，但仍面臨諸多挑戰。「長照 2.0 計畫」提升了服務覆蓋率，但資源分配不均、服務供應不足、專業人力短缺等問題依然存在。台灣應參考國際成功案例，尤其是已建立全民長照覆蓋制度的日本、南韓和北歐國家，進一步提升長照體系的可持續性與覆蓋範圍。

建議措施如下：

1. 擴大「長照 3.0 計畫」的覆蓋範圍並確保地區的公平性：政府應加強目前長照管理評估體系（CMS），根據照顧需要資源的分級，制定新的支付方式，例如列入品質指標或包裹式付費模式，以提高效率及結果（例如降低住院率、急診室使用率和療養院機構照護）及民眾的滿意度。 增加資金投入，確保更多的老年人能夠獲得全面性、公平性的長照服務，尤其是在偏遠地區及資源有限的社區。
2. 逐步導入長照保險制度：借鑑日本 24 年（2000 開始）及南韓 14 年（2008 開始）經驗，維持穩定的資金來源，減輕財務壓力，並完善政策導向，鼓勵多元產業（養生、保險、科技，資訊等）參與，為長照提供全面覆蓋及更廣泛照護。

3. 提升專業人力培訓：強化對長照專業人員的培訓與支持，增加本地人力資源，減少對外籍勞工的依賴，確保照護服務的品質和效率。
4. 強化社區照護模式：優化評估工具，明確服務質效指標，加強醫療、長照和社區資訊及服務的整合銜接，創新基於實證的支付體系以推動社區照護，讓老年人在熟悉的環境中得到照護，減少對機構照護的依賴，並促進社區照護資源的整合與共享。
5. 增強照護科技應用：鼓勵創新照護模式，應用數位健康技術及人工智慧，提升老年人的健康管理和照護服務品質。
6. 改善長照外籍勞工的問題：台灣有 24 萬名外籍勞工加入長照，估計約占長照照護的近三分之一，而外籍勞工有可能因為語言及文化的障礙，多未接受專業的訓練，這對未來長照全民覆蓋產生很大的影響。未來在邁向全民覆蓋時，應考慮增加本地照護人力，逐步減少外籍勞工。
7. 建構全人整合資訊平台：銜接健保、長照、社服及社區公共衛生等資料建立「人群健康資料庫（population health database）」，並建立分析工具，支援整合「人口健康（population health）」體系的研究、策劃、推動、評估及提升。持續監控與改善服務的支付、品質與效率，並與國際標準接軌配合。

8. 推動創新服務及給付模式：設定「整合照護協商及創新示範小組」負責相關部門共同參與政策協商，支持整合創新服務模式、財務及政策配套的示範、研發與複製。跨機構、跨專業、跨領域結合醫療、公共衛生及照顧體系。策劃規範「資訊科技及人工智慧」執行藍圖，支持服務整合績效、產業參與及經濟提升。

台灣全民健保因高覆蓋率、合理費用和卓越醫療品質在全球獲高度讚譽。相比之下，長照體系在國際體系並未獲同等關注。期望能透過上述各種措施，台灣能更好應對人口老化挑戰，實現長照全民覆蓋，確保每位老年人在安全、尊嚴環境中享有高品質長照服務。

謝忱

特別感謝美國 AHMC 集團吳元煌總裁的支持，並感謝編輯團隊：林宛宜、葉佳幸、潘姵蓁、邱佳惠、吳素燕、林鈺恬及新竹臺大分院老年醫學部賴秀昀主任協助校稿。

註解

註1：WHO（2019）. Decade of Healthy Ageing 2020-2030. This is the first progress update on the process for developing the Decade of Healthy Aging.

註2：WHO（2015）. World Report on Ageing and Health. https://iris.who.int/bitstream/handle/10665/186463/9789240694811_eng.pdf?sequence=1

註3：WHO（2019）. Thirteenth General Programme of Work 2019-2023. https://www.who.int/about/general-programme-of-work/thirteenth

註4：WHO（2020）. Decade of Healthy Ageing: Plan of Action. UN Decade of Healthy Ageing: Plan of Action.

註5：WHO（2023）. Achieving well-being: A global framework for integrating well-being into public health utilizing a health promotion approach. Achieving well-being - A global framework for integrating well-being into public health utilizing a health promotion approach.

註6：WHO（2024）. Long-term care for older people: package for universal health coverage. Webinar for the Launch of 'Long-term care for older people: Package for universal health coverage'.

註7：衛福部（2023）。長期照顧十年計畫2.0—長照服務涵蓋率。https://1966.gov.tw/LTC/lp-6485-207.html

註8：World Health Organization.（2019）. Integrated care for older people（ICOPE）: Implementation framework（WHO-FWC-ALC-19.1）. https://www.who.int/publications/i/item/WHO-FWC-ALC-19.1

註9：衛生福利部（2023年7月31日）。長照人力發展策略與現況。https://1966.gov.tw/Ltc/cp-6487-73399-207.html

註10：衛生福利部（2023年8月2日）。長期照護服務發展報告。 https://www.mohw.gov.tw/cp-16-29089-1.html

註11：家庭照顧者關懷總會（n.d.）。關於我們。https://www.familycare.org.tw/about

第 2 章
長照與醫療銜接整合之規劃與推動

祝健芳[1] 王銀漣[2]

[1] 衛生福利部長照司 司長 [2] 衛生福利部長照司

前言

　　長期照顧需求的增加,將造成未來全民健康保險及長期照顧財務相當大的負擔。因此,我國自長期照顧十年計畫1.0(下稱長照1.0)時期開始,即在健保給付次數外,再提供以物理治療及職能治療為主的居家及社區復健、以護理師為主、提供持續性照護的居家護理服務;至長期照顧十年計畫2.0(下稱長照2.0)亦延續了長照1.0的在地老化原則,並整合醫療、

長照和預防保健資源，往前端銜接初級預防功能，落實預防保健、減緩失智及失能，強化專業復能、吞嚥訓練、照護指導，以促進長者自主生活減少照顧依賴，向後端轉銜在宅臨終安寧照顧，以回應不同照顧需求，並陸續實施長期照顧與醫療照護跨專業銜接整合的計畫，以提升長照服務量能及品質，減緩未來醫療及長照之財務負擔。

本章將針對長照與醫療銜接整合之政策背景、遭遇的問題、執行之解決方案進行說明，並提出未來之策進作為。

一、長照與醫療相關政策背景

長照 1.0 的主要目標是建立以社區為基礎的長照服務體系，提供從支持家庭、居家、社區到住宿式照顧的多元連續服務，服務對象包含 65 歲以上失能老人、55 歲以上失能山地原住民、50 歲以上失能身心障礙者，及 65 歲以上失能獨居老人；針對同時具有醫療及長照需求的個案，為提供其急性後期返家後的持續性照顧、並鼓勵民眾自立，故長照 1.0 亦將居家及社區式復健、居家護理及居家環境改善等服務納入補助項目。

為更積極回應民眾多元照顧需求，擴充長期照顧服務內涵及創新多元服務，又參考先進國家推動經驗後，我國自 106 年起推動「長期照顧十年計畫 2.0」，進一步擴大服務對象及服

務項目，與醫療資源的連結逐漸浮現，長照 2.0 與健保居家醫療亦逐步建立轉銜機制，以下將針對長照與醫療銜接之重要變革進行說明。

（一）服務對象擴大納入 50 歲以上失智症者

依據衛生福利部（下稱衛福部）2011 年至 2013 年委託社團法人台灣失智症協會調查，65 歲以上老年人口失智盛行率為 8.04%，並於 2020 年至 2023 年再委託國家衛生研究院進行「全國社區失智症流行病學調查」，推估 2024 年失智症人口約 35 萬人，且失智症者人數隨著人口快速老化急遽增加，50 歲以上族群中出現失智症的風險也相對較高，須更積極回應失智症照顧需求並發展所需的模式。長照 2.0 將 50 歲以上的失智症者納入服務對象，早期介入失智症者治療和照護，將有助於延緩病程進展，提升生活品質，並提供更多支持和資源以減輕家庭照顧者的壓力；失智症個案早期確診、持續治療之需求，亦提高了醫療介入長照個案的機會。

（二）居家及社區復健轉變為「復能服務」

1. 居家個案的「復能服務」

　　長照 1.0 時期的復健服務著重於身心功能的維持或改善，而長照 2.0 參考先進國家推動經驗，在 2018 年推出長期照顧給付及支付新制，納入 2016 年國際高齡聯盟高峰會議提出所謂復能服務（reablement），亦即規劃一個支持性、始能環境，在此環境下讓長期照顧服務對象能夠再度執行他認為有價值的活動，可以回復維持或學習適當技巧，盡可能地執行日常生活活動，達到最佳功能狀態的理念及服務模式。

　　長期照顧給付支付基準基於此精神，將對於長期照顧服務對象之生活自主功能訓練（亦即復能）納入專業服務（C 碼）照顧組合，共計有 12 項組合碼，如 IADLs 復能、ADLs 復能照護、進食與吞嚥照護及其他專業指導照顧等。

　　復能是以長照服務對象為主角，專業人員及照顧人員透過指導個案及照顧者，訓練個案日常生活自主功能，促使個案現有能力最佳化，達到最大的社會參與，並使個案能在地老化及減少居家照顧人力需求、延緩入住機構，亦達到降低照護成本。

2. 日間照顧服務的蓬勃發展、融入復能概念

　　在「長期照顧服務法」（下稱長服法）施行後，日間照顧中心正式納入立案機構範疇，放寬民間單位參與開辦日照服務的資格，並在 2018 年長照給支付制度上路後，資源開始蓬勃發

展,服務提供單位亦朝向多元化發展,其服務模式也從以往提供長輩在生活上需要的基本照顧、餐飲服務及交通接送服務,改變為將提升長輩活動及社交能力的健康促進、文康休閒等活動設計,融入在照顧服務模式中;此外,衛福部並於 2022 年 5 月 4 日修正公告長期照顧服務機構設立標準,規範日間照顧中心皆應置醫事人員提供預防引發其他失能或加重失能之服務(得以專任、兼任或特約方式辦理),以促進長者社會參與,降低長輩憂鬱或失智發生機率,同時達到復能及延緩失能等級加重之目標,以建立依使用者需求為中心之跨體系間專業合作,從長照 1.0 居家及社區式醫療復健,轉變至長照 2.0 銜接急性後期之失能照顧需求,導入專業指導訓練失能者與照顧者學習自主生活,將醫療照護與日常生活照顧銜接整合,減輕家庭照顧者負擔。

3. 長照 2.0 與健保居家醫療整合照護計畫

衛福部中央健康保險署(下稱健保署)自 2016 年起,辦理「全民健康保險居家醫療整合照護計畫」,由社區內醫事服務機構組成照護團隊共同合作,對於行動不便及外出就醫困難的病患提供「居家醫療」、「重度居家醫療」、「安寧療護」三階段之連續性居家醫療與全人照護,服務內容包含到宅訪視及居家醫療等項目,並與地方政府長期照顧管理中心(下稱照管

中心)、社會局、衛生局所合作,發掘社區中潛在照護對象,符合長照 2.0 服務對象之個案,亦可銜接長照 2.0 服務,提升照護連續性,使長照 2.0 與居家醫療可無縫接軌。

二、遭遇問題

長照 2.0 實施初期的相關政策,確立了長照與醫療銜接整合的重要目標,但是實務上仍遭遇 5 大問題,包含:(1)病人因意外或疾病預後導致日常生活能力受損,致出院個案返家後立即銜接長照服務資源需求上升或無法及時銜接。(2)具慢性疾病且有醫療照護需求之居家失能個案,未有整合之醫療網絡。(3)照顧依賴導致長照個案退化速度加劇、人力需求提升。(4)住宿型機構住民缺乏專責醫療機構執行住民健康管理機制。(5)在社區中失智個案亟需及早確診、疾病進程變化需協助家屬面對、設定照護計畫等。詳述如下:

(一)病人因意外或疾病預後導致日常生活能力受損,致出院個案返家後立即銜接長照服務資源需求上升或無法及時銜接

長期照顧服務對象指身心失能持續已達或預期達六個月以上

者,又身心失能係指身體或心智功能部分或全部喪失,致其日常生活需他人協助者。因此,除了老化外,長照2.0服務對象之65歲以上老人、50歲以上失智者、55歲以上原住民,皆有可能因為疾病或重大意外造成身體或心智功能部分或全部喪失,致其日常生活需他人協助,並於急性照護結束後,急需銜接居家或社區式長照服務資源。

急性照護期後仍有長期照顧需求的疾病,通常有以下幾類:

1. 中風個案:中風後常常會導致偏癱、語言障礙或認知功能障礙,這些問題會顯著影響患者的日常生活能力。出院後,通常需要持續復健、日常生活協助與照顧服務。
2. 骨折或手術後個案:特別是髖部骨折或膝、髖關節置換手術後個案,由於行動能力暫時或永久受限,導致日常生活需他人協助。
3. 患有糖尿病、心臟病、慢性阻塞性肺疾病(Chronic Obstructive Pulmonary Disease, COPD)等個案:在疾病急性發作或住院後,可能出現自我照顧能力下降的情況,亦需要長期照顧服務介入。
4. 重大創傷後個案:如跌倒、交通事故等導致的多處創傷,出院後的康復過程通常較長,日常生活活動能力亦可能受到長期影響。

前述個案出院後往往無法恢復獨立生活能力，除日常生活需他人協助外，其居家環境亦需配合身體狀況改變配合調整，故可能需要的長期照顧服務主要包含：（1）往返醫療院所進行復健或回診之交通接送，（2）輔具及居家無障礙環境改善，（3）居家服務，（4）專業服務指導。

為能將個案所需要長期照顧服務即時輸送，需透過良好的出院準備服務銜接長期照顧，讓個案可在醫院完成長期照顧需要評估及擬定照顧計畫，讓出院準備服務自醫院無縫接軌延續至居家場域之照顧服務，共同連結個案所需各類資源，才能使其日常生活快速回到以往或穩定的狀況，進而逐步恢復自主生活能力、減少醫療或照顧負擔。

（二）具慢性疾病且有醫療照護需求之居家失能個案，未有整合之醫療網絡

健保署自 2003 年起推動「全民健康保險家庭醫師整合性醫療照護計畫」，讓社區醫療群之基層診所醫師發揮家庭醫師功能，提供各種急慢性疾病照顧及轉診服務，建立家庭醫師制度，包含家庭成員由疾病預防、診斷治療、健康教育以至復健的廣泛性健康服務；並於 2016 年起透過「居家醫療照護整合計畫」，整合一般居家護理、呼吸居家護理、安寧居家療護及

居家醫療試辦計畫等四項服務,強化醫療照護資源連結轉介,提供以病人為中心之整合照護,惟相關計畫主要針對一般個案的醫療照護需求,與需長期照顧之失能者需求有所落差。

具有長照需求之失能個案八成以上具有慢性疾病,需要醫療照護,且疾病可能導致失能狀況惡化,失能也可能造成民眾就醫不便或是維持健康的能力下降。因此,為預防慢性疾病惡化導致民眾失能或失能程度加劇,應結合家庭醫師制度提供健康指導與醫療服務,建立居家失能個案醫療照護網絡,以進行健康管理並控制慢性病惡化,減少門診醫療費用及住院負擔。

(三) 照顧依賴導致長照個案退化速度加速、人力需求提升、應強化提升自主能力

過往於長照 1.0 時期,多以維持或改善失能者之生活照顧為重心,並以如何照顧服務對象為出發點,著重提供照顧服務,間接產生失能者的照顧依賴,進而導致退化速度加速,衍生了生活品質下降的情形,亦需要更多照顧人力挹注與協助。面對高齡社會及少子化之嚴峻衝擊,長者獨居、老老相顧的情況也將越來越多,且年輕工作族群仍需投入職場撐起家庭經濟,長期照顧所需之供給量能勢必無法追上照顧需求。

鑑於前述演變歷程,希望長照需求個案或失能者翻轉舊有僅

接受照顧的觀念,因此長照 2.0 制度發展新思維,強化失能者提升自主能力,透過新創專業服務照顧組合,導入自我照顧的精神,以專業照顧使失能者能主動並有效執行或參與日常生活活動,而非被動成為被照顧者。另,長照專業服務有別於健保醫療復健直接對於病人實施疾病症狀治療,必須培訓復能觀念予各種醫事人員,導正復能非復健之專業知能與服務方法,針對失能者整體的生活評估與目標訓練,以及主要照顧者如何協助等指導,屬於跨專業、多元整合的服務執行模式,所以鼓勵並廣納醫事人員參與長照亦是重要的課題。

(四) 住宿型機構住民缺乏專責醫療機構執行住民健康管理機制

過往各類住宿型機構評鑑基準,訂有需提供服務對象必要醫療服務之指標,例如老人福利機構評鑑指標即訂定機構應「聘有特約醫師或與醫療院所訂有服務及緊急後送合約」,長服法第 33 條亦規定「機構住宿式服務類之長照機構,應與能及時接受轉介或提供必要醫療服務之醫療機構訂定醫療服務契約」,惟仍有未簽訂醫療合約,或特約家數不一、由多家醫療機構對於住宿型機構進行診療、無專責醫療機構負起住民健康管理之責。

又,2021 年嚴重特殊傳染性肺炎疫情,住宿式機構住民慢

性疾病個案比例高，部分需定期至醫療機構就醫領藥，且多為慢性疾病而需定期就醫；醫療機構出入人數眾多且較具風險，高頻率之外出就醫，將致使機構住民或機構陪同就醫人員暴露於高風險之場所；故此，應建立住宿型機構住民之專責醫療機構管理機制，降低頻繁外出就醫可能造成住民及陪同就醫人員之感染風險，並掌握住民之健康情形及控制慢性病之惡化，維持照護機構住民之健康。

（五）在社區中失智個案亟需及早確診、疾病進程變化需協助家屬面對、設定照護計畫

失智症的早期症狀可能包括記憶力減退、語言表達困難、判斷力下降等，但這些症狀往往被家屬忽視或低估，將其誤認為是正常的老化現象，加上家屬和個案可能因為對失智症的汙名化和誤解，選擇隱瞞病情或拒絕求醫，使得早期發現及診斷失智症更加困難；此外，失智症者的情緒及行為（Behavioral and Psychological Symptoms of Dementia, BPSD）問題，也容易被長照服務提供拒於門外。

為降低對家庭社會的衝擊，提升民眾對失智症的正確認識及友善態度，以消弭對失智症的歧視和偏見，應積極布建失智照護資源，打造能預防及延緩失智症的友善社會，並確保失智者

及其照顧者的生活品質。

失智症是一種進行性且無法治癒的疾病,大約有超過五成的失智個案屬輕度及極輕度,如可提早使用失智症照護服務,還是有機會維持生活品質,讓個案及家屬重拾笑容。

上述五大問題,肇因於醫療與長照政策未落實整合銜接機制、或長照個案未有適當之醫療資源介入,致個案之需求無法被滿足或政策效益不彰,故衛福部亦積極透過辦理各式獎勵計畫或方案予以處理。

三、相關政策及解決方案

衛福部為落實醫療與長照銜接整合機制,提供長照個案整合性照顧,積極辦理各式獎勵計畫,以下針對遭遇問題之解決方案分別進行說明,另亦針對健保署於 2024 年新公告之「在宅急症照護試辦計畫」提出長照政策之配套措施。

(一) 出院準備銜接長照服務計畫

1. 計畫內容

鑑於部分病人因意外或疾病預後導致日常生活能力受損,出院返家即有長照服務之需要,為縮短長照服務申請的等待時

間，讓失能者於出院後快速取得長照服務，衛福部自 2017 年起推動出院準備銜接長照服務計畫，期藉由連結醫院出院準備服務，透過病人住院時醫療團隊跨領域合作模式，協助個案及家屬做好出院照護準備，讓個案及家屬出院返家後無縫銜接長照服務，降低返家後日常生活障礙、提升個案及照顧者生活品質，以減輕照顧者負擔及降低照顧支出。

2. 預期目標

具長照服務需求之個案於出院前 3 天完成長照需要等級（long-term care case-mix system, CMS）及照顧問題評估，出院返家 7 天內取得所需長照服務及資源。

3. 執行策略與方法

參與醫院以住院病人為中心組成跨專業服務團隊，團隊之評估人員針對符合長照服務資格者，於出院前 3 天以照顧管理評估量表執行長照需要等級（CMS）及照顧問題評估，後續由長照社區整合型服務中心（下稱 A 單位）個案管理員（下稱個管員）依據評估等級及給付額度，與個案、家屬或主要照顧者討論擬定照顧計畫，協助個案於出院返家 7 天內取得所需長照服務及資源。

另為利有輔具需求個案，可及時獲得簡易輔具租借，衛福部

亦鼓勵醫院建立簡易輔具友善銜接機制，降低返家後日常生活障礙、提升個案及照顧者生活品質，以減輕照顧者負擔及降低照顧支出。

（二）居家失能個案家庭醫師照護方案

1. 計畫內容

鑑於八成以上失能者具有慢性疾病，疾病可能導致失能狀況惡化，失能也可能造成民眾就醫不便或是維持健康的能力下降，故衛福部於 2019 年 7 月 16 日公告實施「居家失能個案家庭醫師照護方案」，由基層醫療院所的醫師及護理人員就近提供社區中居家失能個案健康及慢性病管理，並且由熟悉個案之家庭醫師開立長期照護醫師意見書，提供長照醫事服務建議，協助長照服務人員更了解個案的狀況及照顧時之注意事項，以建立醫療與長照結合之服務模式。

2. 預期目標

鑑於隨人口老化，醫療及長期照護需求大幅增加，衛福部期待可透過本計畫提供失能者以個案為中心的醫療照護及長期照顧整合性服務，並落實分級醫療及推動家庭醫師制度，由基層醫師提供失能個案長照醫事照護服務之建議，作為照顧計畫及

提供長照服務之參考；此外，亦期待院所可有效掌握失能個案健康情形及控制慢性病惡化，適時轉介醫療及長照服務，並推動尊嚴善終避免健保醫療資源耗用。

3. 執行策略與方法

縣市照顧管理專員（下稱照管專員）評估個案長照需求，針對符合收案條件之個案，經個案同意後，派案給參與本計畫之特約單位，並由特約單位之醫師於照顧管理資訊平台（使用 Internet，非以醫院 HIS 系統介接）開立醫師意見書，提供照管專員或 A 單位個管員，作為後續擬定、調整或核定照顧計畫，以及提供照顧個案特殊注意事項之參考；個案管理師（醫師或護理人員）並每月進行個案健康及慢性病管理與諮詢，推動說明「預立醫療照護諮商（Advance Care Planning, ACP）」及「預立醫療決定（Advance Decision, AD）」，視需要與長照個管員聯繫，並適時將個案轉介醫療及長照服務。

（三）長照創新復能服務

1. 服務內容及目標

長照 2.0 專業服務照顧組合，置入復能觀念，目的是為了讓長照個案學習自主生活，不再總是被照顧，透過專業人員短時

間且密集性之介入服務，指導個案及主要照顧者，達到訓練目標，讓個案學習自我照顧能力或家屬學習照顧技巧。長照失能個案如有使用專業服務之需求，可向居住地照管中心或 A 單位個管員提出。

專業服務之使用，係以指導個案及照顧者學習自主獨立或照顧技巧，達成訓練目標即予結案，個案及主要照顧者針對服務訓練所指導之內容，於日常生活中加強個案自我訓練，以維持專業服務之效益，並以循序漸進方式達成訓練與學習成效。

2. 執行策略與方法

專業服務是依個案、家屬或主要照顧者需求設立訓練目標，由醫師（含中醫師、牙醫師）、職能治療人員、物理治療人員、語言治療師、護理人員、心理師、藥師、呼吸治療師、營養師、聽力師等醫事人員，或教保員、社工人員等專業人員，提供跨專業之多元整合服務；服務對象須為經過各縣市照管中心評估長照需要等級第 2 級以上之 65 歲以上失能老人、50 歲以上失智且失能者、55 歲以上失能原住民、失能身心障礙者，且以近期內日常生活功能明顯退化、個案具學習能力、個案或照顧者具配合復能服務之動機者亦為優先服務對象。

專業服務可分為復能類以及特殊照護類，其一復能類係由前述專業人員指導個案及家屬或主要照顧者，運用個案剩餘功能

發揮潛力，藉由活動型態及環境調整結合訓練內容，以提升個案生活自理能力為主，並維持生活參與能力不退化；其二為特殊照護類，是針對營養、進食與吞嚥、困擾行為、臥床或長期活動受限者，針對個案或家屬進行個人化照顧技巧的指導，或提供居家護理指導與諮詢，以使個案逐步恢復自主生活或減少家庭照顧者照顧負擔，並且以短期、密集式的日常生活功能訓練指導個案及主要照顧者，以同一服務目標，不超過12次（每週至多1次為原則）於6個月內完成。

另為提升有專業服務需求之長期照顧給付及支付服務個案在需求端使用專業服務意願，並落實 A 單位轉介專業服務，以達個案自主生活減少照顧依賴之目標，衛福部訂定「照顧問題對應建議服務措施及轉介專業服務參考對照表」，讓地方政府可以建立專業服務的轉介機制，當長照個案經照管專員評估後，勾選建議服務措施如為符合轉介專業服務者，應由 A 單位個管員與長照個案、家屬討論後，並徵得長照服務對象同意下轉介專業服務。

（四）減少住宿型機構住民致醫療機構就醫方案

1. 計畫內容

因應嚴重特殊傳染性肺炎疫情，考量住宿型機構住民罹患慢

性疾病比例高，部分需定期至醫療機構就醫領藥；又醫療機構出入人數眾多且較具感染風險，高頻率之外出就醫，將致使機構住民或機構陪同就醫人員暴露於高風險之場所，故衛福部透過獎勵計畫落實照護機構專責醫療機構機制，減少住民外出就醫，降低住民及陪同就醫人員往返醫療機構之感染風險，並藉由醫療機構之專責管理，掌握住民之健康情形及控制慢性病之惡化，維護照護機構住民之健康。

2. 預期目標

降低頻繁外出就醫可能造成住民及陪同就醫人員之感染風險。並藉由醫療機構之專責管理，掌握住民之健康情形及控制慢性疾病之惡化，落實各類照護機構皆由單一簽約醫療機構專責住民之健康管理、必要診療及轉診，以維持照護機構住民之健康。

3. 執行策略與方法

藉由訂定獎勵指標，輔導各類照護機構皆由單一特約醫療機構專責住民之健康管理、依健保規定提供健保一般門診、復健診療服務、必要診療及轉診，達成本方案指標之醫療機構及照護機構另提供獎勵加計。

獎勵指標內容則包含管理住民平均就醫次數、減少住民外出

開立慢箋、糖尿病監測、營養照護、協助推動機構內接受居家安寧療護及培訓專責人員、配合健保「在宅急症照護試辦計畫」等面向。

（五）失智照顧政策

1. 推動失智症防治照護政策綱領 2.0

　　鑑於人口老化、失智人口隨之增加，為持續與國際失智照護資訊交流平台接軌，衛福部參酌 2017 年 5 月世界衛生組織（WHO）公布「2017-2025 年全球失智症行動計畫」之七大策略及行動方案，於同年 12 月公布我國「失智症防治照護政策綱領暨行動方案 2.0（2018-2025 年）」，使我國成為全亞洲第 2 個制定國家級失智政策的國家，涵蓋面向包含：失智診斷及照護、失智友善社區、失智公共識能以及失智安全防護、金融友善、失智者就業等範疇，提供失智者與家庭跨領域之照護，希能減輕照顧負荷。

2. 布建失智照護資源：

　　面對逐年增加的失智人口，衛福部透過補助地方政府持續布建失智照護資源，提升失智服務量能：

（1）設置失智共同照護中心（下稱失智共照中心）：

結合開設神經科、精神科之醫療機構，協助疑似失智者確診、追蹤管理、主要照顧者提供照顧負荷評估、諮詢服務、連結轉介服務；另結合醫療照護、社區在地資源，整合提供失智者照護服務及家庭照顧者之教育訓練及支持系統等，建立個案管理之社區失智共同照護模式；此外，亦持續強化失智症照護專業人力，發展符合在地需要之社區服務資源模式。

（2）設置失智社區服務據點（含權責型）：

i. 失智社區服務據點（下稱失智據點）：由醫事機構、長期照顧或社會福利機構（人民團體）、其他失智相關服務等單位辦理，服務極輕度或輕度失智者，提供如認知促進、緩和失智、安全看視、照顧者訓練及照顧者支持團體等多元複合支持服務，普及失智社區照顧。

各類長照據點，導向共融精神：為使社區整體資源發揮最大綜效，鼓勵各類據點服務極輕度至輕度之失智長者，原住民族地區優先結合文化健康站、離島地區優先結合巷弄長照站，就近提供認知促進、延緩失智活動，並強化各類據點工作人員之失智專業知能。

ii. 試辦權責型失智社區服務據點：由設有精神科、神經科、一般內科或家庭醫學科之地區醫院辦理，專責服務併有 BPSD 之極輕度或輕度失智者，建構更適切該類個案之照顧模式，使其得到適切的照護服務，透過結合醫療及照顧兩大層面，給予失智者及其照顧者精準照護，讓照顧者有喘息機會、學習照顧技巧，以減輕照顧負擔，提供多元複合支持服務。

（3）持續普及失智照護資源布建：

除了往前延伸至失智社區服務據點，加強布建社區式資源，如團體家屋、日間照顧中心等，並因應失智者住宿式機構照顧需求，於榮民之家體系、護理之家，老人福利機構及衛福部所屬部立醫院設置失智床位，並考量中重度失智症且有密集照顧需求者，於 2023 年 8 月公告「獎助布建住宿式長照機構資源計畫」，提高專設失智床位之住宿式長照機構新建案之補助，因應失智病程變化提供伴隨失能之連續性照顧需求，以建構完善失智症照護體系。

（六）配合推動在宅急症照護試辦計畫

1. 全民健康保險在宅急症照護試辦計畫簡介

健保署自 2024 年 7 月 1 日起實施「在宅急症照護試辦計畫（下稱試辦計畫）」，計畫目的期待針對急症病人提供住院的替代服務及適當的居家醫療照護，避免因急性問題住院，促使醫療資源有效應用，並透過於機構內提供適切急性照護，減少照護機構住民因急性問題往返醫院，以強化各級醫療院所垂直性轉銜的合作，提升照護品質。

在宅急症共同照護小組（下稱照護小組）由健保特約醫事服務機構之醫事人員組成並提供醫療服務，收案對象為經照護小組醫師評估為肺炎、尿路感染及軟組織感應住院治療但適合在宅接受照護者，可直接返家後於居家提供急症照護，包含居家醫療急症個案、照護機構住民及急診感染症輕症個案（行動不便外出者）。

照護小組除提供個案醫療服務、健康管理及 24 小時電話諮詢服務外，並設有個案管理人員負責協調、溝通及安排相關事宜，及藥事人員提供收案對象所需藥品調劑及送藥服務，另需與後送醫院建立綠色通道，以確保後送病房需求，及評估收案對象之長照服務需求，並協助轉介至各縣市照管中心。

2. 收案對象銜接長照服務資源

（1）居家醫療或急診行動不便之民眾服務內容重點

　　長照給付及支付制度是以給付居家及社區使用者為限，若長照給付對象於住院期間，原不予重複補助長照服務，惟考量試辦計畫是將住院照護延伸至居家護理，於居家環境中提供急症病人居家醫療照護，且考量試辦計畫收案對象為居家醫療個案或急診行動不便民眾，於收案期間之照顧需求增加，故放寬收案對象若符合「長期照顧服務申請及給付辦法」（下稱給付辦法）之長照給付對象條件，得於收案期間使用長期照顧服務。

　　收案對象於收案期間之長期照顧服務申請及使用，皆依給付辦法相關規定辦理，於不調整長照服務給付上限額度及部分負擔比例下，由照管中心及 A 單位依收案對象需求，在照護小組之照顧建議範疇內彈性使用照顧組合。

　　收案對象僅限使用居家服務（排除到宅沐浴車、陪同外出及陪同就醫）、專業服務（僅限申請居家環境安全或無障礙空間規劃組合）、交通接送服務、輔具及居家無障礙環境改善服務及喘息服務（僅限居家喘息服務），此為考量收案對象於在宅急症照護期間宜配合居家休養不宜外出，故照顧服務及喘息服務碼別均以居家服務為主，且收案期間之專業照護應以醫療服務為主，若收案對象有醫療指導需求應由照護小組協助處理，

不應同時使用長照專業服務（C 碼）。

（2）獎勵住宿型機構收案機制

衛福部自 2024 年 7 月起，於前述「減少住宿型機構住民至醫療機構就醫方案」增訂住宿型機構配合推動健保試辦計畫之獎勵指標，包含「取得健保在宅急症照護試辦計畫回饋獎勵金之個案給予每人次新臺幣（以下同）5,000 元獎勵金」、「健保在宅急症照護試辦計畫」半年內收案之個案皆取得回饋獎勵金者（收案醫師同意急診送醫院者除外），給予每半年 25,000 元獎勵金。

四、政策成果及未來展望

針對第三節說明解決方案，除健保 2024 年「在宅急症照護試辦計畫」配套措施外，皆已施行有時頗有成效，本節將說明解決方案執行成果，並提出長照與醫療政策整合之未來展望。

（一）執行成果

1. 出院準備銜接長照服務計畫

截至 2024 年 4 月，民眾於出院後接受長照服務日數由

51.39天降至4天,長照服務銜接率由19%提升至53%。另,2024年全國共有238家醫院參與出院準備銜接長照服務計畫,自計畫推動以來,能落實銜接長照服務效率,加速長照服務資源提供。

2. 居家失能個案家庭醫師照護方案

截至2024年3月,參與方案之特約醫事機構共計885家、參與之醫師人數達1,196人、派案個案數236,453人;此外,並透過本方案宣導預立醫療照護諮商(Advance Care Planning, ACP)及預立醫療決定(Advance Decision, AD)約5.86萬人,其中個案2.7萬人,家屬3.16萬人。

3. 長期照顧專業服務

經統計2021年至2023年長期照顧專業服務使用人數,已自57,507人增加至91,354人;服務金額約3.48億元增加至5.36億元;特約專業單位數量自1,154個增加為1,283個。經費成長、使用人數以及服務金額皆成長超過5成;特約單位數量成長超過1成。

4. 減少住宿型機構住民至醫療機構就醫方案

截至2023年下半年,申請參與本方案之住宿型機構共計

1,053 家、醫療機構共計 399 家，受益人數約 7.7 萬人，已達住宿型機構服務人數之 65%。

5. 失智照顧政策

（1）截至 2024 年 5 月底，衛福部已布建 8,972 家長照特約服務單位，包含 1,619 家居家服務單位、1,015 家日間照顧中心（純失智日照、混收失能失智之日間照顧中心）可服務失智個案，2023 年度服務失智個案約 5.8 萬人。

（2）截至 2024 年 5 月底止，共計布建失智社區服務據點 543 處，服務約 1.2 萬人（含照顧者），及失智共同照護中心 117 處，服務約 4.1 萬人。

（3）因應失智症者住宿式機構照顧需求，截至 2024 年 5 月底止，衛福部已布建 32 家團體家屋（470 床）、住宿式機構失智專區共 67 家（2,451 床），以因應失智病程變化提供伴隨失能之連續性照顧需求，以建構完善失智症照護體系。

（4）衛福部亦持續與地方政府協同合作，截至 2023 年底各項失智友善台灣目標之達成情形，包含失智症獲得診斷及服務比率為 74.03%；失智家庭照顧者獲得支持和訓練約 24 萬個家庭；全國民眾對失智有正確認識及友善態度為 16.4%。

（二） 未來展望

1. 提升出院準備銜接長照醫院參與率，強化長照服務連結與效能
（1）全面推動醫院加入出院準備銜接長照服務計畫，輔導各縣市地方政府，針對所轄醫院辦理出院準備銜接長照執行或建立轉介機制與流程，並納入 A 單位個管員銜接制度，讓 A 單位個管員可以即時進駐，使病人出院返家前就可取得服務，強化資源連結。
（2）鑑於各參與醫院規模與設置輔具租借站量能不同，爰亦鼓勵參與醫院，建立簡易輔具友善銜接機制，不論是原先設有輔具租借站或協助轉介輔具中心等機制，經地方政府審核達一定基準即可申請獎勵。
（3）有效提升各層級醫院執行評估案量，並鼓勵主動介入發掘長照個案，研議出院準備銜接長照服務納入醫院必評指標，以提升服務品質。

2. 依照預後不同需求，銜接醫療復健或復能服務，即時結合長照服務
針對不同疾病預後情形，完備出院準備服務，對身心功能造成損傷疾病，但具可逆及可恢復性，結合醫療復健，把握黃金期，減輕後續長期照顧負擔；對於六個月以上已無法恢復情形，

銜接長照復能服務、輔具及居家無障礙環境改善等服務，發揮個案剩餘功能，減少照顧依賴，提升生活品質。

3. 健保居家醫療與長照家庭醫師方案持續整合

針對有醫療需求之居家個案，衛福部將持續整合健保居家醫療及長照家庭醫師方案，期可由同一個醫療團隊提供服務，並滾動式檢討修訂醫師意見書及服務紀錄內容，以強化醫師意見書之實務運用，及醫療與長照團隊之橫向聯繫。

4. 透過長照與健保資訊系統介接，強化長照與醫療銜接全人照顧

為利專業團隊銜接醫療與長照服務，針對居家個案，將透過長照與健保資訊系統進行資料交換，以利醫療團隊快速掌握收案個案長照服務現況；針對急症需在家或在機構住院接受醫療服務之個案，亦透過健保系統提供「在宅急症試辦計畫」收案資料予長照照顧管理資訊平台，加速長照服務之調整與轉銜。

5. 提升長期照顧個案與專業服務使用意願，減少照顧依賴

為維持長照專業服務品質，衛福部除了訂定相關法規外，更制定長照專業服務手冊、公告長期照顧專業課程（Level II）與長期照顧整合課程（Level III）、長照專業服務操作指引等，提供長照專業服務之醫事人員有完整的長照專業知能培訓；為

提升長期照顧個案與專業服務連結，亦持續輔導地方政府建立專業服務的轉介機制，並搭配資訊系統建置，有效媒合長照個案所需之服務、縮短取得長照服務等待期。

6. 住宿型機構住民皆有專責醫療機構進行健康管理

為推動住宿型機構住民之健康管理、落實專責醫療機構承擔住民健康管理機制，衛福部將持續整合長照「減少住宿型機構住民至醫療機構就醫方案」及健保巡診醫療機構，後續並將視住民之需求持續修訂獎勵指標，以利政策之推行。

7. 失智照顧政策持續精進

面對未來增加的失智照護人口，衛福部持續精進失智照護資源之運用，發展更多元化的失智症防治照護對策，以及加強宣導失智症相關識能，有任何長照需求或照顧壓力與安排問題，皆歡迎民眾撥打 1966 長照專線，將由縣市照管中心人員提供諮詢服務，以及協助轉介長照相關服務資源。

8. 在宅急症照護個案照顧服務包裹給付試辦計畫

因應健保署「在宅急症照護試辦計畫」之推動，衛福部刻正針對在宅急症收案之個案研議本試辦計畫，期可於社區中創設實驗場域，透過社區互助及專業照顧團隊，提供在宅急症照護

個案不同居住場域及照護模式,由跨專業團隊提供場域內照顧及醫療協助,並建立不同類型照顧模式之服務模組。

此外,亦將透過本計畫試辦包裹式給付,增加照顧彈性及效率,藉以產出在宅急症照護不同適應症所需配搭之照顧組合、頻率,以及夜間照顧所需之照顧組合、頻率。

最後,為降低返家後日常生活障礙、提升個案及照顧者生活品質,將協助個案於結束在宅急症照護後,仍於試辦場域中透過跨專業團隊協助其調整照顧計畫,除照顧服務外,亦引入專業服務等其他服務項目,強化回歸社區之整合銜接,以減輕照顧者負擔。

小結

面對 2025 年我國超高齡社會的來臨,慢性病與功能障礙的盛行率將急遽上升,相對的失能人口也將大幅增加,其所導致的長照需求與負擔也隨之遽增。建立優質、平價、普及之長期照顧服務體系的目標刻不容緩,衛福部將持續布建各項長照服務資源,推動多元創新之跨專業整合服務,以充實全國長照服務體系量能,滿足失能民眾各階段之長照需求,強化長照服務輸送效率,提升效能及品質,加速長照服務及人力資源建置、普及與整備,積極發展以社區為基礎,提供多元、連續的綜合

性長期照顧服務資源,在地老化的社區整體綜合照顧服務,及長期照顧與醫療照護整合的跨專業服務。未來亦將持續穩健布建居家、社區及住宿式服務資源,並督導地方政府提升長照服務品質及充實長照人力,以滿足社區長輩在地老化之目標。

參考文獻

1. 衛生福利部(2019)。迎戰高齡海嘯~服務推動與創新。
2. 衛生福利部(2024)。出院準備銜接長照服務計畫。取自 https://1966.gov.tw/LTC/cp-6458-69942-207.html
3. 衛生福利部(2024)。社區發展季刊第 185 期。取自 https://cdj.sfaa.gov.tw/Journal/Period?gno=13088
4. 衛生福利部(2024)。減少住宿型機構住民至醫療機構就醫方案。取自 https://1966.gov.tw/LTC/cp-6458-70205-207.html
5. 衛生福利部(2024)。居家失能個案家庭醫師照護方案。取自 https://1966.gov.tw/LTC/cp-6458-70202-207.html
6. 衛生福利部中央健康保險署(2024)。全民健康保險在宅急症照護試辦計畫。取自 https://www.nhi.gov.tw/ch/np-3658-1.html
7. 衛生福利部(2024)。「全國社區失智症流行病學調查」取自 https://www.mohw.gov.tw/cp-6653-78102-1.html
8. 衛生福利部(2017)。世界衛生組織全球失智症行動計畫摘要。取自 https://1966.gov.tw/LTC/cp-6572-69818-207.html
9. 衛生福利部(2024)。失智照護服務計畫。取自 https://1966.gov.tw/LTC/cp-6446-69820-207.html

第 3 章
財務與給支付制度之建言

李玉春 [1,2]

[1] 國立陽明交通大學 跨專業長期照顧與管理碩士學位學程　[2] 衛生福利研究所 兼任教授

緣起

台灣人口正急速老化，老年人口比率由 2024 年中的 18.8%，預計將在 2025 年超過 20%，邁入超高齡社會，成長速率比多數國家都要快（國家發展委員會，2022）。隨著人口結構的變化和老年人口的增加，制定穩健的高齡健康政策十分重要。

世界衛生組織自 2015 年推動健康老化架構（Framework for Healthy Aging, WHO, 2015, 21），藉各類公共衛生介入以發展與維持長者的功能，提升其福祉。該架構建議依據生命歷程不

同時期的發展，提供健康服務（包括疾病預防、早期發現與治療、慢性病管理、安寧等）、長期照顧與支持服務，並建立友善的支持性環境，以支持每個人盡可能維持高度穩定的內在能力與功能，預防、延緩能力或功能退化，預防與管理慢性病、支持生活自立減輕失能影響、去除社會參與障礙並維持生命尊嚴，進而延長健康餘命，落實健康老化。

在台灣，政府為落實健康老化，歷來依據生命歷程，推動很多高齡相關政策與計畫，除出版高齡社會白皮書（行政院，2015, 2021），推動全民健保提供普及健康服務，加強健康促進與慢性病管理，推動友善關懷老人服務方案（含社區照顧關懷據點的推動），以及高齡友善城市／健康照護機構外，也推動預防延緩失能計畫、銀髮健身俱樂部、長者健康整合式功能評估與轉介（Integrated Care for Older People, ICOPE），以強化健康、亞健康長者的健康、功能與內在能力，延長健康餘命，預防延緩失能，減輕對長照的負擔（國民健康署，2023）。近年並針對身心失能者積極推動長期照顧計畫，以支持需照顧者盡可能自立，減輕照顧負擔。

長期照顧，依據長期照顧服務法（衛生福利部，2024），係指身心失能持續已達或預期逾六個月以上者，依其個人或其照顧者之需要，所提供之生活支持、協助、社會參與、照顧及相關之醫療服務。其中身心失能係指身體或心智功能部分或全

部喪失，致其日常生活需他人協助者，由此可知並非每位長者皆需長期照顧，而需要長期照顧者也未必限於長者。

我國第一份樣本數最大（35萬人），針對全國五歲以上具縣市代表性樣本進行失能者的調查，為衛生署2011年進行的全國長照需要調查（衛生署，2011）。其結果發現2011年五歲以上的失能人口約67萬（包括心智功能障礙者），占全人口2.98%，失能率隨著年齡增加而增加，老人失能率約16.5%（李玉春、林麗嬋、吳肖琪、鄭文輝、傅立葉，2013）。若依據性別、年齡別失能率與國發會人口推計，目前將近有100萬人需要長照（依據長期照顧十年計畫2.0估計為94萬）；若外推到2060年，失能人口將激增至193萬人，失能率增為10.54%，約增為2011年的3.54倍（衛生署，2016a），建立健全普及的長照服務體系刻不容緩。

雖然台灣的健康餘命隨著平均餘命增加而逐漸提升，但不健康餘命仍維持在約7至8年。在家戶人口和勞動人口減少的情況下，扶老比顯著增加，照顧老年人的人力資源也日漸不足。但依據衛生福利部（以下簡稱衛福部）2022年老人狀況調查顯示，有約75萬老人需要生活照顧，其中10.5%住在機構，89.5%住家中，整體需照顧者有59.3%兼用長照。住家中者，主要照顧者仍以家人最多（71%），依次為看護（20%）與居家社區照顧服務員（7.5%），因此家庭照顧的負擔仍十分沉

重（衛福部，2024a）。2016年衛福部曾推估全國就業人口中約有230萬人（隱性照顧人口）工作之餘須負擔照顧，其中已有31萬因照顧而離職或降低生產力；主要照顧者有33%感到無法承受照顧的壓力，40%感受到經濟負擔（衛福部，2016）；這些壓力導致許多社會問題和悲劇事件的發生。即便到2022年，55歲以上使用照顧服務者，不包括政府補助，使用住宿機構者每月仍負擔2.4萬元，使用本籍看護3.3萬，使用外籍看護2.9萬，使用居家或社區照顧，因有政府補助，僅支付約2500元，顯示不同照顧模式，負擔差異很大（衛福部，2024a）。如何發展健全的長照制度，提供充足的正式照顧與支持，減輕照顧者的經濟與照顧負擔，已成為台灣社會亟待解決的重要課題。

本文目的如下：
一、扼要回顧台灣長照政策之發展。
二、簡介長期照顧十年計畫之財務與給支付制度。
三、分析長期照顧十年計畫2.0之實施成果與挑戰。
四、提出對長照財務與給支付制度之未來精進建言。

一、高齡長照相關政策脈絡

台灣自 1998 年就開始推動長照相關計畫，2000 年，陳水扁政府開始推動「建構長期照顧先導計畫」，建立台灣各類長照服務的雛形（吳淑瓊等，2003）。2002-2007 年推動「照顧服務福利及產業發展方案」（行政院經濟建設委員會，2006）與「非中低收入失能老人及身心障礙者補助使用居家服務試辦計畫」，加強培育與促進照顧服務員就業的機會，並提供一般民眾使用居家服務（吳玉琴，2013）。2004-2007 年行政院開始規劃「長照保險」；然而 2007 年卻仿照日本黃金十年計畫，提出以「稅收制」為基礎的「長期照顧十年計畫～大溫暖社會福利套案之旗艦計畫（2007-2016）」（簡稱長照 1.0）（行政院，2007），並於翌年開始實施。

長照 1.0 以稅收（中央為主，地方為輔）提供失能老人八項居家與社區式長照服務，及中低收入老人住宿式機構服務（行政院，2007），十年合計預算約 817 億元。該計畫至 2016 年，已涵蓋約 36% 失能老人，建立照顧管理制度，發展基礎的居家與社區長照服務；但仍有下列問題（李玉春等，2013, 2018a, b, c；衛福部，2016a）：

（一）預算嚴重不足（中央預算約僅五十億），補助對象限縮（無法補助聘外勞、住在機構之一般失能老人與非老人失能者）、補助服務時數有限，家庭整體照顧與經濟負擔沉重。

（二）採福利補助模式，需求分散，加上招標與計畫型核銷模式，長照機構行政繁瑣、財務周轉困難，經營不易、風險高。

（三）照顧服務員薪資低，缺乏升遷管道與成就感，留任率低，長照人力嚴重缺乏。

（四）服務模式制式化、缺乏彈性、品質參差不齊，無法滿足家庭照顧需要，近 30% 失能者聘外勞。

（五）人口老化快速，失能者急遽增加，長照資源嚴重不足。

（六）重照顧、輕預防，照顧壓力越來越重，亦缺乏跨專業之合作。

馬英九政府上任後，因長照 1.0 已開始實施，只能繼續推動（故社會大眾常誤以為是馬政府推動長照 1.0），但基於長照法規多頭馬車，以及財源嚴重不足，資源缺乏與分布不均，故在規劃普及式的「長期照顧保險（簡稱長照保險）」時，同步推動「長期照護服務法」（簡稱長服法）（衛生福利部，2024）及「長期照顧服務網計畫（2014-2016）」（簡稱長服

網）（行政院，2013）。藉由長照雙法（長服法與長照保險法）與長服網的推動，期能建立長照服務體系，普及長照資源，藉社會互助分擔財務風險、減輕照顧負擔，並促進長照體系的健全發展（李玉春，2018a）。此外並出版高齡社會白皮書（行政院，2015），針對健康、亞健康與失能者發展兼顧預防與照顧，涵蓋生活、醫療與長期照顧的老人全照顧藍圖，希望能提升健康人年，減輕失能依賴，並支持失能者盡可能自立。

長服法整合了四類長照服務法規，對長照機構進行統一規範，2015 年通過後，於 2017 年 6 月 3 日開始實施，涵蓋五大面向，包括長照服務內容、人員管理、機構管理、受照護者權益保障，以及服務發展的獎勵措施。該法擴大了長照服務的對象，涵蓋全齡失能者、心智功能障礙者及家庭照顧者，並開放民間參與投資機會，除新設住宿式長照服務仍需由公立機構、財團或社團法人設立外，居家及社區型服務不受此限。此外，法案設立了「長照發展基金」，獎勵資源不足地區及特定服務類型的人力和資源發展，促進民間資源投入長照服務領域（衛生福利部，2024；李玉春，2017）。

為建立普及的長期照護體系以及均衡長照資源的發展，長服網參考醫療網規劃，將全國劃分為 22 個大區（縣市）、63 個次區（幾個鄉鎮一次區）、368 個小區（鄉、鎮、區），針對各區域擬訂各類長照資源發展目標，並配合長服法，利用公務

預算或長照發展基金,優先補助資源不足的區域或發展創新類型長照服務,強化社區長照服務的普及性與在地化,提升服務品質,並加速整體長照體系的建設(行政院,2013;李玉春,2018a)。至 2016 年,多數區域達成近九成以上資源布建目標,惟社區式長照機構進度稍落後,故於長服網結束後,藉與長服法的實施結合,續推三年 300 億元的長照量能提升計畫,以持續布建資源(馮燕、陳玉澤,2016)。

長照保險旨在通過全民社會保險,藉社會互助分擔財務風險,建立長照充足而穩健的財源,以減輕照顧負擔,並促進長照資源的發展。政府自 2009 年起開始規劃並推動長照保險。基本規劃包括擴大財源(稅收加保險費),財務穩健;量入為出,有多少錢做多少事(只提供基本定額給付);涵蓋全民,不虧待住機構或聘外勞者;提供多元給付,增加民眾選擇;行政一元,整合健保與長照;單一窗口照管,促進醫、養、健、社之整合;推動特約管理,提升效率,服務永續;推動復能、支持自立;藉包裹與論質支付,提升服務效率與品質;配合長服網,充實長照資源,建立健全區域長照網絡(衛生福利部,2016a;李玉春等,2013;李玉春,2016, 2018a, b, c, d)。

行政院在 2015 年通過「長期照顧保險法(草案)」(行政院,2015)送立法院審議,並在 2016 年完成四冊的長照保險規劃報告(衛生福利部,2016a)。原預計在長保法通過後,

依據長照資源的整備情況及社會經濟狀況下，擇期實施，最快預計2018年才能實施。依據當時全民代表性的民調顯示：支持開辦公營長照保險的比率高達86%，20-29歲的年輕人甚至有89%支持該制度（衛生福利部，2016b）。

2016年政黨再度輪替，蔡英文總統上任後，決定擱置長照保險，並繼續採用稅收制取代社會保險制，推動長期照顧十年計畫2.0（2017-2026，簡稱長照2.0）。

二、長照十年計畫2.0（2017-2026，簡稱長照2.0）

長照2.0自2017年開始實施，內容詳見祝健芳司長第二章介紹，本文為銜接後段對長照2.0的評估，僅摘要長照2.0內容如下（行政院，2016；李玉春，2018a, c；陳小紅，2020；衛生福利部，2017a, b, 2024b；祝健芳，2024）：

（一）目標與目的：

目標在延長健康餘命，維持剩餘功能，減少臥床時間。目的如下：（1）建立優質、平價、普及的長期照顧服務體系；（2）實踐在地老化價值：提供支持家庭從居家、社區到機構式照顧的多元連續服務；（3）向前延伸初級預防照護；（4）整合多目標社區式支持服務，銜接出院準備服務及居家醫療服務。

（二）體制：

與長照 1.0 相同，由中央負責立法、籌措財源與監督管理，地方政府負責經營管理。地方政府主責單位多設在衛生局，少數由社會局負責、獨立成立長照處、或在衛生局下設長照所。

（三）財源：

長照 2.0 以支定收，主要財源之籌措，係於 2017 年修訂的長照法第 15 條，將該法原設置「長照服務發展基金」修正為設置「長照特種基金」，並將基金原目的（促進長照相關資源之發展、提升服務品質與效率、充實與均衡服務及人力資源）擴充，加上「提供長照服務、擴增與普及長照服務量能及補助各項經費」做為法源。若基金不足則編列公務預算支應。

基金之來源如下：（1）遺產稅及贈與稅稅率由 10％調增至 20％以內所增加之稅課收入；（2）菸酒稅菸品應徵稅額由每千支（每公斤）徵收新臺幣 590 元調增至新臺幣 1,590 元所增加之稅課收入；（3）政府預算撥充；（4）菸品健康福利捐；（5）捐贈收入、基金孳息收入及其他收入。其中（1）、（2）為新增。法中仍維持：基金來源應於本法施行二年後檢討，確保財源穩定。

（四）服務對象：

　　由長照 1.0 以老人為主要對象，擴大涵蓋至 50 歲以上的失智者、55 至 64 歲的失能平地原住民、未滿 50 歲的失能身心障礙者，以及僅有 IADL 失能的衰弱老人。

（五）照顧管理：

　　各縣市皆設立「照顧管理中心」，住院病人透過出院準備銜接長照資源，社區民眾透過 1966 專線或相關管道提出申請，由照管專員（簡稱照專）受理後運用照顧管理評估量表，評估民眾長照需要、核定長照需要等級與給付額度、核定照顧計畫、掌握服務時效與確保服務品質。照顧計畫在長照 1.0 由照專負責，但長照 2.0 改由照專派案給 A 個案管理單位，由 A 單位個管員協助個案及家屬擬定或修改照顧計畫、連接長照資源、追蹤服務品質、串聯社區資源、落實個案管理。

（六）給付項目與額度：

　　延續長照十年 1.0 的 8 項服務，並新增 9 項服務，包含失智症照顧服務、小規模多機能服務、原住民族地區社區整合型服務項目、家庭照顧者支持服務據點、社區整體照顧模式、社區預防性照顧、預防或延緩失能之服務、銜接出院準備服務與銜接居家醫療（健保給付）。

(七) 給付額度：

自 2018 年起將前述 17 項給付整合為四大類：照顧與專業、交通接送、輔具與居家無障礙空間環境改善（簡稱輔具與環改）及喘息服務，分別訂定給付額度與部分負擔比率（照顧與專業及喘息服務一般民眾負擔 16%，中低收入戶負擔 5%，低收入戶全免；交通接送（輔具），一般民眾負擔 21-30%（30%）。照顧與專業給付運用長照保險發展的案例分類系統（Case-Mix System, CMS），依據照專照管量表評估結果，由電腦將長照需要等級分為 2-8 級（給付額度 10,020-36,180 元），喘息依需要等級分兩級給付（2-6 級每年 32,340 元，7-8 級每年 48,510 元）。交通依偏遠程度分四級（每月 1,680-2,400 元），輔具與環改每三年以 4 萬元為限（衛生福利部，17b）。

(八) 服務提供者：

前述社區整體照顧模式將服務提供者分為 A、B、C 三類，A 為社區整合型服務中心，提供 B、C 單位技術支援及整合服務；但 2018 年後，A 轉為前述之 A 個案管理單位。B 為長照機構，提供居家服務、日間照顧、家庭托顧、交通接送、喘息服務等在地化照顧及社區式長照服務；C 為巷弄長照站，提供預防及延緩失能服務及便利的照顧與喘息服務。

（九）特約管理與費用支付：

自 2018 年起仿照長照保險規劃，推動長照機構特約與支付制度，以簡化管理、核銷與行政作業。長照服務單位依據 A 個管擬定、照專核定的照顧計畫提供服務，其費用依據長照給付及支付基準所訂之支付標準申報費用，後者配合長服法修法，已改為「長期照顧服務申請及給付辦法（衛生福利部，2024b）」，使更符合法制。另外 2018 年並推動復能與專業服務，以支持失能個案盡可能恢復自立或延緩失能，避免過去服侍型的照顧，越照顧越失能的現象。

支付標準在專業服務採論次，交通採論趟支付，日照採論日計酬，照顧服務與輔具環改採論量計酬，例如照顧服務依據基本身體清潔、基本生活照顧、協助餵食（灌食）、沐浴、足部護理、支體關節活動、到宅沐浴車、陪同就醫等，逐一訂定支付標準，以取代長照 1.0 時的論時支付。

（十）其他：

在機構式照顧的補助方面，政府對持有身心障礙證明或手冊且符合規定的個人推行小康計畫委託收治，並為低收入戶精神病患提供收容治療服務。此外，政府也為中低收入失能老人提供機構公費安置，每月補助 2.2 萬元。自 2019 年起，新增補助規定對於實際入住機構滿 90 天且所得稅累進稅率未達 20%

的個人，根據所得稅級距提供最高 6 萬元的補助，並推行機構品質提升計畫。自 2023 年起，取消所得限制，但要求補助對象必須達到 CMS 四級以上或中度身心障礙以上，每月一律補助 1 萬元；若不符合該條件，則提供最高每年 6 萬元的補助。另外亦強化照顧者支持服務與失智症照顧。

三、成就與挑戰

（一）長照 2.0 執行狀況分析

1. 預算與支出逐年大幅增加

長照 2.0 多元化的資金來源使預算大幅增加，有助於推動長期照顧服務的持續發展。計畫原預估每年約為 330 億元，逐年增加。實際執行狀況以長照基金預算為例，2018 年預算（支出）為 319 億元（163 億元），2020 年增至 560 億元（560 億元），2024 年激增至 828 億元，年增幅高達 37%（立法院預算中心，2023），2025 年包括公務預算預計編 927 億元，可見政府對長照的重視與承諾。

2. 服務人數與涵蓋率（衛福部，2024c；祝健芳，2024）

服務人數大幅成長，2017 年長照 2.0 服務使用人數僅為

10.7 萬人，2023 年使用人數達 50.5 萬人，較 2017 年的 10.7 萬人增為 475%，若加計使用住宿機構 12.3 萬人，失智未失能與衰弱老人 6.2 萬人，整體長照達 69 萬人使用，涵蓋率達 80%。但聘僱外籍看護與身心障礙者整體涵蓋率相對較低。

3. 長照 2.0 長照服務使用狀況

依據衛福部資料，長照四大類給付服務中，2023 年以「照顧服務」使用率最高達 72% 最高；依次為交通接送（46%），喘息（32%），輔具和無障礙環境改善服務（20%），以專業服務使用率最低僅 16%（衛福部，2024c）。多數長照 2.0 收案個案並未長期使用，依作者國衛院研究分析，2018-2021 年收案者在 2020 年 3 月已結案者分別占 66%、64%、57%、36%，已結案者平均使用 501 天，以已經死亡約占 1/3 為最高（李玉春、張麗娟、羅翊文、林芮安、陳千如，2024）。

4. 長照利用公平性

影響整體長照 2.0 使用因素有很多，主要受到政策、長照需要、傾向與使能因素之影響，與 Andersen 健康服務利用行為模式一致（Andersen, 1995）。例如對復能的推動政策會影響復能服務之利用；個案 CMS 等級或對復能需求高的個案更傾向於使用長照服務，但有問題行為或照顧負荷高的個案除外；使

能因素中,福利身分、未聘請外籍看護、非原住民身分、教育程度、所在縣市資源豐富、由女兒或女婿照顧、親友互動頻繁、居住於非核心都市及照管單位的特質等都會影響長照服務之利用,顯示長照服務利用公平性仍有待改善。就不同服務項目而言,影響因素有所不同,例如影響照顧服務使用的因素包括有福利身分、女性、高教育、獨居、照顧資源多之地區使用多。影響復能與進階專業服務使用之因素跟出院準備、聘外看、有聘醫事人員A單位、非獨居、高教育、住都市核心地區等都有顯著相關(李玉春等,2024)。

5. 長照機構與人力成長

長照 2.0 計畫擴大補助對象、大幅擴編預算與提高給付額度及支付標準,並採用特約管理制度取代原有的計畫型補助,不僅大幅簡化長照機構的核銷文書工作,提高行政效率,改善現金週轉率,顯著提升長照機構尤其是居家照顧服務機構的利潤,為長照機構的永續經營奠定了穩健的經營基礎。加上長服法實施後自然人即可成立居家與社區機構,在需求大幅增加後,吸引更多長照人力投入到長照產業,進而使得長照人力快速成長,同時也激勵了創新服務模式的發展。

2023 年,長照整體照顧服務人力(9.7 萬),較 2016 年(長照 1.0,2.5 萬)大幅成長為 4.7 倍。其中居家照服人員

從 9,523 人增至 51,160 人（成長為 5.4 倍）；社區照服人員從 747 人增加至 11,434 人（15.3 倍）；機構照服人員成長最少，從 14,924 人增加至 34,584 人（2.2 倍）。另外，照管專員與 A 個管人員也由 353 人增至 4,800 人（13.6 倍）。為促進社區整體照顧服務體系資源的快速成長，政府對各級服務據點採取「培植 A，廣布 B，增設 C」的策略。2023 年，社區整合型服務中心（A 單位）擴增至 720 間，成長為 9 倍；長照特約單位（B 單位）擴增至 8,552 間，成長最多達 42.9 倍；巷弄長照站（C 據點）也成長至 4,144 家，成長為 9.4 倍（衛福部，2024c）。

6. 品質與成效

2018 長照 2.0 導入「復能與專業服務」，透過由醫師、護理師、心理師、藥師、職能治療、物理治療等專業人員組成的專業服務團隊，指導個案及家屬、照顧者，運用個案剩餘功能發揮潛力，以提升生活自理能力為主，維持生活參與能力不退化；此外還進一步提供特殊照護（進階專業服務），例如針對營養、進食與吞嚥、困擾行為、臥床或長期活動受限，指導失能個案或家屬個人化照顧技巧，或提供居家護理指導與諮詢，使個案逐步恢復自立生活或減少家庭照顧者照顧負擔（衛福部，2022）。

依作者國衛院研究，無論整體長照服務或復能與專業服務介入，皆可顯著改善個案健康結果，包括改善日常生活活動（ADL）、工具性日常生活活動（IADL）及降低 CMS 等級，尤其接受出院準備者。上述服務亦可顯著降低急診與住院利用、醫療費用與長照費用之成長率；復能與專業服務另可顯著改善問題行為，但對照顧負荷卻皆無顯著改善。在各種服務組合中，使用「專業服務與輔具服務組合」者，在急診和住院利用率以及長照與醫療費用的增長方面，均顯著低於「照顧與喘息服務組合」者，為較佳的服務模式（李玉春，2024）。

7. 滿意度

依照衛福部委託國衛院針對 2021 年接受長照服務之個案或其家屬（1,212 人）的電腦輔助電話調查結果：對長管中心及 A 單位之滿意度高達 97.1%，贊成長照服務可減輕主要照顧者負擔及維持整體生活品質達 97.6%。對長照服務整體滿意度達 93.7%（居家服務達 97%）（衛生福利部，2024d）。

（二）當前挑戰

照 2.0 在蔡政府積極推動下，已有卓越長足進步與成就。但當前制度仍有以下值得精進之處，提供推動長照 3.0 參考。

1. 體制面（李玉春，2008a）

（1）體系：現行長照體制由中央籌措財源，地方負責特約管理，可發揮因地制宜功能，地方政府除貢獻少部分預算外，較無財務責任，相較於單一社會保險制較難落實權責相符。另外中央對特約管理與照顧管理雖訂有相關規範，但在執行面，各地方政府各自為政很難統一，如照顧管理評估的一致性就很難落實，更遑論對長照機構管理的規定；加上嚴重缺乏行政管理人力與經驗，資訊管理系統尚未完備，造成地方政府很大的壓力，人力流動率高，運作不易，尚難顧及品質、公平性與效能的提升。

（2）照顧管理：長照 2.0 照管機制打破了單一窗口的設計；照專與 A 個管雖有分工，但很難避免功能重疊、評估不一致、對照顧計畫有不同看法等問題，以及一條龍式 A 個管單位（母單位兼提供服務）利益衝突與派案不公的問題。

2. 給付保小不保大，造成福利制度的不公平（李玉春，2018b, c）

給付對象方面，長照 2.0 雖放寬補助對象，但限制聘外籍看護者只能使用照顧與專業服務額度的 30%，且只能用在專業服

務，不能使用照顧服務。24 小時住機構的長者，每月僅能獲得一萬元的有限補助；而非身障、非老人之失能（智）者，若無法取得身障手冊亦無法獲取給付，例如中風的年輕非身障者。給付項目也存在限制，包括限縮住宿機構、家庭照顧者的現金給付及關懷訪視等。

另外，長照給付等級依據長照保險發展的居家照顧服務 CMS（Case-mix system）案例分類系統，核定照顧與專業服務給付等級與額度。但目前的 CMS 分類，專業與照顧服務共用額度，CMS 未完全涵蓋專業服務需要的評估，易引發互相排擠的問題，造成不公平，亦無法落實「復能優先」、支持個案盡可能自立的理想。另外目前 CMS 一級尚未與社區據點（如社會、營養、運動處方）充分連結，進一步影響了長照服務的整體效能（李玉春，2023, 2024）。

3. 長照財務制度有待精進

目前長照財源主要依賴菸稅、房地合一稅、遺贈稅以及公務預算，但隨著長照需求的增長，長照支出急遽增加而長照 2.0 財源卻逐漸減少，開始出現當年入不敷出的問題。2024 年的長照預算達到 876 億元（長照基金預算 828 億元），比前一年增長了 37%，但稅收卻反而減少，房地合一稅、菸稅與遺贈稅與菸品健康福利捐，分別減少 8.8%，2.6%，4.7% 與 2.6%，

對長照財務穩定性造成了挑戰；雖然長照基金餘額至 2024 年預計仍有 1170 億元（立法院預算中心，2024），但 3-5 年後財務可能出現問題。

目前的主要財源皆屬一般社會保險之補充財源，非主要財源，財源充足性與穩定性不足，如菸稅即可能隨吸菸率下降而下降，房地合一稅易受打房影響，遺贈稅為機會稅也不穩定。若由公務預算補充，因台灣稅基小，國家總體稅賦負擔率占 GDP 比率僅 14.6%，不但低於日本 20.7%，韓國的 23.8%，更遠低於北歐國家（瑞典 32.6%，挪威 36.6%，丹麥 41.8%）（財政部，2024）。

長期而言，稅收成長斜率遠低於失能人口成長斜率，加上要跟其他政事競爭財源，能否持續獲得執政者公務預算的挹注，將會是一大挑戰，未必能滿足失能人口快速成長之需要（2060 年失能率 10.5%，失能人口 193 萬人）。因此政府亟需建立永續之公共財源或調整現有財務分配，以確保長照服務可持續發展，並滿足日益增長的需求（鄭清霞、王靜怡，2014；李玉春，2018b, 2022；陳小紅，2020；劉怡君等，2023）。

4. 給支付制度（李玉春，2023, 2024）

依據作者國衛院研究對長照 2.0 給支付制度的檢討，有如下之發現（李玉春，2023, 2024）：

（1）採論量計酬支付制度支付居家照顧費用，雖然鼓勵提升生產力，卻也造成服務斷裂、零碎和片斷化現象，關心服務多於關心人，全人的思維往往在過度切割的判定中消失無蹤，影響全人整合照顧落實（林依瑩，2020）。例如，若照顧現場須臨時依受照顧者需要調整項目，仍須找 A 個管修改照顧計畫，缺乏服務彈性。

（2）支付標準和支付條件缺乏公平與合理性。例如，失智個案的加成條件過於寬鬆，照顧服務重生活照顧（費用占 63%，以餐食照顧、陪同外出、陪同就醫、陪伴服務等為大宗），卻輕忽身體照顧的需求（費用只占 37%），尤其某些未提供專業服務的一條龍式的 A 個管，較不會推薦專業服務，或較可能推薦比較輕鬆的生活照顧服務。

（3）照顧與專業服務共用額度，影響「復能優先」政策的落實。共用額度容易造成專業服務受排擠，C 碼（專業服務）使用率，自 2018 年的 27% 提升至 2019 年的 30%，但因專業人員對復能認知不一，對復能原則的理解有限或誤解，建立共識的教育訓練不完善；以及參與人員多、溝通管道不足，無法有效地團隊合作（蔡宜蓉、毛慧芬、林佳萱、李玉春、張玲慧，2021），造成復能提供的亂象；在嚴格管理後，使用率驟降至 2021 年的 15%。在學界倡導與政策鼓勵下，2022 年後微幅增加，

但至 2023 年仍僅 18% 使用。另外，雖然復能與專業服務能改善個案的功能與健康狀況，但由於使用者仍需繳納部分負擔，若 A 個管無法說服民眾使用，也會導致復能與專業服務使用率偏低（李玉春等，2024）。

（4）未實施論質支付，缺乏誘因鼓勵個案盡可能自立。現制讓服務提供者面臨道德風險，若個案功能改善，給付等級、給付額度與支付費用將因之減少，服務提供者與個案未必開心。論質支付應用財務誘因，可獎勵機構提升品質、照護結果（個案功能）、滿意度或效率。（衛福部，2016；李玉春等，2018c；李玉春，2023, 2024）。

（5）對原住民族地區和離島地區，支付標準採取論量計酬加成兩成獎勵，但由於各地區差異大，一律加兩成未必公平。而在偏鄉地區，由於地廣人稀，交通時間長且難以招募人手，卻沒有相對應的支付加成，並且各類服務可能需個別特約，這對於服務的提供以及公私資源的協作與整合都帶來了挑戰。

四、精進建言

（一）總結

長照 2.0 擴大財源與補助對象，與 2017 年比，2023 年預

算增為 6.9 倍，使用者增為 4.7 倍，涵蓋率已達 58.6%，加上使用住宿機構、失智未失能與衰弱老人，整體長照涵蓋率已達 80%，顯示長照的可近性已大幅提升。另外，長照服務包括復能與專業服務都可改善使用者的功能與健康狀況，降低長照與醫療費用的成長率，滿意度亦高達 97%，為蔡政府執政八年最重要的政績之一。

另外藉由提高給付額度及支付標準與採用特約管理制度，長照 2.0 大幅簡化與提升長照機構的核銷與行政效率，改善現金週轉率與提升利潤，為長照體系的永續經營奠定了初步穩健的經營基礎。加上自然人的投入，吸引長照機構與人力快速成長，整體照顧服務人力成長至 9.7 萬人（成長為 4.7 倍），一掃長照 1.0 人力缺乏的窘境。惟家庭聘僱外籍看護者在 2023 年仍高達 23.2 萬人（勞動部，2024），長照服務模式缺乏彈性，無法滿足家庭多元需要為主要原因之一。

除高度仰賴外勞外，長照體系目前仍存在「保小不保大」的公平性問題，住宿機構個案、非身障非老人個案皆不納入補助對象，聘外看者無法使用照顧服務，若不算住宿機構個案，涵蓋率亦僅 58.6%，另外長照服務使用仍受地區長照資源、福利身分、外看聘僱、家庭資源等諸多使能因素影響，整體涵蓋率與給付公平性仍有待提升。另外身心障礙者、原住民、高照顧負荷、心智障礙或有問題行為者，未必能獲得符合其需要的服

務，服務模式仍有待精進。

支付制度對服務的影響很大，長照 2.0 居家照顧服務論量計酬支付制度與支付標準之設計，易造成服務破碎、缺乏彈性、不易整合與資源的錯置都有待精進。其次，專業與復能服務的使用偏低，難以落實復能優先的目標，也缺乏財務誘因支持個案改善功能或盡可能自立。此外，對交通極為不便的偏鄉，目前並無加成支付或相關機制促成偏鄉資源的發展、服務提供與整合，這些都有待修正長照 2.0 給支付辦法，才能提升服務可近性、連續性與整合，加強服務品質與效率。

最後，面對長照支出急遽增加而長照 2.0 財源卻逐漸減少的隱憂，目前主要的財源屬一般社會保險的補充財源，非主要財源，財源充足性與穩定性不足，加上台灣稅基小，稅賦負擔率占 GDP 比率僅 14.6%，稅收成長斜率遠低於失能人口成長斜率，加上要跟其他政事競爭財源，持續仰賴稅收或政府預算當作財源，財務充足性與穩定性可能嚴重不足。無論是採用稅收還是保險方式，應盡早進行規劃，才能因應超高齡社會急遽增加長照的需要。

2026 年長照 2.0 即將推動滿十年，賴清德總統上任後擬推動長照 3.0，持續增加社區與居家服務據點和服務內容，給予家庭照顧者和長照機構更多支持，並打造居家、社區、機構、醫療、社福的一體式服務，發揮最大的功能，提升對長輩的照

顧。目前長照 3.0 仍在規劃中，綜和本文，展望未來，提出以下建議，做為長照 3.0 推動之參考。

（二）建議

1. 長照財務制度

目前長照 2.0 財源主要依賴稅收制度，財源不足、不穩定的問題逐漸浮現，且缺乏整體規劃、精算與長期策略考量，短期雖已創造很大成就，但財務制度較難永續，無法因應超高齡社會長期的永續發展。例如菸稅、遺贈稅與房地合一稅只能作為長照的補充財源，而無法當作主要收入來源。若調高營業稅來增加財源，可能會推升物價，且與國民年金競爭未來財源。另外資金不足時雖可仰賴公務預算挹注，但須與其他政事競爭預算，相較於徵收保費更易受企業逃稅（國外登記）以及經濟景氣影響（李玉春，2017, 2018b）。依據 OECD 國家統計（OECD，2023），長照總體支出占 GDP 1.8%，其中 4/5 為公共長照支出（包括社會保險在內）。台灣 2022 年長照公私支出共 1,788 億元，占 GDP 0.79%，且公共支出僅占 43%，遠低於 OECD 國家，若保守以南韓為標竿（約 1.1%）（OECD，2023），推估台灣長照支出亦需 2,593 億元，高於目前支出的 45%，尤其公部門支出比率有待大幅提升，才能保障民眾基本長照需要，長

服法15條原先已規定「特種基金來源應於本法施行二年後檢討，確保財源穩定」，因此賴總統正推動的長照3.0，勢必要強化長照2.0的財源，增加財務的充足性與穩定性。

建議可考量兩種方案：

（1）若欲維持長照3.0之名稱，可在既有稅收財源外開徵保險費，擴大財源，讓制度能涵蓋全民，提升長照制度財務負擔與使用的公平性，減輕民眾負擔。加拿大的全民健保採稅收制，但有些省另徵收保費以補稅收不足，另外日本的長照保險，保費有50%來自各級政府補助，長照3.0亦可走第三條路，採稅收加保險的混合財源（李玉春，2017）。

（2）開辦長照保險，將長照2.0目前的財源當作政府財源，政府財務貢獻可由原先馬政府時期規劃的36%增加至40%甚至更高，這才是根本解。

目前長照2.0已大量採用馬政府長照保險的規劃，包括採取特約制、長照需要評估工具與給付核定制度，加上長照資源大幅增加，若能開辦長照保險，因政府已有既有財源，可提升開辦的可行性。在民眾支持度超過八成，工商團體在2016年也

表態支持,加上健保署的行政管理經驗,長照保險經過重新精算與籌備,應可很快順利開辦。

長照保險採量能付費的模式,幾乎每個人(包括老人)都需繳納保費,且採用部分提存制,採與健保相同的費基計算保費,可涵蓋九成以上的國民所得,財務充足性、穩定性、可負擔性和給付公平性都得以提升;相較於稅收制,保險制較不受人口老化和經濟不景氣的影響,強化社會治理與財務責任,使得制度更能回應整體社會需求,增加了人民的成本意識;另外,若提供彈性的現金給付選擇,也有助於促進正式與非正式人力的最佳組合;此外若以健保署為保險人擴編,更有利於醫療與長照以及資訊的整合。推動長照保險不僅有助於社會保障體系的完善,也更容易與商業保險相輔相成,提供多層次更多元且全面的保障(衛福部,2016;李玉春,2017, 2018b)。

上述方案無論是由稅收制擴大或採社會保險,實質上皆是採混合財源,皆可擴大制度的涵蓋對象,提升制度的公平性與永續性。但若採長照保險,且以健保署為保險人,可借重其特約管理與品質確保之經驗,可解決目前各縣市各自為政不公平之問題,提升制度的公平性與管理效率。但長期來看,基於社會保障制度路徑相依的趨勢,若健保採社會保險,在長照也較可能採社會保險(鄭青霞、王靜怡,2014;衛福部,2016;李玉春,2017, 2018b;劉怡君等,2023),較可能的方向是如

日本與韓國，走向高度稅收補貼的社會保險模式。然而，財源並非唯一問題，必須同步改革長照服務與給支付制度，確保有足夠的資源來購買所需的服務。

2. 給支付制度（李玉春，2023, 2024）

長照 3.0 若能如上所述擴大財源，建議應優先落實涵蓋全民（所有有長照需要者，包括目前使用住宿型機構、非身心障礙的失能失智者），依據個案長照需要評估結果，決定是否提供給付，而不論其居住地點（是否住機構）、是否有身心障礙手冊或是否聘僱外籍看護，皆應一視同仁，以提升給付的公平性。

另外，參考本人受國衛院委託，對長照 2.0 的給付效益與長照第三階段給支付制度之研究，提出下列建議，所有建議皆在 2023 年之修正式名義團體法中，獲得 39 位參與的學者、專家、官員、業界與社福團體之高度支持。

（1）居家照顧服務短期建議仿照日本將居家照顧服務分生活照顧與身體照顧兩組合，依每趟服務時間訂定支付標準，提高服務之彈性與統整性，避免論量計酬造成服務碎片化，影響全人整合照顧的落實。

（2）支付標準：調整支付標準額度，避免重陪伴與家事等生活照顧服務，輕身體照顧服務。另外也嚴格管理失智個

案與假日加成支付之申報。A 碼新增跨專業整合評估，鼓勵跨專業偕同照顧；另外也建議在 A 碼新增專業進階評估與照顧計畫擬定，以免部分負擔鼓勵個案盡早接觸專業服務需要評估與指導，提升使用專業服務之可能。

（3）中長期建議定期精進 CMS 長照個案分類系統，作為試辦包裹支付之基礎：讓長照 CMS 分類更能反映個案各方面長照之需要，對有意願之單位，提供試辦包裹支付之機會，將一段時間提供的服務打包定額支付，讓服務單位更能彈性整合各類專業與照顧服務人力、多元照顧計畫、結合公費補助與自費、正式與非正式人力，提供更統整、連續整合的高品質服務。

（4）專業服務：建議照顧與專業服務獨立額度，或至少將專業服務需要（包括復能、營養、平衡、不動症候群等照顧諮詢等）納入 CMS 給付等級分類與核定基礎，避免額度互相排擠，無法落實「復能優先」。另外可試辦復能型日間照顧，鼓勵在社區提供復能服務。

（5）試辦論質計酬，提供支付誘因，協助個案改善功能，盡可能自立。

（6）對交通不便之偏鄉比照原住民族與離島地區加成支付。

（7）在原住民族地區、離島地區與偏鄉，因地制宜試辦以地區為基礎的區域包裹支付制度，促進公私部門人力與各

類服務之協調整合，提升服務可近性、連續性與品質。

（8）強化長照與醫療社區服務之銜接：首先須強化長照的使用，另外則改善長照與醫療、社區服務之銜接。這須透過體系、財務、照管與資訊的整合（李玉春，2016,2018d）。建議強化出院準備（如提高支付標準）、醫療院所、鄰里長、照專、A個管、長照機構、社區據點、社福機構透過照管中心與長照服務之雙向轉介，並藉與長照系統勾稽或連結，強化早療、身障、外看申請者，由照專評估是否需要長照，或透過長者功能評估量表（ICOPE）篩檢、預防延緩失能服務、高風險年長者預防性訪視，增加個案使用長照的機會。另外鼓勵長照相關系所培訓照管專員、個案管理師及跨專業長照人力，以強化跨專業團隊的服務知識與素養，增加長照需要者服務的申請與使用，醫療與社區服務之轉介或銜接，提升資源的連續性，落實全人照顧。

（9）健全資訊作業系統，連結醫療、長照與社區各類服務之資訊系統，整合長照、外看、身障等相關資訊體系，提供各單位、機構與各類專業人員使用，提高長照與社區服務使用率，結合照顧管理、醫療、長照與社區服務發展因地制宜之社區整合服務模式，以提高行政效率，提升民眾可近性與使用之滿意度。

致謝

本文有關長照 2.0 之評估與建議，部分係參考國家衛生研究院論壇以及高齡健康福祉研究中心委託之研究成果（李玉春，2023, 2024），感謝兩單位提供經費與衛生福利部長期照顧司提供長照資料庫；但本文相關建議由本人負全責，不代表國衛院及長照司之意見。另外也要感謝本人之兼任助理，國立陽明交通大學衛生福利研究所沈霖騰同學協助整理部分資料，僅此致謝。

參考文獻

1. Andersen, R. M.（1995）. Revisiting the behavioral model and access to medical care: does it matter? J Health Soc Behav, 36（1）, 1-10.OECD.
2. https://www.oecd-ilibrary.org/sites/36e18bb7- en/index.html?itemId=/content/component/36e18bb7-en WHO（2015）. The World Report on Ageing and Health. WHO. The World Report on Ageing and Health. WHO.
3. Lee, S.-H.; Chon, Y.; Kim,Y.-Y.（2023）. Comparative Analysis of Long-Term Care in OECD Countries: Focusing on Long-Term Care Financing Type. Healthcare 11,206. https://doi.org/10.3390/healthcare11020206
4. Li, J., & Norton, E. C.（2019）. Pay-for-performance and long-term care. In Oxford Research Encyclopedia of Economics and Finance.（2019）.
5. The Social care and health system of nine countries. The King's Fund.
6. 立法院預算中心（2023）。113年度總預算案整體評估。取自https://www.ly.gov.tw/Pages/Detail.aspx?nodeid=45676&pid=221646；擷取日期2024.08.20。
7. 行政院（2007）。「我國長期照顧十年計畫～大溫暖社會福利套案之旗艦計畫」（96-105年）。
8. 行政院（2013）。「長期照護服務網計畫（第一期）－102至105年」。
9. 行政院（2015）。高齡社會白皮書。
10. 行政院（2016）。長期照顧保險法（草案）。
11. 行政院（2021）。高齡社會白皮書。
12. 行政院（2016）。長期照顧十年計畫2.0（106-115年）（核定本）。
13. 行政院經濟建設委員會。照顧服務福利及產業發展方案，2006。取自https://npl.ly.gov.tw/npl/report/950330/6.pdf；擷取日期2024.08.20。
14. 吳淑瓊、戴玉慈、莊坤洋、張媚、呂寶靜、曹愛蘭、王正、陳正芬（2004）。建構長期照護體系先導計畫－理念與實踐。台灣公共衛生雜誌，23（3），249-258。
15. 吳玉琴（2013）。照顧服務人力的培育與留任。社區發展季刊，141，113-130。

16. 李玉春、林麗嬋、吳肖琪、鄭文輝、傅立葉＆衛生署長期照護保險籌備小組（2013）。臺灣長期照護保險之規劃與展望。社區發展季刊，141，26-4。
17. 馮燕、陳玉澤（2016）。量能提升以建構永續發展的長期照顧體系。社區發展季刊。153，5-18。
18. 李玉春（2016）。臺灣長照制度之檢討與改革策略建議：如何建立「平價、優質、普及」的長期照顧體系？。社區發展季刊，153，19-31。
19. 李玉春、陳珮青、王懿範、范雅渝（2016）。藉財務支付制度促進醫療長照與社區服務體系之整合。在王懿範、邱文達（編），醫療與長照整合：打造全人照顧體系第三章。五南書局。
20. 李玉春（2017）。長期照顧服務法之立法、修法與預期影響。月旦醫事法報告 4:9-21。
21. 李玉春。稅收制？保險制？或第三條路（2017）。監察院調查研討會報告，2017.8.29
22. 李玉春（2018a）。長期照顧政策與法規。載於馮燕、李玉春、吳肖琪、吳淑芳、張淑卿編，長期照顧概論，第 3 章。新北市：國立空中大學。
23. 李玉春（2018b）。長期照顧財務制度。載於馮燕、李玉春、吳肖琪、吳淑芳、張淑卿編，長期照顧概論，第 14 章。新北市：國立空中大學。
24. 李玉春（2018c）。長期照顧給付與支付制度。載於馮燕、李玉春、吳肖琪、吳淑芳、張淑卿編，長期照顧概論第 15 章。新北市：國立空中大學。
25. 李玉春（2018d）。長照醫療與社區服務體系整合。在馮燕、李玉春、吳肖琪、吳淑芳、張淑卿（編），長期照顧概論第十一章。國立空中大學，2018。
26. 李玉春、林麗嬋、蔡宜蓉、張麗娟（2023）。長照第三階段先期研究－長照給付及支付制度探討與建議。國衛院委託計畫報告，未出版。
27. 李玉春、張麗娟、羅翊文、林芮安、陳千如（2024）。長照服務使用效益評估與模式發展之政策研析。苗栗縣竹南鎮：財團法人國家衛生研究院。
28. 林依瑩。實踐共生行照顧需要改變支付制度。AnkeCare 2020/08/27 https://www.ankecare.com/article/831-20557

29. 祝健芳。長期照顧政策與展望。陽明交通大學演講，2024.03.19。
30. 國民健康署（2023）。國民健康署年報－中文版，2023.11.16
31. 國家發展委員會（2022）。中華民國人口推估（2022年至2070年）。取自 https://pop-proj.ndc.gov.tw/download.aspx?uid=70&pid=70；擷取日期2024.08.20。
32. 勞動部。看護工人數查詢。2024 年 9 月 30 日。取自 https://www.gender.ey.gov.tw/gecdb/Stat_Statistics_Query.aspx?sn=FpSgsgUQbC8CRC7DpYERGg%3d%3d&statsn=S2fh9YSaNs4RmUnkivB51A%3d%3d&d=194q2o4%2botzoYO%2b8OAMYew%3d%3d&n=349455
33. 衛生署（2011）。「國民長期照護需要調查結果報告」。
34. 衛生福利部（2016a）。長期照顧保險規劃報告。
35. 衛生福利部（2016b）。長期照顧保險民意調查報告。
36. 衛生福利部（2017a）。「長期照顧服務法」。取自全國法規資料庫：https://law.moj.gov.tw/LawClass/LawAll.aspx?pcode=L0070040；擷取日期2024.08.20。
37. 衛生福利部（2017b）。長期照顧（照顧服務、專業服務、交通接送服務、輔具服務及居家無障礙環境改善服務）給付及支付標準。取自 https://www.mohw.gov.tw/cp-2698-39060-1.html；2024.08.20。
38. 衛生福利部（2022）。長照專業服務手冊。取自 https://1966.gov.tw/LTC/cp-6451-70123-207.html；擷取日期 2024.08.20。
39. 衛生福利部（2024a）2022 年老人狀況調查報告。取自 https://dep.mohw.gov.tw/DOS/lp-5095-113.html；擷取日期 2024.08.20。
40. 衛生福利部（2024b）長期照顧服務申請及給付辦法。取自全國法規資料庫 https://law.moj.gov.tw/LawClass/LawAll.aspx?pcode=L0070059
41. 衛生福利部（2024c）。長期照顧，統計區，https://1966.gov.tw/LTC/lp-6485-207.html；擷取日期 2024.08.20。
42. 衛生福利部（2024d）。110 年長照服務滿意度調查報告。取自 https://1966.gov.tw/LTC/cp-6526-70595-207.html2022；擷取日期 2024.09.20。
43. 陳小紅（2020）。長照 2.0 政策實施初探。監察院調查報告（字號 109 內

調 0065）。2024 年 8 月 20 日，取自 https://www.cy.gov.tw/CyBsBoxContent.aspx?n=133&s=17202

44. 劉宜君、蔡雅玥、林昭吟、王光旭、陳敦源（2023）。長照十年計畫 2.0 財務永續性之研究。福祉科技與服務管理學刊 11（3），194-213。

45. 鄭清霞、王靜怡（2014）。社會性長期照護保險的財務處理。臺灣社會福利學刊，12（1），65-119。

46. 蔡宜蓉、毛慧芬、林佳萱、李玉春、張玲慧（2021）。以質性研究探討台灣推動復能服務之困境與因應策略—從服務提供者觀點分析。台灣公共衛生雜誌，40（4），394-405。

第 4 章

擘劃高齡長照未來政策展望與國家級高齡研究中心之核心角色

許志成[1] 林珏赫[2]
[1] 國家衛生研究院 高齡醫學暨健康福祉研究中心 執行長
[2] 國家衛生研究院 高齡醫學暨健康福祉研究中心 副研究員

一、前言背景

(一) 台灣人口快速老化及所面臨之照護困境

根據世界衛生組織定義，65歲以上老年人口占總人口比例達到7%時，即為「高齡化社會」；達到14%時，稱為「高齡社會」；而比例達到20%時，則稱為「超高齡社會」。回顧台灣的人口變遷，自1993年65歲以上人口比例超過7%以來，

台灣已進入高齡化社會。隨著醫療技術的進步和生活水平的提升，至 2018 年老年人口比例突破 14%，台灣正式邁入高齡社會。短短六年間，根據 2024 年內政部的統計數據，台灣 65 歲以上人口已超過 419 萬人，占全國人口約 18%，老化指數達到 147.9。國家發展委員會更預估，至 2025 年台灣 65 歲以上人口比例將超過 20%，意味著每五個台灣人中就有一位是 65 歲以上的長者。這不僅代表勞動力人口的減少，也顯示出社會在照護上的壓力將持續加重。為應對高齡人口及其健康照護需求，台灣自 2007 年推動「長期照顧十年計畫1.0」（2007-2016 年），為 50 歲以上身心障礙者、65 歲以上長者及 55 歲以上山地原住民提供全面照護。2016 年 11 月起，政府推出「長期照顧十年計畫2.0」，設立 A 級社區整合型服務中心、B 級複合型服務中心及 C 級巷弄長照站，推動社區照護，並擴大服務對象至 50 歲以上失智症患者、55 至 64 歲失能平地原住民等，滿足多元照護需求，減輕家庭負擔。

長照 2.0 計畫推動至今，衛生福利部積極整合中央、地方及民間資源，推動相關長照服務以滿足不同族群需求。政府長照預算從 2017 年的 163 億元逐年增長，預計 2025 年將達到 930 億元。2024 年 5 月數據，全台超過 14,000 個長照服務單位，包括 755 個 A 級中心、8,972 個 B 級中心及 4,560 個 C 級巷弄長照站。同時，全台長照人力 2023 年已超過 10 萬人，

服務覆蓋率達八成，服務人數突破 50 萬。然而，照護資源分配不足或不均、專業人力短缺等問題依然嚴重。如 COVID-19 疫情導致全台社福移工人數減少，即便全台現有照護人力超過半數投入居家照顧服務，仍難以應對日益增多的長照服務需求。監察院 2020 年報告指出，居家照顧服務員人力缺口接近一萬人，急需加速培育人力缺口。

此外，專業訓練資源不足以及培訓內容與實際工作情境脫節等問題也亟須改善。衛生福利部在推動長照 2.0 計畫時，已預見台灣未來面臨的高齡照護需求。因此，自 2018 年起委託國衛院執行「高齡健康與長照研究中心研議計畫」，並於 2021 年成立「高齡醫學暨健康福祉研究中心」，研擬實證基礎的服務模式與創新方案，規劃高齡健康與長照政策發展方向。此舉旨在協助政府應對不斷增長的長期照護需求，強化現有政策，優化資源配置，培育專業人力，並導入智慧科技與創新照護模式，確保長者獲得全面適切的健康照護服務。

（二）高齡長照政策發展及擘劃和「健康台灣」策略密不可分

隨著台灣即將進入超高齡社會，台灣面臨多樣化、複雜且日益增長的高齡健康及長期照護需求。為此，賴清德總統於 2024 年成立並主持「健康台灣推動委員會」首次會議，提出一系列針對高齡及長期照護問題的具體對策，強調高齡長照政

策發展與「健康台灣」策略的緊密關係。

首先，未來政府將積極推動健康促進措施，鼓勵高齡者參與運動和社區（部落）活動（傳統慶典），以降低肌少症和跌倒風險，並維持健康生活方式。具體政策包括衛福部健保署於 2024 年 8 月推動的「全人全社區照顧計畫」，每年提供一次健保給付的「生活習慣諮詢」，結合預防保健與健康促進，倡導全民健康的全人照顧模式。該措施不僅能延緩長者進入長照服務的時間，還可能縮短不健康餘命，提升生活品質。

其次，為進一步發展高齡長照政策，未來需要持續擴展長期照護體系的覆蓋範圍，並提升長照服務人員的專業能力，滿足長者的多元需求，提供高品質且個人化的全人照護服務。2023 年起推動的「長期照顧服務人員訓練認證繼續教育及登錄辦法」，即要求長照服務人員每六年需完成 120 點的繼續教育課程，以提升專業水準。

此外，數位科技的應用與創新發展，將是未來提升長照服務效率與品質的關鍵。因此，未來應積極推動智慧照護科技系統的廣泛應用，如遠距照護、健康量測系統和運動復能設備等，提供靈活的居家、社區及機構科技照護解決方案，以解決目前長照資源分配不均及不足問題。這些科技系統的導入，不僅有助於提升長照服務的覆蓋率和可及性，減輕偏遠地區資源匱乏困境，還能將智慧照護數據與智慧醫療平台連結，協助醫療人

員、照護者和家屬全方位了解長者健康，進而提升照護品質。

同時，長期照護服務體系的建構必須以永續發展為基礎。未來中央政府需研擬更適切的長照政策及支付項目，並加強與地方政府、大專院校、非營利組織及科技產業的合作，投入資源建立多元且永續的長照服務生態，確保政府資源有效利用，培育專業人才，並鼓勵民間企業投資智慧照護科技的實務應用。最重要的是，加強高齡健康和長期照護的基礎、應用及科技導入研究，推動實證基礎的創新照護模式，應對日益複雜的長者健康需求。為實現此目標，應在跨部會及各層級同步推動試辦計畫，強化預防健康促進、智慧科技應用及資源永續發展，以應對超高齡社會挑戰，提升高齡者的健康福祉。

（三）國家衛生研究院高齡研究中心的發展及核心目標

國家級高齡研究中心的成立有其迫切及必要性，故於 2020 年行政院指示國衛院籌設高齡研究中心於國立臺灣大學雲林分部。此後高齡研究中心於 2021 年成立，從國家的整體策略出發，整合國內現有資源、研究人才及量能，擔任跨界整合的統籌角色，提升非營利事業組織、長照服務、醫療與產業之鏈結，建立支持家庭、居家、社區到機構式照顧的多元連續服務，打造高齡友善的創新體系，促進高齡者健康與提高其生活品質。同時，作為政府高齡相關施政規劃的智庫，協助政府研擬前瞻

且創新的高齡長照相關服務、科技或政策推動，並針對高齡化社會當前急迫之重要問題提出因應之策略，以降低人口高齡所衍生的眾多問題為目標。為達到上述目標，高齡研究中心發展全方位促進健康老化策略，研究從全人角度出發涵蓋基礎生物學、個人行為、家庭社會、智慧科技應用、照護產業發展至政策評估等層面，不僅為政府未來政策制定提供參考依據，還有助於高齡健康及長期照護服務發展的實證支持與精準化推進。

二、長照實證研究現況與政策重點方向

（一）長者健康狀況的流行病學調查與數據分析

隨著人口高齡化，慢性疾病與失能的盛行率將大幅增加台灣的醫療成本。然而，慢性疾病與老化相關的失能病程，無法在短期觀察中找到最佳解決模式或政策方針，需依賴政府投入資源進行長期追蹤、紀錄與分析，才能發展出合適的高齡政策。因此，對高齡者進行長期資料追蹤與分析，具有至關重要的價值。以日本而言，自平成九年（民國86年）起，便規律進行40-79歲之民眾健康狀況檢查，建構完整的老化歷程資料庫，有助於學研單位分析了解高齡者神經退化速度、老化健康指標變化。此外，以北歐國家芬蘭為例，自1998年開始迄今，每兩年以郵寄方式調查65-84歲者之健康狀況、功能及

生活方式，長期追蹤高齡者的生活方式和心血管危險因子、失智症、阿茲海默症等大腦結構性變異。反觀台灣有國民健康署的「台灣中老年人健康與生活追蹤研究（Taiwan Longitudinal Study on Aging, TLSA）」、「台灣老人健康之社會因素與生物指標研究（Social Environment and Biomarkers of Aging Study, SEBAS）」、國衛院的「台灣中老年健康因子及健康老化長期研究（Healthy Aging Longitudinal Study in Taiwan, HALST）」、北榮的「榮民老化世代研究（Longitudinal Older Veterans Study, LOVE）」及「宜蘭員山老化世代研究（I-Lan Longitudinal Aging Study, ILAS）」等調查，並根據研究結果點出未來國家政策發展潛在重要的議題。

以台灣中老年人健康與生活追蹤研究（TLSA）為例，研究指出隨著失能率上升，長期照護需求增加，且健康識能、逆境復原力、行動能力及居住安排等因素顯著影響長者生活品質。提升健康識能可增加長者運動和健康檢查機會，減少不良行為並預防疾病。逆境復原力對長者在面對重大生命事件（如喪偶）時，對其心理健康及生活滿意度有重要影響，甚至與死亡風險相關。為此，台灣推動健康促進和「社區健康營造」政策，透過社區健康中心和衛生所提供多元活動，鼓勵長者積極管理自身健康。長照 2.0 計畫也納入心理健康支持服務，為長者和家庭照顧者提供心理諮詢和情緒支持，提升心理韌性。然而，

對於尚未充分照顧的長者，政府需引入創新模式與輔助科技，促進其自我健康管理，並同步關注照顧者健康，避免其過度負擔形成健康風險及增加社會醫療負擔。

自 2022 年起，國衛院針對 HALST 擴充，並接受國健署委託規劃 TLSA 調查，匯集政策需求並擴充問卷內容。高齡研究中心透過大數據分析，找出關鍵缺失並優化醫療服務效益，為政府資源分配及前瞻政策提供實證依據，具重要意義。隨著全球資訊系統發展，大數據重新定義了醫療保健模式。然而，過去的資料孤島效應限制了數據的應用，導致醫療照護產業的進展落後於其他領域。現有照護機構使用各自的系統，難以實現醫、養、護的資訊整合。

近年來，國衛院逐步建設智慧科技應用平台，整合國家級人體生物資料庫、健康大數據平台及各研究群的數據，如臨床資訊和基因體資訊，建立「永續健康大數據平台」。該平台促進數據整合與互通，推動智慧科技應用，促進跨領域合作和政策研擬，最終提升公眾健康意識與參與度。未來，基於高齡健康與長照研究資訊共享平台的框架，全國醫療大數據將進一步整合，提供實證資訊，作為政府推動高齡與長照政策的基礎。

（二）高齡者常見疾病與多重病症的實證研究及政策建議

隨著年齡增長，失智症和腦中風的發生率顯著上升，這些疾

病共有多種危險因子,如高血壓、高血糖、高血脂、吸菸及缺乏運動,因此在全球高齡化趨勢下,已成為重要公共衛生議題。為應對此挑戰,高齡研究中心團隊運用「美兆健康資源中心」的健檢資料庫、全民健康保險資料及死因登錄檔,建構長期世代追蹤研究,識別中年階段可改變的危險因子或保護因子,以預防疾病發生。

研究顯示,長期控制血壓能顯著降低罹患腦中風和失智症的風險,這些結果可作為中年人群疾病預防的早期介入策略。例如,鼓勵高風險人群進行定期血壓監測、管理,並改變不健康生活習慣。此外,公共衛生政策可依據這些研究結果推動健康促進活動,如在社區中推廣健康講座、增設運動設施、推行定期健康檢查等,提升全民健康意識並促進行為改變,有效預防腦中風和失智症的發生。此外,針對高齡者常見疾病或多重病症,臨床治療多採用藥物介入,如此導致多重用藥問題,可能容易引發藥物交互作用和不良反應風險增加,影響服藥順從性,並提高跌倒、骨折和急診住院的風險。

雖然多重用藥的危害已被研究證實,但臨床上有效的改善措施仍有限。為解決此問題,高齡研究中心團隊近年整合長照與醫療平台,如阿波羅社區遠端醫療平台和臺大醫院的多重用藥整合門診,針對社區長輩發掘潛在不適當用藥,並分析危險因子,幫助改善社區長者的多重用藥困擾,減少跌倒、骨折及急

診住院等事件。此計畫不僅為政府制定高齡者用藥管理政策提供參考，還能推動藥師在社區和偏鄉地區的介入，設立全國藥事照護標準，並建立數據回饋機制，提升長者的用藥安全。

適當的營養補充對於延緩高齡者老化及疾病復原至關重要。高齡研究中心團隊長期研究素食對疾病預防和治療的效果，發現長期素食者罹患心血管疾病、糖尿病等慢性病的風險顯著低於非素食者。這促進了公共政策推廣素食飲食，如增加學校和公共機構中的素食選項，倡導民眾採用更健康的飲食方式。此外，研究顯示飲食對腸道菌群有顯著影響，膳食纖維豐富的飲食能增加益生菌比例，有助於降低罹患慢性炎症和相關疾病風險，為未來高齡者的「益生菌增益飲食措施」提供了參考。

與此同時，植物性飲食對環境的正面影響，包括減少溫室氣體排放、節約水資源和土地消耗等，也為公共政策提供了新的跨域方向。未來，政府可通過認證環境友善飲食標章、推動「綠色健康飲食」計畫，鼓勵民眾選擇對於健康和環境友好的食品，並導入全民教育措施，提升對健康與環境的雙重關注。這將有助於改善高齡者健康，同時應對氣候變遷，實現人類與地球健康的雙贏。

(三) 科普衛教資訊對於民眾慢性疾病管理與預防之潛在益處

根據「中老年人狀況調查資料庫」的分析，國人自 60 歲起

行動功能明顯退化，而行動能力進一步退化會增加反覆跌倒的風險。台灣約有 7% 的居家長者有肌少症，另有 17% 至 21% 的長者曾經歷跌倒，這與老年人失能高度相關。以美國為例，因跌倒導致的傷害占老人住院的 5.3%，每年急性醫療支出超過 5,300 萬美元，對家庭造成巨大經濟負擔。許多高齡者在跌倒後，由於害怕再次跌倒，會限制活動，進而導致行動功能進一步喪失，甚至需要輔具或照護支持。因此，有效管理慢性病和預防跌倒風險，對高齡者的健康促進及民眾教育至關重要。

高齡研究中心團隊近年推動觀察性研究，系統紀錄社區高齡者的行動功能、步行活動量、社交空間移動、行動輔助工具使用情況等，並建立鄉村社區的步態資料庫。在社區講座或活動中，這些數據回饋給長者與居民，發展以社區資源連結的居家長者行動協助模式，提供行動不便的科普知識、跌倒預防建議及生活服務資訊。此舉結合社區照護和民間資源，發展創新服務模式，提升高齡者行動能力，並有助於未來建立醫院到社區的連續照護模式，成為政府推動友善高齡照護的參考。

同時，高齡研究中心與國立雲林科技大學合作，推廣社區長者健康促進和健康識能，結合面對面宣導與社交媒體，促進農村長者的健康教育，增強其健康適能與社區凝聚力，提升長者的生活品質，減少慢性病風險，並改善健康不平等問題。

(四) 認知功能、心理健康及社會參與相關研究

為提升高齡者心理健康並降低高齡精神疾病的發生率，高齡研究中心團隊專注於高齡精神健康議題，深入分析精神疾病對於長者及其家庭的影響。研究團隊剖析高齡精神疾病的危險因子，並盤點現有治療現況與挑戰，找出影響治療效果的關鍵問題。為改善高齡精神健康照護品質，團隊制定了多面向的策略，包括健康促進、疾病預防、早期診斷、有效治療及復健模式，期望能有效降低高齡精神疾病的盛行率與自殺率，同時提升治癒率。此外，高齡研究中心團隊利用台灣人體生物資料庫、健康保險資料庫及全基因體關聯性資料，進行族群為基礎的研究，探討基因與環境及其交互作用對認知老化的影響。這些研究成果有助於制定長者健康政策，包括利用多基因風險分數預測認知老化，分析個人和團體層次的環境因子（如居住地特徵、都市化程度、運動休閒設施密度等）對認知老化的影響，並探討先天基因是否受到後天環境暴露的修飾，提供預防策略的參考。

隨著台灣人口老化，年輕勞動力短缺問題日益嚴重，勞動市場需依賴高齡者就業來緩解。然而，關於高齡者工作條件及其對健康的影響，仍缺乏實證研究。雖然台灣於2019年通過《中高齡及高齡者就業促進法》來推動高齡者就業，高齡研究中心團隊進行跨國比較與社區觀察，釐清台灣高齡者的就業現況及

其與健康的相關性。研究結果將為政策提供參考，制定高齡就業率、工作條件、健康促進措施、活動量與睡眠影響等政策建議，促進高齡者健康與就業的平衡發展。

（五）精準照護數據整合對高齡者健康提升之價值再造

為提升臨床醫療照護品質，台灣自 2000 年起由行政院衛生署（現衛生福利部）推動「電子病歷系統計畫」，並於 2014 年推行「健康存摺」，整合醫療數據，讓民眾通過網路或行動裝置查詢個人健康資訊，如就醫紀錄、檢驗報告和用藥資訊，促進數位化健康管理和精準醫療服務。部分醫院進一步結合電子病歷和健康存摺數據，實施智慧系統。

以萬芳醫院為例，其智能客服「萬小芳」整合電子病歷和人工智慧，提供個人化診療建議，並將患者更新的病情資料同步至院內系統，讓醫生提前掌握患者狀況，提升診療精準度和效率。這些數位科技的應用不僅優化醫療流程、提高資源配置效率，還促進跨部門和跨院區的服務協調，提供更加個人化和精準的醫療服務，提升醫療服務價值。

目前雖然有許多醫療數據或資訊整合，幫助臨床人員提供精準照護措施，但對於患者或長者而言，仍有許多個人生活有關的健康數據需收集，如此方能全面了解一個人的健康狀態。以日本為例，厚生勞動省、經濟產業省和總務省於 2021 年共同

推動「民間個人健康紀錄（PHR）業者蒐集、處理、利用健康資料之基本指引」，規範使用穿戴式裝置和相關監測設備收集運動、飲食、睡眠等個人生活數據。此舉不僅讓長者或患者能查看個人健康資訊，提升自我健康管理，還促進醫療機構間的數據共享，增強醫療服務的效率和精準度。例如，通過行為和心理數據，預防長者失智症相關症狀（BPSD），並根據數據分析與實證制定最佳健康促進或預防策略，有助於公共衛生政策的制定。

因此，為提升臨床醫療服務品質及建立精準照護措施，未來政策應鼓勵透過穿戴式裝置與智慧感測系統收集健康數據，並推動醫療與非醫療健康數據的整合與共享，實現跨機構的大健康數據互通，以全面掌握個案健康狀況。此外，需強化個人及家庭健康管理與數位賦能，推動個人化精準醫療及照護科技發展，從而制定更具針對性的公共衛生政策和健康促進計畫。

三、高齡健康促進研究對長照政策串接

（一）高齡健康促進與延緩失能之實證支持與政策制定

目前全台針對高齡者的健康資源多集中於疾病治療及快速增長的長照服務。然而，若能從源頭著手，對尚未進入失能或長照的健康與亞健康長者進行健康促進介入，將有助於減輕醫療

與照護負擔。統計顯示，超過八成的台灣長者屬於健康或亞健康狀態。為促進健康老化並減少失能和長照需求，應及早了解長者的健康狀況與行為模式，並提供多樣化的外在支持，如多元健促服務鏈結、友善環境、社會氛圍、家庭支持、健康促進設施普及、大健康科技數據串聯以及政府擬定相關法規或獎勵策略等。以及這些內外因素之間的增益互動，方能支持並實現長者健康老化。

根據 2023 年世界衛生組織（WHO）發表的《促進 WHO 歐洲區域健康老齡化的體力活動與健康飲食》報告，相關資訊強調健康老化的重要性。衛福部國民健康署（前身為行政院衛生署國民健康局）曾於 2009 年啟動「老人健康促進計畫」（2009-2012），提出八大策略 48 項具體介入措施，全面促進老年人的健康與福祉。同時，教育部在推動「高等教育深耕計畫」及「大學社會責任實踐（USR）」期間，許多大學投入大量人力和資源，與社區合作推動健康促進方案，並支持相關專業培育，提供健康促進活動和社區照護服務，提升社區長者的健康福祉。然而，雖然多數長者對這些計畫表示高度滿意，且參與了眾多社交活動，但實際能落地應用並複製於其他場域的實證方案和效益仍未能充分展現。這顯示出需要進一步加強方案的實效性和可持續性。

為了具體落實實證效益，國健署於 2017 年推動「預防及延

緩失能照護計畫」，針對衰弱及輕、中度失能或失智的社區長者，發展六大主題的實證介入方案，包括肌力強化、生活功能重建、社會參與、口腔保健、膳食營養及認知促進。每期活動為期 12 週，每週一次，並透過 ICOPE 評估，確認長者健康的維持與提升。此計畫不僅為社區據點提供資金支持，還有效改善長者身體機能、延緩失智與衰老、提升生活品質、增強社區互助、減少照護者壓力並促進在地健康促進人才的培訓與發展，創造部分就業機會。綜合而言，經費資源應更多地關注健康與亞健康長者的健康促進需求，而不僅是疾病治療和長照服務，社區活動應兼具實質健康提升的實證介入策略。未來建議增加針對健康、亞健康長者的預防性健康促進資源或是提出系列性獎助方案，加強擴充多元實證的介入方案，並建立可複製及永續發展的模式，同時推動跨部門合作與資源串接，鏈結有限資源促進長者在地健康老化。

（二）鏈結產官學研醫資源，推動跨部門高齡健康照護與預防策略

為了串連多元資源，共同推動全方位的跨部門高齡健康與失能預防策略，重點在於結合產業、政府、學術、研究與醫療等各領域的力量，形塑外有政策、法規制度、科技產品以及醫療照護單位，中有人才培育、服務模式、數據分析回饋等應用，

內有長者、照顧者、家庭以及社區據點等三層次多面向之健康促進生態系，使長者健康問題不再只是單一個人議題，而是整體社會、國家甚至是醫療、學術、科技產業發展的一環。以日本為例，日本首相安倍晉三於 2016 年提出智慧社會（Society 5.0），嘗試透過人工智慧（AI）以及物聯網（IoT）、大數據等技術實現數位與真實世界串接融合，不僅用於提升產業效率、改善醫療和交通系統，更有助於促進教育改革以及對未來超高齡社會照護需求提供創新解方。相關類似的政策推動亦包括荷蘭成立國家級長照創新智庫 Vilans，協助導入數位創新科技，以實證結果提供長者活躍和獨立生活協助。

跨部門合作成立國家級智庫參與高齡健康與預防策略研擬，不僅能降低資源重複投入，還能促進資源共享與連動，滿足長者多樣化的健康需求，並提升政策的有效落實與長遠發展，同時應每 3 至 5 年檢視運作成效，隨時調整。此外，政府應鼓勵新創企業發展健康科技應用，如穿戴裝置、人工智能和健康數據分析，協助長者健康管理，並預測潛在健康風險，提供個人化健康服務。通過長期追蹤社區長者健康，評估健康介入措施或科技應用的效益，為政策制定提供實證支持，進一步促進健康科技相關法規及給付措施的擬訂。

（三）高齡者參與產業或社交活動的重要性

　　鼓勵長者參與產業或社會組織活動具有重要的角色和益處，影響涵蓋社會運作、健康狀態、經濟發展及政策調整等方面。首先，長者的社會參與能提升社會凝聚力。例如，長者通過參加社交活動，不僅能建立人際關係，減輕孤獨感，還能促進同儕和跨世代的交流與互動。社區互助模式如基隆市暖暖區的「社區互助工班」，透過互助與換工，建立穩定的社區支持網絡，讓長者從「受助」角色轉變為「互助」者，這在現今人力不足的情況下尤為重要。其次，長者參與多樣社交活動或產業生產也有助於維持一定程度的身心健康。再者，社區關懷據點的延緩失能方案、銀髮健身俱樂部等活動有助於提升長者的肌力或認知功能等，並減少抑鬱和焦慮，增加生活滿意度和自我價值感。此外，長者參與產業生產行為有助於經濟發展，但需妥善規劃工時、福利保障、工作場所安全和社會支持系統，避免過度勞累和健康風險。同時，長者的參與能促進代間互動和知識傳承，並滿足部分勞動力需求。最後，經由長者積極參與產業或社交活動，能促使政策改進和相關服務優化。例如長者的職務再設計或社區活動的多元化安排，能實現長者自我價值的同時，也使其需求被政策制定者了解，進而推動相關政策的發展。在地服務組織也可根據長者的反饋，調整服務內容，妥適滿足其需求。

（四）創新科技應用於高齡健康提升認證與給付策略

縱觀目前創新科技於高齡健康提升，不僅能提升機構長者照護品質，還能有效改善行政效率。然而，要達到大規模落地應用，需考量其實證效益以及多層面的策略規劃，包括建立認證標準，確保安全與功能，並應制定合適的給付模式，鼓勵科技產品在長者健康提升的使用與普及。同時須研議是否此等科技納入公私保險模式，擬定不同層級的租賃或給支付補助方案，涵蓋各需求以及各類高齡健康促進或照護科技的應用與互惠發展。目前許多創新照護科技採取消費性電子模式進行販售，須由使用者自費購買，這可能導致產品功能驗證的不確定性。消費者也可能對科技系統的穩定性和解決照護問題的能力存有疑慮。因此，未來可能成立公正、客觀的第三方驗證單位，基於實證數據確認創新科技是否能有效解決高齡健康促進或是照護場域的問題。日本在智慧科技導入照護場域的經驗值得參考，例如仙台市產業振興事業團運用既有資源，連結產官學研及照護單位，推動 CareTech 平台，促進照護機構與科技產業的合作，解決人力資源短缺、提升機構效能及增進長者生活品質。推動流程包括需求調查、產品開發、成效驗證及商品導入，經費補助依需求從數萬至數十萬日圓不等。

國衛院於 2022 年，由高齡研究中心開始推動「機構導入智慧科技應用於高齡照顧」計畫。該計畫目的主要以照顧者為主

體，由機構分析自身照顧問題、需求、及應用情境，提供一年最高新臺幣40萬元補助智慧科技照顧產品導入既有照護場域。計畫執行期間不僅媒合適當智慧照護產品／服務並協助機構完成導入，每月亦進行一次實地訪視輔導，廠商提供配合資源，協助收集資訊驗證服務效益。照顧機構場域測試結果亦會回饋廠商，優化其產品功能與服務流程，進而提升產品商品化之成熟度，形成共享共榮的互利多贏。

四、高齡長照政策的未來展望

（一）提升長期照顧服務品質與可及性，深入串連社區與居家

完善且可及的長期照顧服務不僅限於傳統機構照護的單一模式，而應擴展至社區與居家場域，形成「三位一體」的綜合性多面向多元跨域整合服務體系，以目前政府推動長照2.0便有此基礎，服務使用者可藉由多元專業服務機構，滿足照顧或生活所需之服務。然而，C據點的社區關懷據點面臨資源匱乏、人才不足、服務量能與專業性缺乏等問題。人力主要依賴政府補助和志工參與，志工不足時服務量能便會下降。此外，多數志工缺乏完整的專業訓練和健康知識，臨床專業人員也很少參與社區服務，導致長者在社區面臨健康問題時無法獲得有效幫助，增加醫療院所的負擔。甚至一些長者因不願麻煩他人，

導致病情惡化才就醫,進一步增加醫療照護負荷。未來建議縣市衛生所、健康中心或醫療院所採取衛星式輪調方式,定期駐點於社區據點,提供長照服務和健康醫療諮詢,深化社區與居家長者的鏈結。同時,輔具服務也可透過駐點宣導,教導長者如何使用輔具改善生活品質。長者的健康數據應串聯居家、社區、照護機構及醫療單位,方便專業人員全方位了解長者的健康狀況。目前長照服務系統雖具備登錄和核銷功能,但其介面友善度及與醫療系統的數據串接尚待提升。

(二)促進社區及家庭多元融合照護模式

小規模多機能服務模式提供居家服務、日間照護及短期住宿等多元服務,靈活調整服務以滿足不同失能或失智長者需求。然而,面對照護人力不足的問題,建議鼓勵社區培育可獲得照顧給付的在地照服員,讓他們除了照顧自己家人外,還能照顧他人以減輕經濟負擔。2020年啟動的「中低收入老人特別照顧津貼發給辦法」提供每月5,000元補助,適用於未全職工作且實際照顧長者的照顧者,並要求受照顧者和照顧者須符合相關條件。地方主管機關也派督導員定期評估照顧品質。然而,是否需要擴大適用對象(如遠距辦公者)以及經濟補償的足夠性,仍需進一步追蹤評估。

（三）推動智慧高齡長照普惠科技應用及數據回饋

智慧普惠科技的應用，透過易操作且廣泛使用的科技（如智慧健康管理設備和穿戴裝置），促進長者健康及照護科技的普及化與公平性。其核心在於提供可及性高、經濟負擔可控且具數據回饋功能的科技產品，確保長者、照護者、機構及政府皆能受惠。通過數據回饋進行精準資源布建，提升高齡長照服務效能與可及性，有助強化中央、地方政府數位精準治理能力。此外，這些數據可透過公信力單位的數據平台彙集，使長者於家中使用多設備跨域間的互通與整合。產業界與政府應共同制定數據交換的通訊協定與標準，推動跨系統數據共享。例如日本厚生勞動省推動的 PHR，即由政府規範蒐集、處理、以及利用民眾健康資料之基本指引。政府應優先投入智慧科技的基礎建設，如提升網路覆蓋、設置連接健康監測設備的居家網路和社區健康據點。政策也可考慮補助經濟弱勢家庭和偏遠地區長者，提供健康設備，增強居家安全及健康監控能力。未來，醫療院所門診或可依醫師建議開立智慧照護科技，讓長者數據串聯至醫療系統，提供全方位健康照護，並透過健保給付支持此模式，使醫療院所或臨床醫師不再只是開立醫療檢查或藥物。此外，應針對高齡者及照護者提供數位科技的教育訓練與技術支援，提升其數位能力，真正實現智慧高齡長照普惠科技的應用效益。

（四）減輕家庭照顧者負荷之多元支持措施

家庭照顧者在長期照護系統中扮演著關鍵角色，但經常承受長期的身心壓力與經濟負擔。為提升照顧者的生活品質及照護能力，未來政策應從多方面著手，包括經濟支持、心理輔導、喘息服務、專業培訓及社會支持體系，提出具體的政策措施，確保照顧者獲得全方位的支援。這樣能有效減輕其負擔，避免照顧者因長期承擔照護責任而導致身心耗竭，甚至成為下一個需要照護的對象。

首先，在工作與經濟補助方面，日本推出了「介護休假制度」，允許勞工根據家庭照顧需求申請最長 93 天的照顧假，期間可領取三分之二薪資，並由企業申請政府補助。若照顧假用完，政府還提供縮短工作時間和居家辦公等配套支持措施。同樣，德國的「照護假法」和「家庭照護法」規定，勞工可享有 10 天無薪緊急照護假、照顧者補助金，或最長二年每週至少 15 小時的彈性工作時間。嚴重者甚至更能申請留職停薪六個月、無息貸款負擔該期間的生活開銷。

反觀台灣現行的家庭照顧假規定，勞工可申請此假，但照顧對象必須是「家庭成員」且需有重病或事故需「親自照顧」。隨著社會結構的變化，未來同居的照顧者可能未必是法定家庭成員，因此適用對象的條件也許將調整放寬，以符合社會變遷需求，並依物價變動調整給付津貼。建議未來盡量擴充小規模

多機能服務中心（小規機）及社區據點的資源與服務量能，讓照顧者安心工作，受照顧者可在小規機或社區據點參加多元活動，並於下班後接回家。當照顧者需要喘息時，亦可利用小規機的喘息服務，如臨時、短期或定期的住宿及日間照顧服務，幫助家庭照顧者在壓力過大時獲得適當的休息。

為了更好地支持家庭照顧者，應定期提供健康篩檢（包括身、心、靈）及團體支持活動，鼓勵照顧者參加壓力管理工作坊或情緒支持團體，透過同儕經驗分享與互助，增強情緒韌性，減少孤立感與壓力。必要時，應主動轉介照顧者至心理輔導專線。此外，提供照顧者專業教育課程，幫助他們學習正確的照護知識，如緊急處理及失智症 BPSD 照護知識等，並提供津貼或補助，確保照顧者能掌握最新照護技巧。社區據點可挹注資源，提供照顧者支持服務，形成社區互助網絡，甚至建立「照顧者社群互助平台」，透過線上或線下方式共享經驗與資源，增強社區支持網絡的韌性。最後，建議將家庭照顧者納入高齡友善城市項目，並通過稅收減免及獎勵制度，鼓勵企業長期投入資源，支持家庭照顧者相關措施的發展。

（五）推動長者友善無障礙環境

推動友善無障礙環境的目標是讓長者、身心障礙者及全民能夠安全、便利地使用公共設施與交通工具，並藉此促進社會參

與，提升生活品質。為達成這一目標，政策應從無障礙基礎設施建設、社會支持系統、社區場域規劃及友善社群團體創建等多層面系統性推動，從而形成一個整體友善、共融的長者友善無障礙環境。首先，針對許多長者居住的老舊公寓，應鼓勵加裝爬梯機或電梯等輔助設施。目前，中央及地方政府已推出補助方案，支持老舊公寓增設電梯。例如，營建署自 2017 年起推動無障礙改善計畫，最高補助 216 萬元，新北市補助最高達 360 萬元，台北市最高補助 250 萬元。這些措施有助於長者更方便走出家門，參與社交活動和運動，提升生活品質。

再者，目前雖有相關法規規範無障礙空間設置，政府亦投入資源推動，但實際上，許多公共場域、人行道及道路的寬度、長度、斜度、標示及扶手設計等仍需改善，並落實具體推動，以確保長者、身障者等全齡人民能安全使用。針對高齡人口比例較高的縣市及鄉鎮，建議獎勵擴充無障礙交通工具，如低底盤公車、無障礙計程車，並增加覆蓋率，同時設置輪椅固定設施及乘客輔助設備，確保交通的便利與安全。

其次，應鼓勵並投入資源於社區建立志工互助網絡，一方面強化社區據點對長者的服務量能，減少長者的社會孤立，另一方面結合課程，促進長者終身學習及跨世代互動。同時鼓勵長者擔任社區志工，分享經驗與知識，提升自我價值及社會參與感。為應對極端氣候的影響，建議在長者活動的社區或周邊安

裝智慧環境感知設備，如溫濕度監測系統，並串聯氣象資訊，以即時偵測異常高溫，提醒長者延後或提前外出，避免熱傷害，增強公共環境的安全警示功能。

最後，雖然政府已針對 75 歲以上長者實施每 3 年一次的「認知功能測驗」或「未患中度以上失智症證明」換照體檢，以確保高齡者駕駛安全，但高齡者交通事故仍頻繁發生。為有效提升長者行走與行車安全，建議推動車輛加裝行人停煞系統（AEB）及老人駕車輔助保護系統等策略。行人停煞系統與老人輔助駕駛技術應依長者的認知能力、心理狀態及生理反應訂定具體規範，如距離偵測、反應速度及周邊環境適應力，並應整合疲勞駕駛提醒、車道偏移警示等功能。

政策與法規層面，政府應因應高齡者駕駛與科技應用，修訂《道路交通安全規則》或制定專門法案，要求公共運輸車輛（如計程車、巴士及共享車輛）或鼓勵私家車在規定期限內安裝行人停煞系統，並將其納入車輛年檢項目或新車合格標準之一，以確保行車安全。初期可與公共運輸業者合作，獎勵設立示範車隊，讓民眾搭乘體驗及老人輔助駕駛系統益處，收集使用者回饋意見並建立優質形象，透過宣傳教育提高社會接受度，增進社會對行人保護及長者駕車安全的重視。

五、國家衛生研究院高齡研究中心的策略與行動擬定

（一）建立跨域協作與創新試驗場域，推動公私協力模式與政策優化發展

為有效推動高齡健康與長期照護政策的創新前瞻發展，國衛院高齡研究中心將擔任跨平台角色，透過設立類似跨領域合作平台之學會、協會模式性質之組織，如「高齡健康促進聯盟」，吸納產、官（中央及地方政府）、學、研、醫各界專家，以及照顧者、被照顧者團體代表，定期舉辦多元工作小組會議，從政策法規、給支付或獎勵措施、產業研發、場域應用效益、被照顧者以及照顧者的經驗以及實證數據回饋等。深入了解高齡健康議題之真實狀態、資源整合需求，以此作為鋪陳未來前瞻創新發展方向之依據，或政策實施措面臨之困境需求需要進行何種修正。定期舉辦論壇或工作坊，促進國內及國際各領域間的專業交流與資源共享。此等聯盟組織的主要職責包括推動產官學研醫之溝通協調，以及制定跨域長期合作機制與目標；例如推動高齡者生活品質提升的科技應用導入，擬定年度實施計畫與評估指標，最終與政府及產業共同研議落地且可永續發展的公私協力模式（Public-Private Partnership, PPP）。

同時，為鼓勵產業與學界積極參與，可根據政府每年擬定之健康與照護策略需求，公開徵求創新研究與實證服務方案。透

過科技部產學合作計畫等政府補助、企業捐贈或產業合作基金等多元資源支持模式，促進高齡健康議題之創新與前瞻發展，提升產官學界合作的效益。再者，高齡健康議題需要中央政府跨部會共同推動，包括衛生福利部、內政部、教育部、經濟部、交通部、勞動部、農業部、環境部、數發部以及國家發展委員會等，因此高齡研究中心也應定期與中央與地方政府各部門舉行交流諮議會議，進而共同研議、推動因地制宜且因時而變之合宜施政方針。另一方面，設立創新前瞻的試驗場域，作為特定需求或政策試辦的實驗基地，透過數據分析驗證政策或創新服務方案的實證效益。最終，結合中央與地方政府的資源，優先於高齡人口密集區域（如雲林、嘉義等地）進行導入與推廣，確保政策落實的可行性與成效。此舉不僅能有效促進跨部門合作與資源整合，更可透過實務應用，驗證政策執行的成效，為未來高齡政策的全面推動奠定基礎。

（二）推動跨專業、學科議題之合作和國際交流

為提升台灣在國際高齡健康研究領域影響力，高齡研究中心未來將研擬成立「國際高齡健康學術與政策交流平台」，作為全球高齡健康議題討論與政策交流的核心窗口。透過每年舉辦國際研討會，邀請國內外專家學者與政策制定者進行深入的學術交流與經驗分享，並從中發展跨國研究合作目標，推動具前

瞻性的高齡健康政策與實證研究。在此平台基礎上，可進一步與面臨相似議題的國家（如日本、新加坡、韓國及歐盟）推動跨國、跨領域的雙邊或多邊合作研究計畫，積極爭取國際資源與經費支持。合作內容可聚焦於世界衛生組織、亞太、歐美等地區共同面臨的高齡健康、社會政策及氣候變遷對高齡者生活行為影響等議題，展開具體行動並共同推動相關策略的制定與落實，以提升台灣在國際高齡政策與研究領域中的領導地位。

同時，此平台將與國衛院論壇合作，每年定期出版「高齡健康與政策研究報告」，整合各國的高齡健康研究成果與政策建議，提升台灣在高齡醫學研究的國際知名度與影響力。最後，為促進國際學術合作與經驗分享，也將參考「中央研究院獎勵國內學人短期來院訪問研究作業要點」，研擬設立「高齡健康與照護學者交流駐點」計畫，鼓勵國際知名學者來台進行駐點研究並與台灣學研醫界展開跨領域合作。此舉將有助於提升台灣於高齡健康與照護研究能量，促進高齡健康議題的多元討論與政策推動的深度，最終形塑台灣為全球高齡健康政策研究與推動的標竿典範。

(三) 前瞻試驗場域設立與跨部門資源合作，共同推動具實證依據的創新照護模式與科技應用

為推動基於實證基礎的創新高齡照護政策及智慧科技應用，

建議設立具前瞻性的試驗場域作為特定需求或政策試辦的實驗基地，透過系統性數據分析驗證各項創新方案的實證效益，並優先於高齡人口密集地區進行導入與推廣，以確保政策落實的可行性與成效。此外，未來高齡研究中心將與學術與研究機構（如大專院校、工研院、金屬中心、塑膠中心、紡研所等）及產業界共同合作設立「前瞻智慧健康物聯網科技創新中心」。該中心可用作新技術試驗（如行動輔助機器人或失智症認知訓練）及民眾體驗，透過高齡研究中心、政府機構、學術單位及企業的合作，促進科技落地應用的成效與可行性。

再者，為確保長期推動與實際應用之效益，未來將與地方政府、在地組織及參與大學社會責任計畫的校院進行合作，融入地方創生計畫，進行為期 3 至 5 年的長期追蹤觀察，並設立具體的健康改善與照護品質提升指標。此外，在中央政府層面，高齡研究中心將密切與各部門協作，根據其施政目標推動智慧科技在高齡健康與生活提升之相關試辦計畫，進一步分析智慧科技對高齡者生活品質與健康狀況的實際改善成效。未來可整合中央與地方政府資源，依據前瞻試驗場域及各真實服務場域的實證驗證與指標評估，逐步複製並擴展至全國，建立整合性創新照護模式與科技應用推廣策略，最終達成提升高齡者健康福祉與照護品質的政策目標。

(四)　高齡健康與長照數據平台融合，推動精準政策實施

為提升台灣高齡者健康與長期照護政策的精準執行與資源布建，高齡研究中心未來將研擬於國衛院之「永續健康大數據平台」內，設立「高齡健康與長照數據平台」。該平台將透過標準化的數據框架，串聯地方政府資料庫、中研院調查研究專題中心、國衛院長期照顧需求與健康資料庫、健保資料庫、國健署資料庫、長期照顧管理系統、交通部中央氣象署、行政院主計處、國家發展委員會、原住民族委員會等各部會數據庫，以及原住民文健站、社區據點長者健康整合式功能評估（ICOPE）數據等多元數據來源，並涵蓋長照機構及科技產業所收集的相關資料（如睡眠、飲食、運動等），以建立跨域、跨部門的整合性高齡健康數據平台。

此平台將採取去識別化處理，並引入人工智慧及大數據分析技術，不僅能支持政策制定及即時調整，強化高齡健康與長照策略的實證基礎，更可促進醫療、長照及社區健康單位的數據互通，提升政策規劃的精確性及落實的可行性。透過上述策略推動，未來可逐步形塑具備健康數據共享機制的全方位高齡健康生態系，並結合精準數據分析技術，促進政策、技術與實務的深度融合，最終達成提升長者健康福祉及推動智慧長照體系全面發展的政策目標。

（五）高齡健康政策推動與優化之整合策略

為提升政府部門在高齡健康政策上的執行效能及持續優化，未來高齡研究中心將研擬成立「高齡健康與長照政策監測與評估辦公室」。該辦公室將與中央及地方政府密切合作，透過定期追蹤及分析政策成效所收集之數據，並將結果回饋至相關政府部門，作為政策滾動式調整的依據，確保政策推動的適切性與成效。同時，辦公室不僅針對各項高齡健康與長照政策試辦計畫進行成果追蹤，協助政府設定健康改善、生活品質提升等具體評估指標，也將依據執行成果定期公開年報，逐漸累積並形成「高齡健康與長照政策成效白皮書」。讓民眾瞭解政策施行所帶來的效益，並促進政策透明化，進而建構一個以數據為基礎的精準數位治理體系。

最後，為促進跨部門及跨區域的經驗交流與政策優化，未來將研議於每年推動「高齡健康與長照政策論壇」，邀請中央及地方政府、政策推動者與社區代表共同參與，分享政策執行的最佳實踐案例，檢討政策推動的成效，並提出具體的優化建議。此舉不僅能提升政策執行的效率與可行性，亦能確保高齡健康與長照政策得以有效落實，最終達成全民參與，提升高齡者健康福祉。

六、對未來長照的建言

彙整上述各段內容,清楚呈現隨著台灣人口加速高齡化,對於長者健康維持與對應的長期照護需求將日益增加。針對這一挑戰,未來的長照政策也許將更聚焦於以下幾點關鍵方向,嘗試以長者健康維持或提升,減輕社會醫療照護負荷。首先,須加強長者健康的長期追蹤與數據分析。透過系統性地收集與分析長期健康數據,政府可以針對不同年齡層及其健康狀態分布,制定更精準的高齡長照政策。例如,借鑑日本與芬蘭的經驗,建立一個完整且全人的健康歷程資料庫,有助於提醒長者面臨的健康風險,並進一步擬定個人化的精準介入措施,進行早期介入,減輕未來鉅額的醫療及照護支出。

其次,社區是高齡者生活的重要場所,未來應致力推動多元化的社區健康促進活動及服務模式,鼓勵社區組織發展互助網絡,透過長者參與志工服務來增強社會支持、減少孤立感。同時,應強化社區據點的運作能力,擴大其服務範圍。醫療院所或照護專業機構應加強與社區的合作,在社區設置健康講座、專業技能培訓或運動課程,讓長者及志工共同參與。政府也應支持社區資源的整合,促使社區能提供全面且持續的健康促進與照護服務,使長者能夠更便利地在地獲取所需的支持與照顧。此外,科技導入與數據應用將成為長期照護中不可或缺的

核心要素。未來應積極推廣智慧科技的普及與應用，以提升高齡者的健康管理及精準照護的效能。政府亦應積極推動健康數據的全面整合，打破現有的資料孤島，促進醫療、生活與照護資訊的串聯與互通，並推動以高齡者為核心的健康數據模型與效益實現。

最後，政府應加強與產官學研醫等各界的合作，構建全方位的高齡健康照護生態系。這包括與學研機構合作於場域進行沙盒實證研究，為政策制定提供科學依據，透過跨部門合作與資源共享，並與產業界共同推動高齡健康或照護科技的發展與落地應用。此外，針對家庭照顧者照顧負荷的系列支持措施，應納入高齡健康與照護的整體規劃中，提供綜合性的政策考量。這不僅能有效減輕照顧者的負擔，還能確保照護品質的持續提升，為長期照護體系的穩定推動提供更全面的保障。

七、結論

面對超高齡社會的來臨，國衛院高齡研究中心未來將持續倡導產官學研醫各界攜手合作，透過建立跨部門、跨領域的協作體系，有效結合公私部門資源與智慧科技應用，共同推動更加完善且全面的高齡健康與長期照護體系，以應對日益增長的高齡健康及照護需求。未來也將藉由試驗場域及多元場域的科

技導入驗證，進行實證數據回饋，協助政府優化政策規劃與數位治理之資源配置，進而發展創新照護或給支付模式。這不僅能促進產業界加速智慧照護科技的研發與實際應用，拓展至各類照護場域，更能透過公私協力建立智慧科技照護的產業生態系。同時，高齡研究中心將持續與各界合作，共同推動數位健康專業人才的培育，提升整體照護品質，並促進智慧科技在長照服務體系中的深度應用。

高齡研究中心雖成立時間尚短，仍處於組織架構建立與運作磨合階段，但從上述所呈現的高齡研究中心在高齡健康、福利、政策及科技發展等領域的用心規劃、倡議與積極投入，顯見其具備聯結產官學研各界觀點的潛力，可成為政府推動高齡者自立、自主、共融及永續社會體系的重要智庫。我們深刻理解，科學研究與實務推動為一體兩面；唯有透過實證研究才能有效評估政策施行的成效，而推動各類前瞻性高齡健康策略亦需依循研究成果，落實研發、規劃、執行、查核及修正等 PDCA 改善循環。因此，高齡研究中心在國家長期照護政策及未來發展藍圖中，著實扮演著關鍵的核心角色。高齡研究中心期待與各方力量共同努力，不僅致力於打造完善的高齡健康與長照體系，更發揮數位轉型的多重效益，實現「健康老化、活躍老化」的願景，全面提升高齡者的健康福祉，邁向永續且高齡友善的社會。

參考文獻

1. 內政部（2024）。人口統計年刊（112年）。https://www.ris.gov.tw/documents/html/5/2/popudata-quart-pub.html。
2. 內政部（2018）。台灣正式邁入高齡社會。https://www.moi.gov.tw/chi/chi_news/news_detail.aspx。
3. 行政院（2016）。長期照顧十年計畫2.0報告。https://www.ey.gov.tw
4. 監察院（2020）。「長照2.0」政策實施初探。取自 https://www.cy.gov.tw/News_Content.aspx?n=773&s=28387
5. 衛生福利部（2023）。長期照顧十年計畫2.0：幸福台灣！長照動起來。https://www.mohw.gov.tw
6. 衛生福利部（2024）。長期十年計畫2.0相關統計表。https://1966.gov.tw/LTC/lp-6485-207.html
7. 衛生福利部（2024）。高齡及長期照顧統計／長期照顧類。https://1966.gov.tw/LTC/lp-6485-207.html
8. 衛生福利部（2023）。中老年身心社會生活狀況長期追蹤調查。https://www.hpa.gov.tw/Pages/List.aspx?nodeid=108
9. 衛生福利部（2024）。預防及延緩失能照護方案。https://www.hpa.gov.tw/Pages/List.aspx?nodeid=4706
10. 衛生福利部（2022）。因應超高齡社會對策方案（112-115年）。https://www.sfaa.gov.tw/SFAA/Pages/Detail.aspx?nodeid=1411&pid=11909
11. 衛生福利部（2019）。高齡友善城市及社區推動計畫。https://www.hpa.gov.tw/Pages/Detail.aspx?nodeid=3856&pid=11059
12. 衛生福利部（2018）。長期照顧服務人員訓練認證繼續教育及登錄辦法。https://www.mohw.gov.tw/cp-18-29134-1.html
13. 國家衛生研究院（2024）。高齡醫學暨健康福祉研究中心。https://ageing.nhri.edu.tw/aboutus/introduction/events_inner/
14. 國家衛生研究院（2024）。「台灣健康大數據整合服務平台」介紹。取自

https://enews.nhri.edu.tw/research/11790/
15. 國家衛生研究院（2022）。台灣中老年健康因子及健康老化長期研究（HALST）。https://ageing.nhri.edu.tw/projects/halst/
16. 國家衛生研究院（2022）。社區健康促進與健康識能推廣計畫。https://reurl.cc/pv4Ypl
17. 厚生労働省（2024）。民間PHR事業者による健診等情報の取扱いに関する基本的指針。
18. 経済産業省（2023）。PHR（Personal Health Record）に関する報告書及び指針。
19. 內閣府（2016）。Society 5.0 - 科関技術政策。https://www8.cao.go.jp
20. 日本經濟團體連合會（2016）。新たな経済社会の実現に向けて。https://www.keidanren.or.jp
21. InterDimensions（2019）。仙台市「CareTech効果実証サポート事業」に採択。https://reurl.cc/93Lnba
22. Barbera, M., Kulmala, J., Lisko, I., Pietilä, E., Rosenberg, A., Hallikainen, I., ... & Kivipelto, M.（2020）. Third follow-up of the Cardiovascular Risk Factors, Aging and Dementia（CAIDE）cohort investigating determinants of cognitive, physical, and psychosocial wellbeing among the oldest old: the CAIDE85+ study protocol. BMC geriatrics, 20, 1-9.
23. World Health Organization.（2023）. Promoting physical activity and healthy diets for healthy ageing in the WHO European region. In Promoting physical activity and healthy diets for healthy ageing in the WHO European Region.
24. Vilans.（2024）. Caring for care. https://www.vilans.org/
25. Van Ratingen, M., Williams, A., Anders, L., Seeck, A., Castaing, P., Kolke, R., ... & Miller, A.（2016）. The European new car assessment programme: a historical review. Chinese journal of traumatology, 19（02），63-69.
26. World Health Organization.（2022）. Ageing and health. https://www.who.int

27. World Health Organization. Population aged 65 years and older（%）. https://www.who.int

第 5 章

高齡醫學與長照整合

黃偉嘉[1] 曾珮玲[1,2] 黎家銘[3,4] 詹鼎正[1,5,6]

國立臺灣大學醫學院附設醫院[1] 老年醫學部[2] 醫療體系管理發展中心[5] 內科
國立臺灣大學醫學院附設醫院北護分院[3] 家庭醫學科[4] 社區醫療暨長期照護部[6] 院長室

背景介紹敍述

台灣自 1993 年起，65 歲以上人口比率超過 7% 並正式邁入高齡化（aging）社會；至 2018 年，高齡人口比例已超過 14%，僅用 25 年時間就達到高齡（aged）社會，台灣老化速度和日本並列全球第三，僅次於南韓與新加坡。預計至 2025 年，65 歲以上人口將超過 20%，達到超高齡（super-aged）社會，並於 2036 年超過 28%，進入極高齡（ultra-aged）社會。這樣的人口發展趨勢，突顯了高齡醫學與長期照護的重要性。

近年來，許多國際組織紛紛提出人口高齡化的發展目標與政策願景。2002 年「第二屆全球高齡大會」（Second World Assembly on Ageing）中，國際衛生組織（World Health Organization, WHO）提出「活力老化：一個政策架構」（Active Ageing：A Policy Framework），強調由健康、參與及安全三大面向提升老年生活品質，透過「老年人的身心健康」、「老年人的社會參與」以及「對老年人的社會、經濟及生命安全的確保」等策略，來因應人口老化的問題。2012 年世界衛生日主題為「高齡化與健康（Ageing and Health）」，強調保持健康有益長壽（Good health adds life to years）。2016 年，國際衛生大會通過「高齡化與健康全球策略暨行動計畫（Global strategy and action plan on ageing and health, 2016-2020）」，希望最大限度地提高每個人的行為能力，實現人人享有長壽與健康的願景。並提出 5 項策略，包括：「各國應致力於推動健康老化」、「發展規劃高齡友善的環境」、「依高齡者的需求調整公共衛生體系」、「建立永續發展與公平的長期照顧體系（居家、社區與機構）」，以及「改良健康老化在研究方法上的測量與監測」。

2020 年，國際衛生組織以「高齡化與健康全球策略暨行動計畫」為實證推動「健康老化的十年（Decade of Health Ageing, 2020-2030）」，其中包含四大領域：「改變我們對

於老化和高齡的思維、感覺與行動」、「確保每個社區都能夠增進高齡者行動能力」、「提供以人為中心、整合性的健康照護服務」、「提供長期照護給每個需要的長者」。2022年聯合國（United Nations）提出一項新的倡議：「健康老化50（The Healthy Ageing 50）」，呼籲政府、社會、企業和學術領袖一起推動，使社會成為一個更適合長者生活的環境。

回顧我國長期照顧相關政策，1980年「老人福利法」是老人福利服務的起點，當年我國老年人口只占總人口的4.3%，因此長期照顧並非此政策的重點。1993年65歲以上人口比率超過7%，進入高齡化社會後，長期照顧的問題才開始受到重視。1998年行政院通過「加強老人服務安養方案」，於各鄉鎮市區設立「居家服務支援中心」，並加強照顧資源的的發展。1998年衛生署（2013年改制為衛生福利部）推動「老人長期照護三年計畫」，加強照顧資源的發展，並鼓勵試辦長期照護資源管理中心，在全國各縣市建立長照單一窗口，雖然建立管理中心，但當時我國主要的長照資源為養護機構和外籍看護，社區和居家的照顧資源能發揮的功能相當有限。

2000年行政院核定「建構長期照護體系先導計畫」（2000至2002年），由內政部和衛生署共同推動，有別於以往內政和衛生分頭掌理長照業務的行政架構，首度整合資源，以「在地老化」（aging in place）為總目標，研擬我國長期照顧政策

藍圖，希望打造全國長期照顧的有利環境，在服務供應端，動員社區與居家服務資源，營造個案留在社區的支持環境；在服務使用端，提供社區居家服務協助家庭照顧者，延長個案留在社區與居家的時間；在制度管理端，建立照顧管理機制，提高效能並推動體制的永續發展。2002 年經建會參考先導計畫服務發展策略，推出「照顧服務福利及產業發展方案」（2002 至 2007 年），期望藉由長照居家服務人力的發展，帶動失業勞工再度投入就業。將原來只補助低收入戶的居家服務，推廣普及到全國失能老人，都能獲得最高 16 小時的居家服務補助，帶動全國居家服務發展的契機。

2004 年行政院社會福利推動委員會成立「長期照顧制度規劃小組」，並於 2007 年通過「我國長期照顧十年計畫─大溫暖社會福利套案之旗艦計畫」（簡稱長照 1.0），訂立基本目標為「建構完整之我國長期照顧體系，保障身心功能障礙者能獲得適切的服務，增進獨立生活能力，提升生活品質，以維持尊嚴與自主」。長照 1.0 以 65 歲以上老人、55 歲以上山地原住民、50 歲以上身心障礙者、65 歲以上衰弱之獨居老人為主要服務對象，發展多元長期照顧服務模式，並在各縣市建立單一服務窗口的照顧管理機制。長照 1.0 的推動，奠定我國管理式的社區長期照顧服務架構，帶動社區及居家的資源與人力初步發展，各縣市建立單一窗口的管理機制。

2016 年核定「長期照顧十年計畫 2.0」（簡稱長照 2.0），長照 2.0 延續過去的發展，以實現在地老化為總目標，建立以社區為基礎之照顧型社區，提供從支持家庭、居家、社區到住宿式照顧之多元連續服務，普及照顧服務體系期能提升具長期照顧需求者與照顧者之生活品質。更擴大服務對象納入 50 歲以上輕度失智症者、未滿 50 歲失能身心障礙者、65 歲以上衰弱老人、及 55-64 歲失能原住民等，並提升服務彈性與量能、將原有的 8 項服務提升至 17 項，建構 ABC 社區整體照顧服務體系、延伸積極預防照顧與銜接在宅臨終安寧照護等。

對於高齡長者，除了長期照顧需求外，還有醫療需求。2003 年衛生署開辦「家庭醫師整合照護試辦計畫」，希望建立家庭醫師制度，讓社區醫療群之基層診所醫師發揮家庭醫師功能，提供各種急慢性疾病照顧及轉診服務，建立家庭醫師制度，提供民眾周全性、協調性與持續性服務，同時提供家庭與社區健康服務，以落實全人、全家、全社區整合照護；並以民眾健康為導向，建立以病人為中心的醫療觀念，提升醫療服務品質。

國民健康署於 2010 年開始推動「高齡友善健康照護機構」認證，係希望透過高齡民眾常使用之醫療保健服務介面，增進長者身心健康，給予符合其需求且有尊嚴的健康照護服務，到 2024 年 3 月共計有 207 家醫院、372 間衛生所、79 間長照機構與 514 間診所完成認證。

2015年起政府啟動「全民健康保險居家醫療照護整合計畫」，服務對象為因失能或疾病特性導致外出就醫不便患者，藉由此照護計畫提升醫療照護可近性；鼓勵醫事服務機構連結社區照護網絡，提供住院替代服務，降低住院日數或減少不必要之社會性住院；改善現行不同類型居家醫療照護片段式的服務模式，以提供病患整合性之全人照護。長期照顧司（簡稱長照司）亦於2019年提出「居家失能個案家庭醫師照護方案」，希望透過「醫師意見書」與慢性病照護、個案管理、長照體系的結合（由縣市照管專員評估，對符合收案條件民眾派案請合作醫師進行家訪），來達到以個案為中心的醫療照護與長期照顧整合性服務之目的。

除了居家之外，也有一部分有需求的個案是住在長照機構中，目前健保體系允許特約醫療院所支援長照機構提供門診服務，長照司於2020年推出「減少照護機構住民至醫療機構就醫方案（2024年名稱改為減少住宿型機構住民至醫療機構就醫方案）」，希望落實各類照護機構皆由單一簽約醫療機構專責住民之健康管理、必要診療及轉診；並藉由醫療機構之專責管理，掌握住民之健康情形及控制慢性病之惡化，維持照護機構住民之健康。

2024年7月健保署推動「全民健康保險在宅急症照護試辦計畫」，鼓勵居家醫療病患與機構住民得到肺炎、尿路感染與

蜂窩組織炎等常見感染症後,留在原單位繼續照護,提供住院的替代服務,期待能避免因急性問題住院,減少醫源性問題,促使醫療資源有效應用。

然而,台灣高齡人口中並非只有失能個案,也有許多屬於健康或亞健康的高齡人口。行政院於 2009 年核定「友善關懷老人服務方案」第 1 期計畫以「活力老化」、「友善老人」、「世代融合」為核心理念,整合各單位資源,推動各項策略;2013 年核定第 2 期計畫,參考聯合國「活力老化」模式,制定「健康老化」、「活力老化」、「在地老化」、「智慧老化」及「樂學老化」五大目標。並配合聯合國「高齡友善城市計畫」（Age-Friendly City, AFC）的推動,積極打造台灣成為高齡友善社會,以「敬老、親老、無礙、暢行、安居、連通、康健、不老」等八大面向為基礎,協助各縣市政府檢視現有老年人的生活環境,針對城市軟硬體不足之處,提出改善方案與建議,希望所有縣市都能營造出高齡友善的環境。至 2012 年台灣所有縣市均已簽署高齡友善城市公約,成為全球推動高齡友善城市密度最高的國家。

一、分析問題的核心

台灣的整合性長期照顧政策自「長照 1.0」時期開始,希望

能夠構建一個完善的長期照顧體系，以保障身心功能障礙者能夠獲得適當的照護服務。具體目標包括普及照顧服務、支持家庭照顧者的能力、建立有效的照顧管理制度、發展專業人力資源以及建立財務補助制度。隨著需求的增加和社會的演變，政府於 2016 年推出了「長照 2.0」，在既有基礎上將服務項目從 8 項增至 17 項，增加失智照顧、原民社區整合、小規模多機能、家庭照顧者支持服務據點、社區預防照顧、預防／延緩失能等服務項目。同時，長照 2.0 也擴展至出院準備與居家醫療等服務，從健康與亞健康的預防保健，到減少失能與延緩失能進程，再到安寧照護，涵蓋了全方位的長期照顧需求。其核心目標是確保失能、失智的長者能夠獲得更全面且有尊嚴的照顧，同時減輕照顧者的負擔，強調以社區為基礎的「在地老化」政策，讓社區成為長者生活和照顧的主要支持力量。

台灣的長期照顧政策經歷了從長照 1.0 到長照 2.0 的演變，目標是建立一個完整的長期照顧體系，保障長照需求者獲得適切的服務。然而，政策實施至今，仍面臨以下問題：

(一) 醫療與長照體系跨部門協作困難

醫療服務與長照服務由不同部門管理，導致政策制定與執行上協調困難，由於缺乏有效的溝通與協作機制，使高齡長者在轉介或跨部門服務時出現斷層。

長照個案的需求複雜，長照 2.0 推動過程中發展了多種特殊照管方案，包含失智共照以及原來身障體系中的身障個管等，他們各自依個案的特殊照顧需求，執行照管業務。上述照管人員角色重疊混淆、A 單位（社區整合型服務中心）社區整合功能無法發揮，各方案照管也無法進行跨專業合作與整合。

　　除此之外，失能個案可能同時符合全民健康保險「家庭醫師整合性照護計畫」及「居家醫療照護整合計畫」與長照 2.0「居家失能個案家庭醫師照護方案」三個計畫，現實狀況中有可能出現不同單位派案導致個案或家屬碰到三個團隊三位個管師，加上前述各方案照管人員與 A 單位個管人員，造成個案與家屬容易混淆且覺得不知所措；經過醫師公會全聯會與相關專家反應後，若個案為健保「居家醫療照護整合計畫」或「家庭醫師整合性照護計畫」收案之個案，「居家失能個案家庭醫師照護方案」改以同一團隊照顧個案為原則。

　　除了照管人員角色重疊不清之外，健保體系與長照體系各自發展多項服務方案，但彼此間缺乏橫向聯繫，無法達到個案為中心的整合服務。

　　「家庭醫師整合照護試辦計畫」主要以慢性疾病患者為主，居家失能患者人數較少。「居家醫療照護整合計畫」機構住民無法參加。「居家失能個案家庭醫師照護方案」機構住民也無法參加，且開立醫師意見書的醫師可能並不是居家失能患者的

主要診療醫師，醫師對患者的了解可能相對不足，患者對醫師的信任度可能也不足。對於機構住民來說，現行特約醫事服務機構支援照護機構規定，一個時段只能有一位醫師或治療師，可能無法機構住民滿足需求。機構住民有緊急醫療需求時，機構端大多仍是直接將住民送急診處理，往往因住民本人無法表達、家屬不清楚狀況、醫療資訊未整合等情況，急診室醫師無法了解住民前端的醫療狀況，導致無法提供有效的治療。目前，「減少住宿型機構住民至醫療機構就醫方案」機構使用率並不高，原因為該方案要求機構只能與一家醫療院所簽定健保特約外，也限制每位醫師照顧病人數量，從原本只能照顧 50 人，經反應後 2022 年增加為 80 人。若原本只有單人執業的診所，則無法接案超過 80 人以上的機構，因此限制了服務覆蓋的範圍。

（二）資訊系統整合不足

前述不同醫療方案的個管師、包括醫療端和長照端，目前具有對接功能潛力的個案管理師窗口尚未具備完善的專業知能，導致在整合兩端資源的能力上略顯不足、缺乏橫向聯繫。醫療與長照之間的資訊系統也尚未完全整合，患者資訊無法順暢流通，影響服務的連續性與量能。

醫師填寫意見書時無法直接查閱健保資料，僅能將病人健保

卡帶到診所、醫院或帶著健保卡讀卡機至案家查詢,增加了程序上的複雜性與不便性。醫師意見書資訊平台也需強化,例如六個月後重新撰寫醫師意見書時,無法直接拷貝之前的內容加以修改,僅能全部重新輸入,這種低效率的操作增加了醫療人員的工作負擔,也減少了服務的即時性。

(三)人員專業不足,人力資源短缺

長照 2.0 的服務涵蓋了 17 大項目,並延伸至出院準備、居家醫療以及安寧與臨終照護等服務體系,每個服務體系都需要不同種類的長照職類,以適應不同的服務模式和項目需求。依據 2017 年公布之「長照人員訓練辦法」第 2 條,長期照顧服務人員範圍包含以下 5 類:

1. 照顧服務人員,其中又分為照顧服務員、教保員、生活服務員及家庭托顧服務員
2. 居家服務督導員
3. 社會工作師、社會工作人員及醫事人員
4. 照顧管理專員、照顧管理督導
5. 中央主管機關公告長照服務相關計畫之個案評估、個案管理及提供服務人員(即 A 個管)

但長照 2.0 核定本在長期照顧服務人力規劃上僅分為照顧管理人力（照管專員/照管督導）及照顧服務人力（又分為照顧服務員以及其他專業照顧服務人力）（圖 1），並未將居家服務督導員及 A 單位個案管理員納入規劃，且在「長照人員訓練辦法」中，亦無各職類的資格取得標準進行明確的規範。目前各職類的入門門檻不一（如下表 1, 2），除了照顧服務員有單一級證照之外，其它職類僅訂定長照入門門檻要求完成長照共同訓練課程（Level 1），然後依照職類需求而有不同的初階或進階訓練。然而，長照人員認證部分採取先聘後用制度，部分則採先認證後執業，規則不一情形恐造成認證效益不彰。

1. 居服督導員資格取得方式多元，但無要求必修專業課程亦無證照考試制度，僅 Level 1 培訓課程與基礎訓練，恐無法強化居服督導專業能力。
2. 社工師、社工員及醫事人員於長照不同的服務模式中無明確發展及角色定位。目前台灣醫師參與長照的主要工作仍集中在健康評估與疾病診療，介入長期照護計畫不足，台灣的醫療法與醫師法並未明定醫師在長期照護機構下的職掌。
3. A 單位個管員資格任用僅列於計畫，無法源依據，工作職掌無明確規範。若以個案為中心，從個案管理和服務延續性來看，未來與照顧管理專員的合作或連結勢在必行。

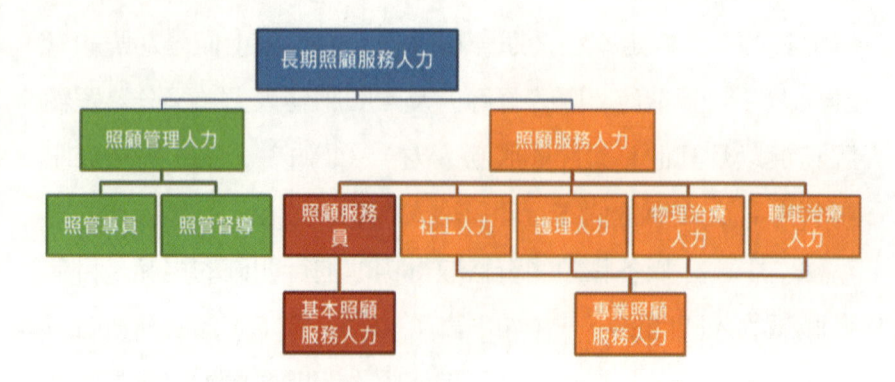

圖 1. 我國長期照顧服務人力之類型
(資料來源／長期照顧十年計畫 2.0 核定本；本文作者製圖)

類型	職類	資格
第一類	照顧服務員	一、領有照顧服務員訓練結業證明書。 （年滿 16 歲以上、身體健康狀況良好，具擔任照顧服務工作熱忱者即可受訓。訓練課程：核心課 50 小時、實作課程 8 小時、綜合討論與課程評量 2 小時、臨床實習課程 30 小時） 二、領有照顧服務員職類技術士證。 三、高中（職）以上學校護理、照顧相關科、系、組、所、學位學程畢業。 四、完成中央主管機關公告之照顧服務員修業課程，並取得修業證書
	生活服務員	一、領有生活照顧服務相關訓練結業證明書。 二、具教保員或照顧服務員資格。 三、領有照顧服務員職類技術士證。 四、高中（職）以上學校護理、照顧相關科、系、組、所、學位學程畢業。
	家庭托顧服務員	具五百小時以上照顧服務經驗之照顧服務員、生活服務員或教保員。
第二類	居家服務督導員	一、社會工作師。 二、專科以上學校社會工作、醫學、護理、職能治療、物理治療、營養、藥學、公共衛生、老人照顧或長期照顧相關系、所、學位學程、科畢業。 三、具專門職業及技術人員高等考試社會工作師考試應考資格或符合

第三類	教保員	大專校院醫學、護理、復健、職能治療、物理治療、教育、特殊教育、社會、社會工作、社會福利、輔導、心理、兒童及少年福利、幼兒保育、早期療育、聽力、語言治療、老人照顧、長期照顧相關科、系所、學位學程畢業。
	社會工作人員	具專門職業及技術人員高等考試社會工作師考試應考資格者。
	社會工作師	通過專門職業及技術人員社會工作師考試，領有中央主管機關核發之社會工作師證書者，並辦理執業登記。
	醫事人員	通過專門職業及技術人員醫事人員考試，領有中央主管機關核發之醫事專門職業證書之人員，並辦理執業登記。
第四類	照顧管理專員	一、大學以上畢業取得社會工作師、護理師、職能治療師、物理治療師、醫師、營養師、藥師、公共衛生師、心理師，且具二年以上相關照護（顧）工作經驗。 二、專科畢業具上述專門職業及技術人員證書者，且具三年以上相關照護（顧）工作經驗。 三、符合應考社會工作師資格，且具三年以上相關照顧工作驗。 四、教育部公告老人照顧相關系所碩士畢業，且具二年以上相關照顧工作經驗。 五、教育部公告老人照顧相關學系大學畢業，且具三年以上相關照顧工作經驗。 六、教育部公告老人照顧相關學科專科畢業，且具五年以上相關照顧工作經驗。 （經中央主管機關公告之偏遠地區，相關照顧工作經驗可減少一年）
	照顧管理督導	一、擔任照顧管理專員工作滿二年以上者。 二、大學以上畢業取得社會工作師、護理師、職能治療師、物理治療師、醫師、營養師、藥師、公共衛生師、心理師，且具四年以上相關照護（顧）工作經驗，或前述專門職業及技術人員之相關專業研究所畢業，且具二年以上相關照護（顧）工作經驗者。 三、專科畢業具上述專門職業及技術人員證書者，且具五年以上相關照護（顧）工作經驗。
第五類	A級單位個案管理員	一、師級以上醫事人員、社會工作師，具一年以上長照服務相關工作經驗者。 二、碩士以上學校老人照顧及公共衛生相關科、系、所畢業，具一年以上長照服務相關工作經驗者。 三、專科以上學校醫事人員相關科、系、所畢業或公共衛生、醫務管理、社會工作、老人照顧或長期照顧相關科系、所、學位學程畢業，具二年以上長照服務相關工作經驗者。 四、具社會工作師應考資格，具二年以上長照服務相關工作經驗者。 五、領有照顧服務員技術士證，具三年以上長照服務相關工作經驗者 六、高中（職）護或老人照顧相關科系畢業者，具三年以上長照服務相關工作經驗者。 七、領有專門職業證書，包括護士、藥劑生、職能療生、物理治療生等，具三年以上長照服務相關工作經驗者。 （計畫規定，非長期照顧服務人員訓練認證繼續教育及登錄辦法規定）

表1. 各職類認證資格（資料來源/衛福部；本文作者製表）

類型	職類	到職前訓練規定	到職後 3 個月內訓練規定	每六年繼續教育課程
第一款	照顧服務人員	無統一規定		一、專業課程。 二、專業品質。 三、專業倫理。 四、專業法規。 （合計需達 120 點）
第二款	居服督導	Level 1 18 小時（線上課程）	課程學習 20 小時（實體課程）	
第三款	社工師 社工員 醫事人員		無規定	
第四款	照顧管理專員 照顧管理督導		課程學習 39 小時 實務實習 40 小時 （實體課程）	
第五款	A 級單位 個案管理員		課程學習 26 小時 （實體課程）	

表 2. 各職類認證申請訓練規定 （資料來源 / 衛福部；本文作者製表）

備註：第三類職類人員若執行長照專業手冊中 C 碼專業服務（詳如下），需完成長期照顧專業課程（Level II）與長期照顧整合課程（Level III）。

C 碼專業服務：

1. CA07 － IADLs 復能、ADLs 復能照護
2. CA08 －「個別化服務計畫（ISP）擬定與執行」
3. CB01 － 營養照護
4. CB02 － 進食與吞嚥照護
5. CB03 － 困擾行為照護
6. CB04 － 臥床或長期活動受限照護
7. CC01 － 居家環境安全或無障礙空間規劃
8. CD02 － 居家護理指導與諮詢

根據衛福部 2023 年的統計資料，全國有長照需求的個案達 83 萬人以上，但登錄於各類長照服務提供單位的照服員僅約 9.5 萬人，明顯看出照顧人力嚴重不足。雖然近幾年已有越來越多學校開始培育照護相關人才，但老人、長照相關科系的學生數每年僅約 5,000 名左右畢業生，且真正投入長照相關工作的比率也偏低。在人力需求上，住宿機構人力加上居家照服員，一年就有將近 8 千名人力缺口。而在醫療相關人員方面，長照 2.0 需要約 1 萬 7 千名護理師、3 千名物理治療師、3 千名職能治療師與 4 千名社工人員，但目前合計僅約 1 萬 7 千名相關人員投入長照工作，整體醫療相關人員也存在嚴重短缺。

二、提出可能的解決方案

（一）醫療與長照體系跨部門協作困難

長照 3.0 的重點之一，是打造居家、社區、機構醫療、社福的一體式服務，其中強調落實居家醫療與長照接軌，推動高齡者家庭醫師（或專責醫師）制度，在健康台灣論壇中，我們的團隊進一步提出需要高齡個案管理師。以專責醫師及個管師為核心，整合高齡者醫療端的服務與資源，再協助統合醫療體系與長照體系窗口來服務個案，並優化轉介連結之服務流程，期待高齡長者能夠得到良好的全人照顧。

服務架構建議：
1. 專責醫師原則上是以最常照顧高齡者的醫師擔任，可以來自家醫科，內科，老人科，及整合門診，與上述各個計畫參與的醫師。個管師除了上述各個計畫原有的個管師，也可以來自糖尿病，慢性腎病等各類慢性病個管師。
2. 醫療服務提供單位與該地區 A 單位（社區整合型服務中心）或照管中心需互設專責聯繫窗口（也就是所謂的長照個管師，可能是照管專員，或是 A 個管），可雙向溝通及轉介有醫療或長照需求之個案，為避免資源集中在醫學中心，擬由地區醫院或區域醫院結合基層診所來建立醫療團隊，提高地區醫療和照護資源的利用效率，讓高齡長者能夠在社區內獲得綜合性、持續性的照護服務。
3. 醫師意見書原由照顧管理專員（簡稱照專）派給長照居家方案醫師填寫。建議除了現行方案，讓高齡者家庭醫師（或專責醫師）經過訓練後也可以加入派案的資料庫、不需另外加入長照的方案，個案可以至原本熟悉的門診醫師進行醫療相關的長照需求評估。

（二）多專業協作醫療與長照團隊

1. 應成立包含多專業人員的醫療團隊，團隊中需包含醫師（含專責醫師及其他相關科別如內科、外科、家庭醫學科、老年

醫學科、眼科、復健科、精神科等專科醫師)、護理師、藥師、高齡個管師、社工、心理諮商師、職能/物理治療師、語言治療師、營養師等各類醫事人員及長照個管師(長照端照專或 A 個管)。
2. 由團隊共同對長照個案進行全方位的需求評估,根據評估結果制定個案照護計畫。這種協作模式不僅能確保個案得到全面而專業的照護,還能提升照護品質和效果,進一步實現以患者為中心的整合性照護目標。

(三) 雙邊教育訓練

1. 為促進醫療系統中的高齡個案管理師與長照系統中的長照個管師之間的有效合作,應強化雙邊教育訓練。
2. 除了基本的長照 Level 1 課程外,雙方應具備對彼此職責的了解,以促進後續的雙向溝通和合作。這樣的教育培訓計畫將有助於加強不同職能人員間的協同作業,避免因溝通不暢或專業背景不同而導致的服務中斷或延誤。

(四) 雙向轉介服務流程優化

1. 當個案由醫療端轉介至長照端或反向轉診時,個案高齡專責醫師及個管師,需與長照個案管理師進行個案狀況討論,確保在醫療轉介過程中的服務連續性和個案的持續照護。

（五）資訊系統整合不足

醫療與長照兩端是否能良好的整合需仰賴資訊平台的建置，平台需能有效的資訊交換。且資訊平台不是只把資料放入，而是可以做個案需求的討論溝通互動管道。

1. 雙向資訊平台的建立：
（1）發展建立有效的雙向資訊平台，提供跨系統的資訊互通。這個平台應該能夠讀取並整合醫療和長照系統中的必要資訊，確保患者資訊可以在不同服務提供者之間順暢流通。

（2）建立整合平台將有助於避免因資訊不對稱而導致服務中斷或錯誤，並提升整體照護效率。

2. 資訊溝通機制的設立：
（1）在資訊平台的基礎上，設立雙向資訊溝通機制，使醫療與長照人員能夠及時查詢並更新患者資訊。

（2）以確保醫療和長照體系之間的資訊傳遞迅速而準確，以便服務提供者能夠根據最新的患者狀況進行適當調整。

3. 醫師意見書資訊平台優化：
（1）目前長照資訊平填寫及上傳醫意見書的流程，日後能允

許醫師在更新意見書時直接調用過去的內容並進行必要的修改，並增加下拉選項，從而減少醫療人員的操作負擔，提高醫療服務的即時性。

4. 資訊系統安全性與隱私保護：
（1）在建立和運行統一的資訊平台及雙向資料溝通機制時，必須高度重視系統的安全性與患者隱私保護。
（2）應採取先進的數據加密和存取控制技術，確保患者敏感個資不會被未授權的人查詢，從而保護患者的隱私權利。

（六）人員專業不足，人力資源短缺

為提升長照人員專業，增加從業人力，可從以下幾點著手：

1. 教育與就業銜接機制：教育部應與衛生福利部合作，制定明確的培育目標和就業銜接機制，致力於實現「畢業即就業」的目標。讓學生在學習階段獲得長照職類的受聘資格或考取執照，能夠幫助學生順利銜接到長照服務領域，並提升人力資源的供應量。
2. 職類教育訓練與認證標準：應訂定明確的長照服務職類教育訓練和繼續教育課程，並逐步推動這些職類的認證化，比照醫事人員和社工師實施國家證照制度。將有助於提高長照人員的專業能力和社會認可度，從而增強長照服務的品質。

3. 社會認知與宣傳：為改善長照服務人員在社會中的刻板印象和負面觀感，應加強政策宣傳，讓社會大眾了解長期照顧政策對改善人民生活和照護品質的重要意義。希望透過提升大眾對長照服務的了解和支持，能夠吸引更多人投身於這一領域，緩解人力資源短缺的問題。
4. 醫療相關人員參與度提升：應提高醫療相關人員在長照系統中的參與度，並明確規範各職類的分工和職責內容。通過增加醫療人員對長照服務的介入，可以促進兩者的有效結合，從而提供更全面和高效的照護服務。同時，也應加強醫療與長照人員之間的專業交流和合作，以實現資源的最佳分配和利用。

三、評估這些替代方案的有效性及可行性就解決方案提出具體建議

（一）醫療與長照體系整合

為結合醫療與長照服務，我們提出了一項整合服務的想法，以確保服務品質和效率。

1. 高齡者家庭醫師（或專責醫師）：需能全方位整合病人醫療端的資源及資訊，除了平時的定期老人健檢，門診，居家醫療，如個案需至急診或住院，可以聯繫轉介合作醫院，並透

過上述資訊平台了解就醫過程,也透過醫療端的雙向轉診回歸專責醫師。當個案有長照需求,可以提供醫師意見書,確保醫療與長照資源的有效使用和連續性。

2. 個案管理師:個案管理師的角色非常重要,包括高齡個管師和長照個管師。高齡個管師除原有工作項目外,另需評估(電訪或家訪)追蹤個案功能及醫療需求之變化,協助資源連結,包括聯繫居家醫療或社區醫療群及合作醫院之其他醫事人員等,並協調個案於不同照護場域轉銜(含長照)之連結。長照個管師除原本的工作外,需與醫療團隊共同討論擬定醫療與長照計畫,並需與高齡個管師密切聯繫,相互提供醫療與長照的資訊與服務。

3. 其他醫事人員:相關醫事人員(含居家醫療單位、社區醫療群、合作醫院等),包括專科醫師、護理師、社工師、營養師、藥師、心理師、復健師等,經高齡者家庭醫師(或專責醫師)/高齡個管師或長照個管師評估個案有照會轉介需求,提供門診,遠距或到宅照護服務,確保個案獲得全面的醫療和長照支援。

(二)雙向資訊平台的建立

為了提升醫療與長照體系的資訊整合與溝通,需要建立一個功能強大的雙向資訊平台:

1. 資料互通與共享：平台應具備高效的資料互通功能，確保患者的健康紀錄、長照需求評估報告等重要資訊能夠在醫療和長照機構系統間共享。
2. 即時資訊更新：確保醫療和長照人員更新患者的健康狀況和照護需求後，能夠即時上傳，這樣可以提高資訊的即時性和準確性。
3. 訊息通知與提醒：雙向溝通機制應具備訊息通知與提醒功能，當患者的健康狀況或照護計畫有變化時，能夠及時通知相關人員，確保所有參與者都能及時獲取最新資訊。
4. 數據連結功能：增強平台的數據連結功能，使醫療及長照人員能夠即時查閱患者的健保資料、醫療紀錄與長照記錄，減少重複查詢的時間和成本。這不僅提高了工作效率，還能確保內容的準確性和完整性。
5. 自動填寫與修改功能：不管是醫療或長照記錄，能使用歷史資料，並根據需要進行修改和更新。
6. 數據加密與限制：對所有患者個資進行加密處理，並設置嚴格限制措施，確保只有授權人員才能查詢和操作患者資料。
7. 隱私保護政策：制定並嚴格執行患者隱私保護政策，確保所有訊息的使用和分享符合相關法律法規的要求，並獲得患者的知情同意。

這些措施可以有效提升醫療與長照體系的資訊整合和溝通，提升整體服務品質，還能促進醫療與長照體系的整合發展。

(三) 人員專業不足，人力資源短缺

1. 教育與就業銜接機制：
   (1) 雖然每年從長照、老人等相關科系所畢業的學生有近5,000人，但真正投入長照相關工作的比率偏低。教育部與衛生福利部應針對各職類訓練的確認、課程的檢討，如何可以更快速但兼顧品質地培育需要的服務人力。
   (2) 學校可依據標準設計課程，融入政府規範的長照訓練內容，引導學生取得相關證照或資格認定，使學生能夠迅速且順利銜接長照相關的工作。也希望能比照醫事人員及社工師國家證照化，提升學生投入相關工作的意願。

2. 盤點可就業但未工作的人口：
   可從非長照相關職場找到有需求或有興趣的民眾鼓勵接受長照相關訓練。亦可從非長照相關職場找到有需求或有興趣的民眾，以兼職方式讓民眾得以在非工作時段提供長照喘息。

3. 發展五大職類職涯規劃：

針對長照相關的五大職類，訂定教育訓練、認證、獎勵誘因，以便提升長照人才深耕發展。特別是醫事人員的長照繼續教育，醫事人員往往需要橫跨在醫事和長照繼續教育體制的要求下。建議訂定以長照三種不同服務模式（居家、社區、機構）的長照繼續教育，使醫事人員在長照領域能持續發展。

4. 長照組織的發展與人力資源計畫：

制定完善的長照組織發展與人力資源計畫，從人才留任、排班制度、晉升管道、薪資結構、福利措施、工作環境友善、心理支持、職涯輔導等都應該要有更明確的規劃，才能吸引並留住優秀人才。

5. 提升照顧服務員的社會形象與福利：

（1）照顧服務員訓練時數、課程內容、上課師資、時數及考核等等，雖皆已實施多年，但照顧服務員專業形象較低、勞動條件較差及證照制度較不完善，都會影響人才投入市場意願。

（2）另外，應設計職能與職等分級制度，讓照服員可申請升等。目前照服員職涯發展多以居服督導或A個管為目標，這樣的升遷制度會讓照服員離開照顧場域。若能提升照

服員職能功能性,例如教導服務員復能基礎概念,未來可擔任復能助手協助指導而非成為管理人員,這也是一種升遷方式。

　　上述策略旨在通過整合醫療與長照體系,建立有效的雙向資訊平台,並解決人力資源短缺與專業不足的問題,以提升長照服務的整體水平和永續經營。這些措施的實施,將有助改善高齡長者的照護品質,並促進醫療與長照體系的整合發展。

致謝

感謝「長照 2.0 整體執行檢討專案小組」日宏煜老師、吳淑瓊老師、李淑貞老師、卓春英老師、林金立老師、張淑卿老師、郭慈安老師、陳雅美老師、陳正芬老師(依姓氏筆畫排列)提供相關參考資料。

第 6 章

後疫情時代無牆化健康照護生態系

以內在健康力為核心的高齡智慧整合照護的實踐

楊宜青 [1,2]

[1] 國立成功大學醫學院家醫科 / 高齡科 / 公衛所 教授
[2] 成大醫院高齡醫學部 / 社區健康照護中心 主任

前言

2025 年台灣即將邁入超高齡社會，65 歲以上人口預估將會超過總人口的 20%；高齡族群的健康光譜很廣，從身心功能強健的長者、亞健康有單純慢性疾病族群、相對穩定的多重慢性病族群、到衰弱、認知障礙與複雜多重慢性病族群，一直到身心失能與末期臨終長者，差異性相當大，健康照護需求及重

點也明顯不同。隨著年齡增長，高齡長者罹患的慢性病種類愈多，自覺的健康狀況也愈不好（衛生福利部國民健康署，2015；衛生福利部國民健康署，2022）。江博煌等人（2020）的研究利用全民健保資料庫百萬人抽樣檔資料，其發現台灣各縣市 65 歲以上老年人 2002 年至 2012 年有 1 項以上慢性病之個案自 36.98% 逐漸升至 40.49%，登錄大於四項者則自 1.77% 增加為 3.20%。高齡者健康問題主要是病生理機轉相異或不直接關聯的多重慢性疾病（multi-morbidity），例如同時罹患心血管疾病（糖尿病、心臟病）、骨關節疾病（骨質疏鬆、骨折）、視力或聽力疾病等（鄧、鄭，2015）。

一、長者「量六力」

「內在健康力」為世界衛生組織根據「健康老化」理念所發展出來的概念，其揭示著高齡健康照護不應只以負向的方式理解高齡者的健康需求；內在健康力（intrinsic capacity）係指個體有關健康的內在特質：包括認知（記憶、智能、問題解決）、活動（平衡、肌力、步態）、心理（情緒活力、心情）、活力（賀爾蒙功能、能量代謝、心肺適能）以及感官（視力、聽力）等等，維護身體的內在健康力，讓身體機能維持在最理想的狀態，做到最大值的功能發揮，是健康老化的目

標（WHO, 2017）。除了內在健康力，功能性健康層面也是高齡者需要重視的照護面向，例如咀嚼吞嚥功能、排泄功能等。高齡的醫療必須從過去以疾病治療為導向，改以長者健康為中心，須思考如何讓老年人能夠保有其生理（身體）、心理（心智）、以及社會（互動）的內在能力，使高齡者能夠更獨立處理包括食衣住行在內的日常活動，以延緩失能和需要被照顧的時間（吳，2016）。世界衛生組織 WHO 於 2019 年公布「高齡整合照護（integrated care for older people, ICOPE）指引」，發展以人為中心的高齡整合照護，所提出的「長者健康整合式評估」就是希望早期發現長者功能衰退，以延緩衰弱、避免失能，維持老年人身體功能與改善其心理健康，其中包含認知功能、行動能力、營養、視力、聽力、憂鬱等 6 大項目（嚴，2023），即為長者「量六力」。

衛生福利部近年來積極推動各項回應高齡者健康照護需求的試辦計畫，包括健康保險署因應多重共病及重複就診問題推出「醫院以病人為中心門診整合照護計畫」（衛生福利部，2017），以及國民健康署參照美國高齡急性照護模式（acute care for elders, ACE）推動「醫院推動延緩失能之長者友善照護模式試辦計畫」（衛生福利部，2020）。國民健康署也延伸世界衛生組織所發展的架構指引，從 2017 年開始辦理「長期照顧十年計畫 2.0——預防及延緩失能照護計畫」，透過肌力

強化運動、生活功能重建訓練、社會參與、口腔保健、膳食營養、認知促進等照護方案的徵求，應用於健康、亞健康、輕中度失能或失智長者之各種服務據點，以促進長者健康，預防及延緩其失能與失智；並於 2020 年開始推動「長者健康整合式評估」，發展高齡者主要功能面向的社區篩檢評估（WHO, 2017），這兩三年更推展到各級醫療院所機構由專業人員來進行「長者功能評估」——推展長者「量六力」。然而，在提供高齡者以人為本的整合照護仍然有人力資源不足與缺乏後續連續性照護網絡建立的挑戰，也尚未發展連結居家、社區、醫療院所，結合健康促進、醫療照護、長期照顧部門的積極連結協作模式（張、陳，2020）。

當代健康照護體系，愈來愈無法回應超高齡社會變遷的挑戰。健康照護服務的輸送與組織方式，主要圍繞以單一疾病處置來設計，除了未能適切回應高齡長者多重疾病的特徵，也缺乏有效連結居家與社區等場域之生活照顧與長期照顧服務的模式。隨著人口變遷，高齡族群逐漸成為社會愈來愈主要的人口群體，更是醫療與長照服務最重要的服務使用者，其多重而複雜的照護需求，在當前片段而分立的照護場域中，往往無法獲得周全有品質的照護服務，這也同時是健康照護體系效率、成本與有效性的主要威脅。

二、超高齡社會面臨的挑戰

超高齡社會健康照護的挑戰,主要包括以下幾個面向。

第一,高齡者多重複雜的醫療與照護需求,往往造成現存醫療體系在健康照護服務輸送品質、效率與有效性的威脅,特別是高齡者多重共病、高齡衰弱等複雜、非特異性的狀況(林等,2012)。

第二,高齡者的醫療與照護需求,往往跨越傳統的健康、醫療與照護的部門與場域,需要多專科、多職類、多場域的周全整合連續性服務。除了需要醫院內不同(次)專科職類間的協作,同時也涵蓋居家、社區、長照機構以及不同層級醫療機構之間的轉銜和連結(陳亮恭,2015)。

第三,當高齡者醫療與照護需求攀升,需要更為完備的健康服務輸送之際,專業與家庭的照顧人力的支持系統愈來愈不易有足夠的韌性。專業人力的招募成為世界各國持續的挑戰,此外非正式照顧人力的數量,包括家庭照顧者及外籍看護工等,也因社會經濟變遷等不同原因,顯得愈來愈不容易維持(陳育嫻等,2021;吳,2016)。

第四,社會大眾對於健康照護的期待轉變,這不僅包括了對專業人員的要求提高,社會大眾也從被動的服務接受者,期盼更積極參與其健康與醫療事務中。而高齡醫療與照護的複雜度

及持續性,更仰賴高齡者與其照護者,協同專業者的共同合作（陳靜敏等,2022）。

第五,人口高齡變遷也帶來了醫療與照護制度永續發展的挑戰。當前醫療制度的輸送與財務制度,仍維繫著以單一、片段處置的模式來進行。面對高齡者多重複雜的疾患,傳統的輸送與財務模式,愈來愈無法承擔高漲的醫療成本支出（許,2022）。

2020年新冠肺炎的全球大流行,高齡者不僅是疫情中最弱勢的群體,也突顯當代高齡健康照護體系的韌性仍有待強化的警示。蔓延的疫情為高齡者的健康帶來幾個面向的主要挑戰。首先,高齡者的健康照護面臨斷裂,其照護的連續性面臨挑戰。高齡者往往擁有（多重）慢性疾患的照護需求,然而疫情期間醫療院所成為感染熱區時,高齡者無法透過傳統醫療輸送模式獲得照護,而因此延誤其健康照護的時機,形成照護品質的威脅。其次,社交距離的防疫措施,長時間待在家中,使得高齡者面臨多重的身心健康的負面影響,包括減少活動、社交等,提供身體衰弱、社會心理焦慮孤獨的風險。第三,當疫情造成社會人心惶惶焦慮之際,高齡者及其家庭照顧者缺乏即時、可靠的健康資訊,而容易受到社交媒體片段資訊的誤導,造成一時對於疫情以及後來疫苗注射相關的疑慮。最後,疫情也造成平常仰賴的長期照護支持系統的斷裂,包括社區關懷據

點、日間照顧中心等長照系統的暫時關閉，以及外籍看護工人力供給的短缺等，形成高齡照護的缺口，也造成家庭照顧者的負荷。（楊智傑等，2021）

　　近年本國推動高齡整合照護的試辦計畫逐步提升了高齡健康照護的能量，並且開始強調高齡者功能健康面向的重要性。然而，其面臨了幾個主要的挑戰。首先，目前的方案很大程度上仍以醫院的特定（次）專科部門（如老年醫學科門診或病房）為主要場域，未能發展與更廣泛的跨科別部門的連結實作，也尚未發展連結居家、社區、醫療院所，結合健康促進、醫療照護、長期照顧部門的積極連結協作模式。以「長者整合式評估」為例，其目前著重於高齡生活功能的篩檢，而篩檢後的評估、處置方案則相對缺乏，特別是連結不同場域，鑲嵌進台灣本土臨床與制度脈絡的整合照護協作模式。其次，整合照護方案強調完整周全的高齡功能評估和處置，其往往需要處理高度複雜的健康資訊以及跨場域的服務協調。高齡健康照護的複雜性，形成臨床專業人員很大的挑戰與負荷，資通訊科技的發展在目前的照護方案中未能充分連結與支援整合照護方案的推動。第三，目前的整合照護方案，主要以政策實務推展為主軸，評估相對較為著重方案執行的達成，較為缺乏完整的回應高齡者多重複雜的健康照護需求，長期追蹤的方案成效評估。（羅等，2023）

三、當前健康照護的變革

　　回應超高齡社會「新需求」下的挑戰，在「新科技」的發展下，包括資通訊科技以及人工智慧等，提供了超高齡社會創新照護模式發展的資源與動力。當前健康照護的變革，我們認為逐漸朝以下四個整體方向邁進：

（一）健康照護從急性、片段的治療和處置，朝向更為連續、整合的輸送與組織方式。換句話說，健康照護輸送不只著眼於一次性、分科性的診療處置，更強調跨專業、跨場域的連結協作，促進照護的連續性，此外還要兼顧有健康識能友善的照護傳遞。

（二）健康照護體系的目標，也從（單一、分散的）疾病治療，擴大著眼於全人整體及健康福祉的促進，涵蓋健康促進與降低風險、疾病處置與預防失能、以及長期照護與緩和醫療等面向。這意味著從「反應式（reactive）、事後式」的診療處置，需要更進一步發展「主動式（proactive）、事前式」的風險預警、趨吉避凶與健康福祉的提升。

（三）健康照護的焦點從（高齡）長者本人，進一步擴大視野涵蓋其（家庭）照顧者，包括照顧者的參與協作、健康

促進、照顧負荷風險評估與支持等。

（四）健康照護體系變革的視野，逐漸從單一醫療組織的管理，連結到更大的健康照護生態系統。每一個照護節點不再是孤立的，以高齡者及其家庭照顧者的需求為核心，透過跨專業、跨場域的水平、垂直協作，建構更為整合的健康照護網絡。

整體來說，我們建議超高齡社會的健康照護體系急需三個主要面向的提升。首先是「健康照護焦點的轉變」，從疾病照護到高齡者功能健康的提升，從高齡者照護同時延伸至其家庭照顧者福祉的提升。其次是「健康照護場域的擴展」，從醫療院所延伸至居家、社區的持續性照護，並同時強調健康、醫療與長照的連結協作。第三則是「健康照護科技的創新和應用」，需要兼顧使用者介面與經驗的資通訊與智能科技的

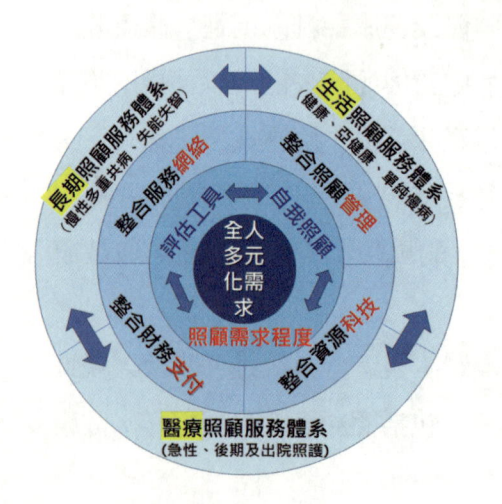

圖 1. 打造全人照護體系
（資料來源／王懿範、邱文達著，《醫療與長照整合：打造全人照顧體系》，p.9，2016；本文作者製圖）

導入運用,在跨專業、跨場域以及專業人員和高齡者、家庭照顧者,在高齡整合照護方案的健康資訊整合、團隊共同協作以及臨床決策輔助等。

整合照護,除了整合醫療照顧服務體系外,還需將長期照顧與生活照顧服務體系進行整合,以人為中心整合照顧體系運作的核心功能是藉著跨三大服務體系的評估工具,了解個案的整體健康狀況及多元化的照顧需求,服務目的是支持個案的自我照顧能力,促進健康活化並預防失能。在需要的時刻能即時以需要的程度提供全面性及持續性的照顧。並確保服務的高品質及安全性。(王等,2016)

四、高齡整合照護的核心理念:HITS

世界衛生組織(WHO)對於落實以人為中心的整合性健康服務架構也提出五大策略,包括:(一)民眾的賦權與參與、(二)管理與責任的強化(管理)、(三)照顧模式的改革、(四)服務的協調與整合(網絡)、(五)環境的創造與充能,透過巧推(nudge)科技運用等。(WHO, 2015)

扣緊當前健康照護的變革方向,我們建議高齡整合照護的核心理念可包括以下四個面向(HITS):

（一）健康（Health）：以提升高齡者「內在健康力」為核心；

（二）整合（Integration）：根據不同高齡族群需求量身打造連續整合的健康照護模組；

（三）科技（Technology）：資通訊與智能科技的串連與使用者回饋；

（四）體系（System）：「無牆化」健康照護體系──跨專業、跨場域連結居家、社區和醫院的共同協作。

Ageing Incredible Healthcare Delivery Ecosystem
為台灣建構一個不可思議的最適老化健康照護生態系

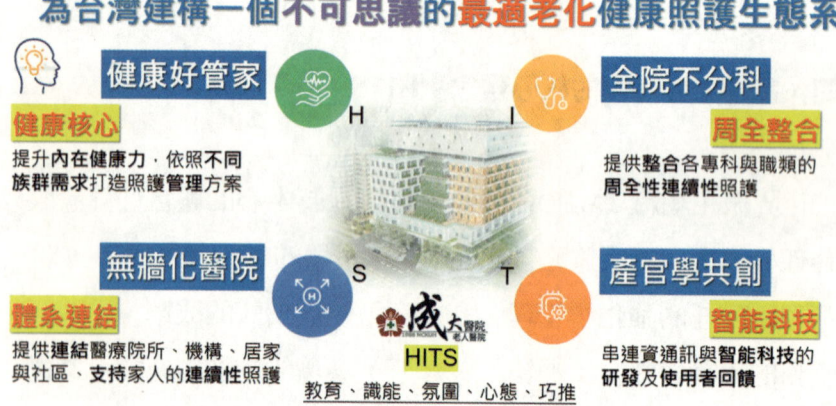

健康好管家
健康核心
提升內在健康力，依照不同族群需求打造照護管理方案

全院不分科
周全整合
提供整合各專科與職類的周全性連續性照護

無牆化醫院
體系連結
提供連結醫療院所、機構、居家與社區，支持家人的連續性照護

產官學共創
智能科技
串連資通訊與智能科技的研發及使用者回饋

成大醫院老人醫院
HITS
教育、識能、氛圍、心態、巧推

圖 2. 為台灣建構一個不可思議的最適老化健康照護生態系的四大核心理念：健康 (Health)、整合 (Integration)、科技 (Technology) 及體系 (System)（本文作者製圖）

（一）在「提升高齡者內在健康力為核心」的部分：

當前醫療體系主要以「疾病處置」為核心，無法有效地回應高齡者複雜的狀況，也缺乏積極地在高齡衰弱以及提升生活功能能力上提供支持；為了健康老化的實踐，需要將功能健康的維持或提升納入核心照護目標。我們的解決方案是建構並評估以「功能健康為導向」，連結居家、社區和醫院跨場域的多元智慧整合照護方案。我們的具體作法是先組成跨專業、跨場域的整合照護小組，成員由不同專科醫師（包括高齡醫學科、神經科、復健科、精神科、泌尿科、耳鼻喉科、牙科等）、護理師、營養師、治療師、藥師等組成，成員們除了有臨床實務經驗，並多數受過完整學術訓練，對高齡醫療與照護領域持續進行研究。我們以方案介入路徑架構（Intervention mapping）方法建立完整的方案發展步驟，建構兼具理論、實證和臨床基礎的整合照護方案（Bartholomew et al., 1998）。

接著針對不同專科和部門的臨床人員進行調查，盤點高齡整合醫療照護的困難與需求；透過「高齡醫療照護臨床痛點」的探索，幫助我們勾勒出本土高齡照護的臨床情境與需求，了解目前高齡整合照護方案的潛在阻礙與挑戰，成為發展符合台灣臨床與制度脈絡的高齡整合照護方案非常重要的基礎。最後我們建立針對高齡者主要功能健康面向的整合照護模組，包括營養咀嚼吞嚥、泌尿排泄功能、睡眠健康、活動能力、認知情緒

等面向,不只是評估、照護內容,也設計相關的衛教資源,進而形成照護工作指引,並融入日常照護的支持系統內去達成。

各整合照護小組定期召開工作會議與臨床回饋,發展在不同照護場域的早期篩檢工具、即時周全的功能評估與風險分級、以及連結多元照護場域的處置流程和照護管理。期望能夠透過這些策略,進一步建立更為厚實整合照護方案的實證基礎、開發高齡醫療照護教育與訓練資源,研發應用健康資訊平台與智慧科技,提供高齡者及其家庭照顧者,從醫院到社區、居家整合周全的服務。

(二) 在「連續整合的健康照護模組」的部分:

「以人為中心」的服務模式是許多健康照護改革的目標,然而實踐高齡者的整合照護仍然充滿挑戰。首先,雖然近年有愈來愈多高齡整合照護方案的出現,並呈現一些正向的成果,不過大多數仍主要聚焦於單一疾病的個案管理模式的發展(Barnett et al., 2012),在國內醫策會領導下已經有許多高品質的疾病認證機制及落實。然而大多數的高齡者隨著年齡增長也陸續罹患多重疾病,近年來也不斷強調多重共病的照護建議,如心腎代謝疾病 / 症候群(Cardio-Renal-Metabolic diseases / syndrome, CRM),再加上老化、疾病、藥物與治療介入之間交互影響,造成疾病惡化、功能衰退甚至失能等風險更高,意

味著必須發展更為全人關照的照護模式的迫切性。

我們希望發展出高齡者在不同場域，包括社區端（居家、社區、機構）與醫院端（門診、急診、住院），不同高齡族群的整合照護模組。根據高齡者的功能程度、疾病型態與照護需求，將高齡族群歸納初步界定為四大類，分別為：

1. 健康老人與簡單穩定慢性疾患，（如高血壓、高血脂、良性攝護腺腫大等，大約占高齡群體 35%）；
2. 相對穩定的多重慢性疾患（如同時罹患糖尿病、心臟病、慢性腎臟病、骨關節退化疾病高齡者，約占高齡者 35%）；
3. 衰弱、失智與複雜慢性疾患（約占高齡者 18%）；
4. 身心失能與末期臨終患者（約占高齡者 12%）。

此分類方式可以參照臨床衰弱等級，Clinical Frailty Scale, CFS（Rockwood & Theou, 2020），更為明確說明。第一類為 CFS 1-2；第二類為 CFS 3-4；第三類為 CFS 5-6；第四類為 CFS 7-9。

針對不同高齡目標族群，我們擬根據主要健康照護目標，建構整合照護策略與模組。首先，針對「健康老人與簡單穩定慢性疾患」，其照護目標可歸結為「健康不生病」，以建立並維持高齡者的日常生活功能及韌性為主軸。其整合照護的主要類

型分別包括初級預防、積極支援的自主健康管理、健康促進與檢查等。針對第二類高齡族群，即相對穩定的多重慢性疾患，目標著眼於「生病不衰弱」，其聚焦於高齡者日常生活功能的維持以及高齡衰弱的預防。主要照護元素包括次級預防、慢性病的跨專業整合管理、預防慢性病的急性惡化以及可避免性的住院，也就是要能預先處理好門診照護敏感病況（ambulatory care sensitive conditions, ACSCs）（Caminal et al., 2004）。

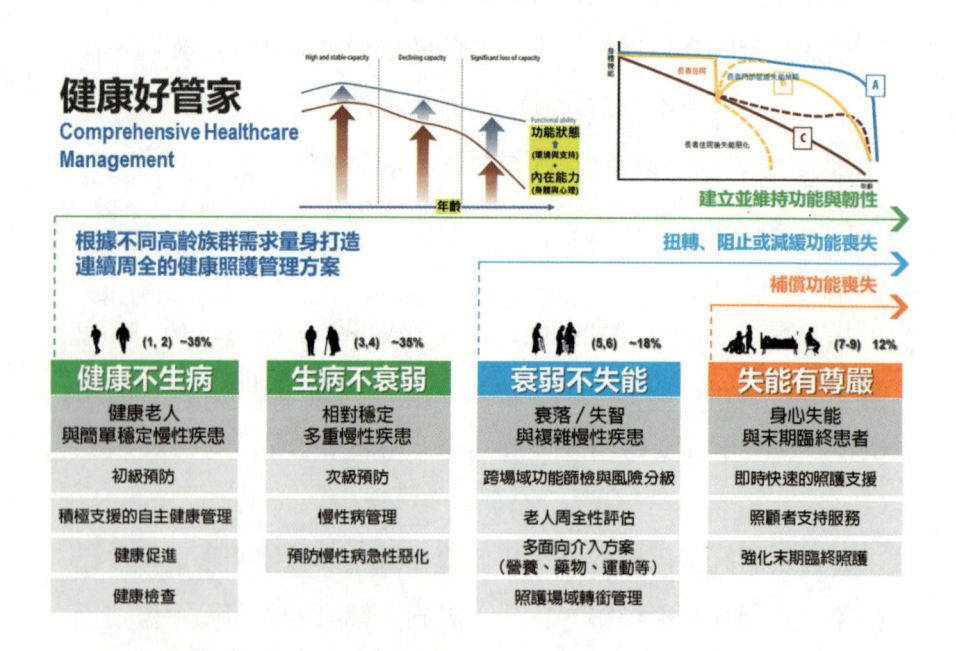

圖 3. 根據不同高齡族群需求量身打造，連續周全的健康照護管理方案（本文作者製圖）

第三類族群以衰弱、失智及複雜慢性疾患的需求為基礎，高齡整合照護模式的發展目標著眼於「衰弱不失能」，旨於扭轉、阻止或減緩高齡者日常生活功能的喪失。主要的整合照護元素包括跨場域的功能篩檢與風險分級、老人周全性評估、多面向的功能強化介入方案（如營養、藥物與運動介入等），以及照護場域的轉銜管理等（包括出院準備服務、居家照護服務整合等）。針對身心失能與末期臨終的病人，高齡整合照護的目標簡要來說，以「失能有尊嚴」為核心，著眼於功能喪失的補償與支持，並加強與非正式照顧者的協作與支持。主要的整合照護元素包括即時快速的照護支援、照顧者支持服務，以及末期臨終照護的強化等。

　　我們也發現，大多數的高齡者同時擁有多重疾病，例如同時罹患心血管相關疾病（糖尿病、心臟病、腎臟病）、骨關節肌肉疾病（骨質疏鬆、骨折、肌少症、退化性關節炎）、神經退化性疾病、視力或聽力疾病等，我們也邀集高齡醫學、家庭醫學科、腎臟科、新陳代謝科、心臟科、神經內科、精神科、復健科、骨科、胸腔科、腫瘤科醫師，以及物理及職能治療師、營養師、衛教護理師、居家護理師、長照管理師、個案管理師等加入團隊來一起進行照護模組的規劃。雖目前國內健保體制下，多重慢性疾病整合照護之目前尚脫離不了單一團隊照護，未來在賴總統健康台灣提出的高齡醫學與長照 3.0 整合的

建議中,可考慮由現有各項慢性病個管師轉型、疾病照護品質認證人力,成為「高齡個管師」來因應高齡病人多重慢性疾病及老年病症候群,以提供更貼近高齡者醫療特殊性的連續整合照護。(游等,2022)

(三)在「資通訊與智能科技串聯高齡照護」的部分:

我們認為須結合不同專業、跨越場域的健康資訊,才能夠進行完整連續的照護管理,以提供高品質的整合照護。因此,期盼能整合不同來源的健康資訊,建構高齡健康大數據平台,並結合智能科技,促進臨床健康照護人員以更為精準、完整的健康資訊,提供跨專業、跨場域整合照護,並強化與高齡者及其家屬的共同協作,提升高齡健康照護品質與效能。(徐、白,2018)

運用資通訊科技與智能科技促進高齡整合照護模式發展,第一個部分為「高齡健康大數據平台」,以高齡者為中心,整合來自不同來源的多元健康資訊、醫療數據與影像資料,建立高齡健康大數據智能平台。其將彙整不同來源的高齡者健康資訊,包括:設立全院性高齡整合評估資料平台、成大醫療體系的電子病歷、醫院外部的全民健保健康存摺、以及其他次級電子資料庫(如長照資料庫、衛福部資料中心等),並同時串接外部醫療雲、防疫雲、照護雲等,以及連結外部蓬勃發展的各

式服務廠商的醫療保健雲端資料（比如連結來自新型穿戴式載具，醫療保健量測工具，以及環境感應監測量測的資訊等）。

第二個部分為結合高齡健康大數據平台，以及智能科技的串連，進行臨床應用與高齡智慧整合照護模式的建構。其以兩個核心平台為樞紐，分別為醫院端高齡健康整合資訊平台（含儀表板與照護管理系統），以及居家端健康整合資訊平台（含儀表板與照護管理系統）。將同時搭配人工智慧、照護管理系統、

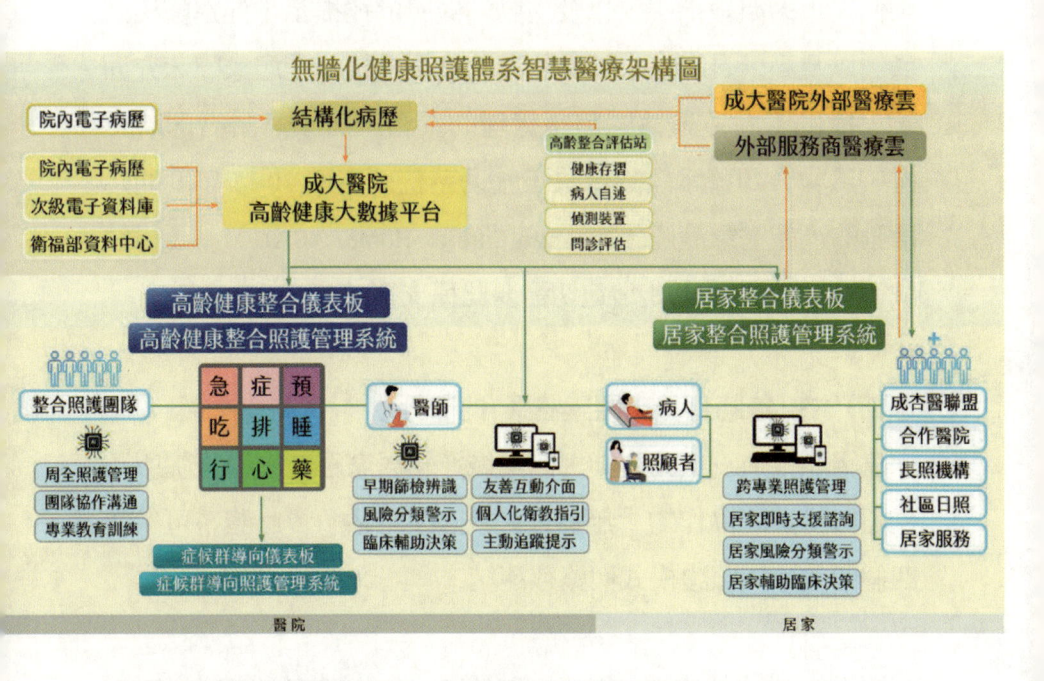

圖 4. 無牆化健康照護體系智慧醫療架構：高齡健康大數據平台（含醫療機構端及居家社區端）（本文作者製圖）

資訊協作平台，提供跨專業、跨場域的臨床健康照護人員、高齡者與照顧者，共同協作高齡整合照護模式的智慧系統平台。

在臨床照護團隊端，能夠以健康資訊智能科技輔助，早期篩檢辨識潛在健康風險，進行風險評估警示，並提供即時完善的臨床決策輔助，進行周全的照護管理、團隊協作溝通與教育訓練。在病人與家庭照顧者端，能夠透過友善的互動介面，提供個人化的衛教指引，以及主動的健康追蹤提示，促進醫病溝通，以及高齡長者自主健康管理的積極支援。在居家臨床介面端，提供不同專業共同照護管理的平台，居家高齡者即時支援、風險分類警示等臨床決策輔助系統，例如2024年度開始啟動的「在宅急症照護（Acute Care at Home, ACAH）」（楊鎮誠等，2024），也非常迫切需要此種支援。

（四）在「無牆化健康照護體系」的部分：

建議能打造一個跨專業、跨場域連結居家社區、醫療院所及長照機構共同協作的「無牆化健康照護體系」，此體系可包括四個面向共同照護模式與路徑連結。

1. 跨越醫院內各專科／專業之間的牆，建立跨專科職類的協作（跨專科職類）；

2. 跨越醫院體系與基層醫療（或）其他醫院的牆，強化與基層醫療和其他醫療院所的合作（跨醫院與基層醫療）；
3. 跨越醫療院所與居家社區、住宿型機構等長照服務的牆，連結生活照顧、醫療照護和長期照護服務（跨醫療與長照場域）；
4. 打破專業人員與長者及家屬之間的牆，提升高齡者與家庭照護者的參與和健康照護協作與健康識能（Health Literacy）（跨健康識能，包括考慮城鄉差距與數位落差）。

　　透過高齡整合照護模式的建構，將消弭這些不同層面的藩籬，促進高齡者照護的連續、完整和周全，以改善照護流程，提高照護品質。

　　成大團隊於 2020 年底開始聚焦高齡者主要的功能健康面向之照護，包括吞嚥咀嚼營養、排尿排泄、活動能力、睡眠健康、認知情緒等，邀請擁有豐富高齡照護臨床經驗，不同專業、科別、職類與場域的專業人員籌組高齡功能整合照護小組。目前成立之高齡功能整合照護小組，已開發六大評估面向（行動肌少、認知功能、營養與咀嚼吞嚥、心理狀態、睡眠健康、排泄功能）的「高齡健康功能整合照護模組」，提供長者經篩檢評估後能在醫病共享決策精神下，選擇不同的照護和介入選項。

　　先前初步完成的小規模收案驗證結果，顯示每位有多面向功

能不足的長者在接受整合照護之後，均有明顯改善；2024 年度除了將國健署積極推展的長者功能評估（ICOPE 長者六力：認知、活動、營養、視力、聽力、憂鬱），如上述擴大層面進行篩檢評估外，將研發的整合照護方案大量收案進一步驗證，也發現門診個案功能異常面向從平均 3.34 項異常，經過 6 個月照護後可下降至平均 0.6 項異常；而住院個案經過整合照護依需求連結轉銜長期及生活照護，相較前一年之急診次數可下降 0.4 次，並獲得 96% 滿意度（介入照顧後的兩個月），並大力推薦此整合照護模式。

由此可見，高齡長者的照護除了在疾病治療、預防醫療之外，內在健康力的維持和促進並連結長期暨生活照護，更是不可忽視。期待此發展出的評估工具、照護流程、轉介提醒與資源連結等整合照護模組，未來可拓展應用於國內各醫療照護機構及體系。

結語

針對多重慢性病照護流程建置部分，成大團隊的各症候群整合照護小組分別依據臨床診療指引（Clinical Practice Guideline）建議，並透過跨專科專家會議討論以符合臨床可行性，規劃可推廣至不同專科做照顧之整合運作，設定各個慢性

病的基本照護要求於日常照護流程中。雖然本項有效性成果後續仍需持續收案並做數據分析驗證，目前將這些慢性疾病的照護內容，同時涵蓋罹病風險評估（如整入國健署慢性疾病風險評估平台）（衛生福利部國民健康署，2023）、疾病診斷提醒、疾病惡化評估與預防、疾病期間身體功能評估與照護需求。

為達成多專科疾病整合性照顧，例如：「骨科醫師」除了治療骨鬆骨折外，也能兼顧肌少衰弱與三高控制、「新陳代謝科醫師」除專注糖尿病照顧外，也能兼顧心腎肝病照護及骨鬆骨折預防。成大團隊以疾病症候群照護管理流程為主架構，於醫院電子病歷系統建置「症候群提示模組」，透過電腦資訊系統自動撈取病歷資料，提示「疾病風險」、「建議後續檢驗檢查」等，可以協助專科醫師照顧長者非該專科之疾病，促成跨專科之多重慢性疾病照顧。我們的實踐過程中也發現，即使是癌症病人也同樣有整合性照顧的可能性，例如關注到衰弱骨鬆風險、肌少症照顧等，均與生活品質有密切相關。

成大團隊以無牆化健康照護體系智慧醫療架構藍圖為目標，已建置完成高齡健康整合照護管理系統，其特色包括：

1. 串聯共通性資料並以整合照護儀表板呈現、
2. 評估資訊整合與共享、
3. 加強高齡功能層面（咀嚼吞嚥、睡眠、活動功能、排泄功能、

情緒與認知）的照護、
4. 慢性病症候群與衰弱高風險提示、
5. 評估與檢測的持續性追蹤變化、
6. 生活品質等心理回饋資訊、
7. 串接外部（居家）健康促進與照護資料、
8. 訊息推播綁定病人或家屬之 LINE 與 APP。

圖 5. 高齡整合照護發展架構：以長者為中心，依照不同的需求及風險分級，鼓勵服務使用者參與設計，在修正給付與政策支持下，推展高齡整合照護，以達成到「醫療全人、照顧輕省、高齡自主、家人安心」的目標。（本文作者製圖）

這些資通訊相關之照護服務功能可以整合醫院端、居家照護端、社區端、健促復能據點的資訊，進而銜接和拓展我們建構出來的照護流程至不同場域落實，如居家和機構，能在發現異常第一時間回傳醫療體系即時處理，提供給長者和照護者更安全更健康的環境。其他正在進行的包括處理高齡衰弱高齡者，多重疾病多重用藥的問題，隨之增加的藥物不良反應、交互作用風險及累積多種藥物的生理負擔等，且使用不同準則介入檢視並減少末期衰弱的老年病人藥物可能造成的風險，如跌倒、譫妄、尿滯留、便祕、暈眩等等。居家智能復健系統與照護平台的推展，希望可以突破傳統醫院資訊系統嚴格限縮的侷限，因應整合生活照顧、長期照護與醫療照護之理念，在符合資訊安全的情況下打造相對應之智慧健康照護網絡。

　　此外，對於尚未被充分重視的年齡歧視重要議題，目前已經發展有效並具有良好心理計量特性的年齡歧視問卷和內化健康力問卷，並建置年齡歧視的教育課程及創意多媒體推廣教材，希望未來可廣泛應用於健康照護系統，降低醫療長照人員及（家庭）照顧者因年齡歧視所造成的負面影響。最後是運用使用者經驗的研究設計取向，以提供服務使用者／服務提供者產生出更多元的服務流程與想法，來優化照護流程與品質效率，並提升臨床健康照護人員相關知能。另建構高齡照護教育訓練的平台，透過不同職類核心能力與課程模組的發展與評估，提

供推動高齡整合照護方案的根基,以促進高齡智慧整合照護模式的落地執行以及永續發展。

老化的失能也許可以運用醫療介入科技輔具的延伸復能,透過跨域整合全人的照護,從衰弱失能到賦權增能;經由高齡心智賦能與社會韌性的提升,強化大腦心智的韌性使失落沮喪轉化重建幸福滿足;藉由整合支援平台倡議高齡健康平權,改善醫療照護資源不均,透過科技賦能提升高齡福祉,從數位落差到智能平權;運用智能科技開發潛能,展現高齡的潛藏能力、進行有創造性的老化、超越生理與物理環境的限制,透過數據預測最適老化的演算,從減害防制到預防促進。

期待在全人、全程、全團隊、全社區的照護模式下結合高齡長者生理疾病、心靈韌性和社會需求,全方位提升高齡長者的整體健康。整體而言,高齡整合照護發展的架構,是以「健康不生病、生病不衰弱、衰弱不失能、失能有尊嚴」為主軸,提升高齡者內在健康力,以達成到「醫療全人、照顧輕省、高齡自主、家人安心」的目標。

參考資料

1. 王懿範、邱文達等著（2016）。醫療與長照整合：打造全人照顧體系。五南圖書出版公司。
2. 吳肖琪（2016）。完善高齡者健康促進與生活品質提升之整合性照顧服務。國土及公共治理季刊，4（1），43-52。
3. 林儀貞、陳清惠、顏妙芬（2012）。慢性病失能老人整體性照護需求探討。長庚護理，23（3），300-312。
4. 徐業良、白麗（2018）。智慧科技於高齡者生活與照護應用之前瞻發展建議。福祉科技與服務管理學刊，6（3），307-320。
5. 許志成（2022）。台灣面臨超高齡社會的挑戰與因應。台灣公共衛生雜誌，41（2），109-111。
6. 陳亮恭（2015）。高齡醫療服務的發展——由片斷走向整合。護理雜誌，62（5），23-29。
7. 陳育嫻、江家璇、王綉敏、黃佳慧、辜美安（2021）。高齡者之家庭照顧者經驗與因應策略。台灣老年醫學暨老年學會雜誌，16（3），165-175。
8. 陳靜敏、游秋燕、陳桂敏、郭雅雯（2022）。台灣長期照護護理師的角色功能發展與政策倡議——護理專業團體之實證政策建議。護理雜誌，69（3），85-94。
9. 游詠晨、張瑩如、胡芳文（2022）。台灣高齡個案管理師之角色職責與核心能力建構。護理雜誌，69（1），51-62。
10. 張語倩、陳雅美（2020）。C級巷弄長照站整合照顧的現況，挑戰與機會——世界衛生組織整合照顧（ICOPE）服務層次之觀點。長期照護雜誌，24（2），93-109。
11. 楊智傑、楊易蓁、林奇宏（2021）。後疫情時代醫療照護的趨勢與挑戰。澄清醫護管理雜誌，17（2），4-6。
12. 楊鎮誠、李作英、馮明珠（2024）。超高齡社會的急症醫療照護新解方：在宅急症醫療照護。新臺北護理期刊，26（1），1-5。

13. 鄧雅蓮、鄭秀容（2015）。門診整合照護於多重慢性病人效益之統合分析與臨床應用。榮總護理，32（3），295-303。
14. 衛生福利部國民健康署（2015, January 5）。成果報告——民國100年台灣地區中老年身心社會生活狀況長期追蹤（第7次）調查。中老年身心社會生活狀況長期追蹤調查。取自 https://www.hpa.gov.tw/Pages/ashx/File.ashx?FilePath=~/File/Attach/1282/File_583.pdf
15. 衛生福利部國民健康署（2017）。醫院以病人為中心門診整合照護計畫。取自 https://www.nhi.gov.tw/ch/dl-26198-a3f25f8307404729b8546db3d979a77e-1.pdf
16. 衛生福利部國民健康署（2020）。醫院醫療服務升級 建立長者友善照護模式 以人為中心的整合照護 降低失能發生。取自 https://www.mohw.gov.tw/cp-4625-56890-1.html
17. 衛生福利部國民健康署（2022, March 29）。成果報告——民國108年中老年身心社會生活狀況長期追蹤調查。中老年身心社會生活狀況長期追蹤調查。
18. 衛生福利部國民健康署（2023）。國健署慢性疾病風險評估平台。 https://cdrc.hpa.gov.tw/
19. 羅玉岱、張湄青、范聖育、張家銘（2023）。以高齡者為中心的整合照護模式。長期照護雜誌，26（1），1-15。
20. 嚴可瀚（2023）。ICOPE 長者整合性照護評估。臨床醫學月刊，91（3），141-143。
21. Barnett, K., Mercer, S. W., Norbury, M., Watt, G., Wyke, S., & Guthrie, B.（2012）. Epidemiology of multimorbidity and implications for health care, research, and medical education: a cross-sectional study. *The Lancet*（London, England）, 380（9836）, 37-43.
22. Bartholomew, L. K., Parcel, G. S., & Kok, G.（1998）. Intervention mapping: a process for developing theory and evidence-based health education programs.

Health education & behavior, 25（5）, 545-563.

23.Caminal, J., Starfield, B., Sánchez, E., Casanova, C., & Morales, M. （2004）. The role of primary care in preventing ambulatory care sensitive conditions. *The European Journal of Public Health*, 14（3）, 246-251.

24.Rockwood, K., & Theou,O.（2020）. Using the Clinical Frailty Scale in Allocating Scarce Health Care Resources. *Canadian geriatrics journal : CGJ*, 23（3）, 210-215.

25.World Health Organization.（2015）. WHO global strategy on people-centred and integrated health services: interim report（No. WHO/HIS/SDS/2015.6）. World Health Organization.

26.World Health Organization.（2017）. Integrated care for older people: guidelines on community-level interventions to manage declines in intrinsic capacity.

27.World Health Organization.（2019）. *Integrated care for older people*（ICOPE）: *guidance for person-centred assessment and pathways in primary care*（No. WHO/FWC/ALC/19.1）. World Health Organization.

第 7 章

日本超高齡社會的醫療照護問題與因應對策

李光廷 [1,2]

[1] 輔仁大學跨專業長期照護碩士學位學程 副教授
[2] 台灣社會福利總盟顧問

一、問題之所在

日本厚生勞動省推估，2025 年時 65 歲以上人口約達 3,500 萬人，屆時日本戰後嬰兒潮世代約 800 萬人將成為 75 歲以上的後期高齡者。未來國民每 3 人中將會有 1 人是前期高齡者（65-74 歲）、每 5 人中有 1 人是後期高齡者（75 歲以上），日本政府將老年人定義為 65 歲以上長者，其中 65 歲至 74 歲為前期高齡者，75 歲以上為後期高齡者。另一方面，由於少

子化現象未見改善而支持高齡者的現役世代持續減少，大量後期高齡者由減少的現役世代支持其醫療、照護、年金等社會保障已達極限，此 2025 問題若不解決，勢必帶給社會全體負面影響（參考1）。

（一）社會保障費的負擔增加

支撐日本高齡者的社會保障費隨著高齡者的持續增加而不斷提高。特別是 75 歲以上後期高齡者比其他世代更需要醫療費和照護費，導致近年來日本包括年金、醫療、照護的社會保障費大幅提高。

日本財務省數據顯示，2000 年社會保障費 78.4 兆日圓，2022 年該預算高達 131.1 兆日圓、2025 年更超過 140 兆日圓。特別是醫療/照護領域的支出尤其顯著，醫療費和 2018 年相比增加 1.2 倍，照護費用增加 1.4 倍（參考2）。

（二）需照護者增加

據厚生勞動省調查，75 歲以上後期高齡者當中有 23.3% 的人被認定為「需照護者」。特別是認知症患者的增加問題尤其深刻。預估 2025 年時，65 歲以上的認知症患者約增加至 700 萬人，預測高齡者大約每 5 人中有 1 人為認知症患者（參考3）。近年來，所謂「老老照護（高齡者照護高齡者）」的比率逐漸

提高，照護家屬身體與金錢方面的負擔也不斷提升。

（三）勞動人口減少導致人力不足（參圖1）

高齡者不斷增加，支持高齡者的現役世代反而逐漸減少，未來各領域的勞動力都將呈現不足現象，醫療／照護領域也不例外。2018年度就業於醫療照護領域的人數高達6,580萬人，預測2025年度恐降至6,453萬人。另一方面，需支援、需照

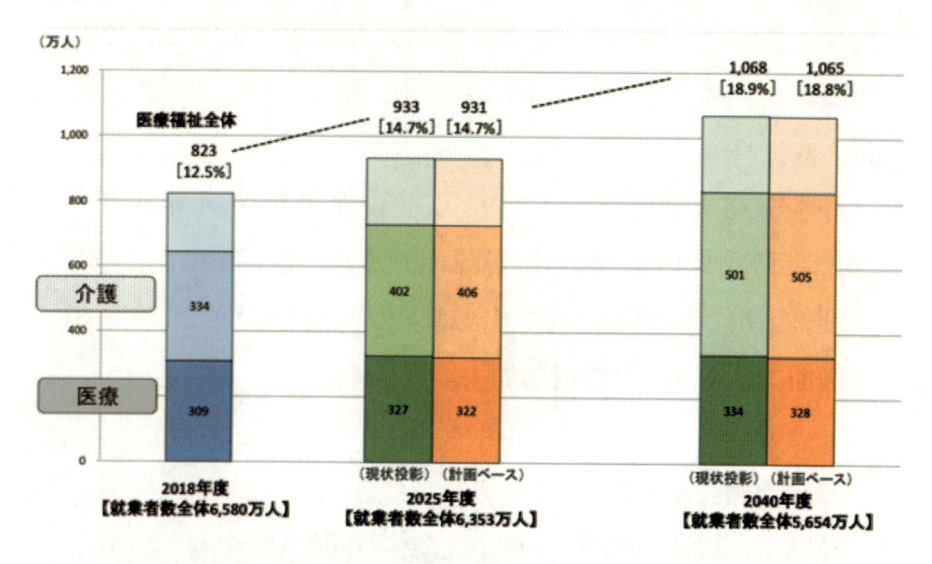

圖1. 醫療福祉領域的就業者數推估：
①醫療・照護領域的就業人數根據各自需求的變化來計算就業人數。②包括其他福祉領域的醫療福祉領域整體就業人數以醫療・照護領域的就業人數變化率進行機械性計算。③醫療福祉領域的短期雇用者比例等雇用型態，依現狀而推算。（資料來源／厚生勞動省2040年を見据えた社会保障の将来見通し全体版）

護的高齡者持續增加，醫療／照護從事者平均每人的負擔必然增加（參考4）。

照護業界常因「辛苦勞動而薪資低」、「勞動環境問題」等因素而導致離職，尤其是以大都市為中心，逐漸出現慢性人力不足現象。2021年度照護職員數達214.9萬人，2025年度推估必須確保照護職員243萬人，必要人數與實際職員數落差很大。2025年度預估需照護認定者達688萬人，照護職員平均每一人負責照護3人以上的需照護者。

（四）醫療體制的困境

傷病的高齡者若增加，醫療機構與從事醫療工作者數必然要增加。若由於確保人力與設施設備的社會保障費不足，則醫師必須以較低的費用為大量的患者診察和治療。醫院營運不單是靠患者的自己負擔，大部分財源還是來自國民的稅金，稅金若減少則壓迫醫院的經營，導致公立醫院減少、醫療品質或數量維持困難。

（五）針對2025年問題的因應對策

針對解決2025年問題的課題，自2010年代以來導入的方法如下：

1. 重設社會保障費——積極推動給付與負擔適當化。

　厚生勞動省不僅看到 2025 年問題、之後的 2035 年問題、2040 年問題亦都列入視野，進而檢討社會保障的給付與負擔。例如，日本醫療保險制度下，有一定收入的後期高齡者必須支付醫療機構醫療費。有一定收入的後期高齡者其窗口負擔比例自 2022 年 10 月 1 日起由 10% 提升至 20%、而現役世代的保險費負擔應限制其提高（參考 5）。

2. 推動健康壽命延長政策——建置延長高齡者不需要醫療與照護、健康過生活的環境。

　健康壽命延長策略：
　（1）推動養成促進健康的生活習慣
　（2）重視預防病情重度化的醫療計畫
　（3）擴大照護預防與防止肌少症對策

3. 醫療與照護領域的人力支援

　為儲備支應需要醫療與照護的高齡者的人力不斷憎加，提高醫療從事者／照護從事者數量及品質乃當務之急。

　人力支援方面，中央與地方自治體以無照護經驗者為對象，實施基礎研習訓練，促進加入照護職行業。此外，導入認證補價制度，以期提高從業人員的品質、勞動環境與待遇（參考 6）。

此外，善用資訊與通信科技（Information and Communication Technology, ICT）與機器人——為提高照護現場的生產性，普及化支援照護機器人的研發；ICT 的應用可提升業務效率、減輕職員的負擔。醫院與照護機構的資訊共有可強化雙方的連結與合作績效。

（六）促進高齡者的雇用

為彌補現役世代減少而導致超高齡化社會人力不足，可促進健康高齡者的雇用，以維持有活力的社會。對企業來說，退休年齡可延長至 70 歲；已經離職的 45 歲以上 70 歲以下的從業員若本人有意願繼續就職時，可提供必要的處置或援助。針對業者的高齡者雇用促進制度，國家設置了高齡者雇用相關補助金制度（參考 7）。

國家提供企業助成金或就業服務，目的在於積極確保高齡者的雇用或職場，高齡者也因此而獲得容易就職的環境。

（七）建構社區整體照護體制[*]

以地方自治體為中心而導入「社區整體照護體制」（參考 8）乃解決 2025 年問題的對策之一、也是日本期待的未來制度。

所謂社區整體照護，就是「一個人在醫療與照護必要的情況下，可以住在熟識的社區中生活與終老，享受醫療、照護、預

防照護、居住、生活支援等服務一體化提供」。

小結

　　高齡化持續進展中，醫療與照護需求不斷擴大，而提供服務的人手不足令人擔憂。社區整體照護體制單靠醫療或照護的專家們強力負擔不足以支撐，必須靠國家行政、NPO 法人、社區居民本身同心協力而成就。課題雖多，卻是今後必走的方向。

*「社區整體照護體制」是指社區居民即使陷入需要醫療與照護狀態下，也能繼續在熟悉的社區中根據自身的能力自立生活。為此，社區中因而建置結合醫療、照護、預防、居住以及生活支援等服務一體化提供的機制。基於此前提，各社區有必要先掌握自己所在地的服務需求、擁有的資源、不足的資源以及如何有效連接資源並加以利用的手段，這些問題需要在各自的地區進行討論並取得共識，以利於建置後順利實施。此亦是「社區整合性照護系統」的特徵之一。

參考資料

1. 今後高齡化の進展 〜 2025 年の超高齡社會像〜（厚生勞動省）。參：
   https://www.mhlw.go.jp/shingi/2006/09/dl/s0927-8e.pdf
2. 社會保障について①（參考資料）2020 年 10 月 8 日（財務省）。參：
   https://www.mof.go.jp/about_mof/councils/fiscal_system_council/sub-of_fiscal_

system/proceedings/material/zaiseia20201008/02.pdf

3. 2016年版高齡社會白書（概要版）（內閣府）。參：https://www8.cao.go.jp/kourei/whitepaper/w-2016/html/gaiyou/s1_2_3.html
4. 2040年を見据えた社會保障の将来見通しについて（厚生勞動省）。參：https://www.mhlw.go.jp/file/05-Shingikai-12601000-Seisakutoukatsukan-Sanjikanshitsu_Shakaihoshoutantou/0000210416.pdf
5. 2022年度 社會保障関係予算のポイント（財務省）。參：https://www.mof.go.jp/public_relations/finance/202204/202204c.html
6. 人材育成等に取り組む介護事業者の認證評價制度について（厚生勞動省）。參：https://www.mhlw.go.jp/content/12000000/000505893.pdf
7. 高年齡者の雇用（厚生勞動省）。參：https://www.mhlw.go.jp/stf/seisakunitsuite/bunya/koyou_roudou/koyou/jigyounushi/page09_00001.html
8. 近畿厚生局地域包括ケア推進課。參：https://kouseikyoku.mhlw.go.jp/kinki/tiikihoukatsu/tiikihoukatsukeasuishinka.html

二、日本的社區醫療構想

「社區醫療」乃超越醫療機構界線、支持社區居民安心生活的醫療體系。針對社區居民，醫師與醫療專業人員主導疾病預防、維持並促進健康活動。近年來更以「社區整體照護體系」為基礎，展開居家醫療及照護支援、高齡者與障礙者的生活支援、孕婦的健康指導以及育兒支援等服務。

(一) 社區醫療的目的

「社區醫療」的目的,在於改善當地居民的健康意識,提高利用醫療服務的機會。該制度在社區扎根,以居民就近的醫療機構、保健所等為中心,掌握居民的健康狀況、提供必要的醫療與照護。此外還包括預防接種、健康檢查、特定健康檢查等公共衛生服務,為改善社區健康而貢獻。透過當地居民及醫療專業人員、護理人員的共同努力,提高該地區醫療和照護品質與、促進醫療費適當化。

「社區醫療推動者」是日本醫療體系中不可或缺的成員,他們肩負維護社區健康、促進預防醫學和確保醫療資源合理分配的重要使命。隨著社會的變遷和醫療需求的演變,他們的角色也在不斷地發展和調整。社區醫療的核心機構是社區醫療支援醫院,其角色功能主要有二:

1. 促進社區醫療的目標:

(1) 提高醫療服務可及性:確保所有居民都能獲得基本醫療服務,尤其是偏遠或資源不足地區。

(2) 促進健康的公平性:減少社會經濟群體之間的健康差距,確保居民皆享平等的醫療資源和服務。

(3) 加強預防和健康促進:通過健康教育和預防措施,降低疾病發生率,提升整體社區的健康水準。

○ 今後隨著人口減少與高齡化而導致醫療服務的質量變化 以及勞動力的減少，為推動及建構高品質、高效率的醫療提供體制，有必要 進行醫療機能分化與連結。

○ 策定2025年各地區的醫療需要與病床的必要量、推算醫療機能各期(高度急性期、急性期、恢復期、慢性期)需要量，並公布各醫療機構現實狀況與今後的方向性而製成「病床機能報告」而讓社區中的相關團體都能看到，以便提供給各構想區域設置的「社區醫療調整構想調整會議」討論與協議。

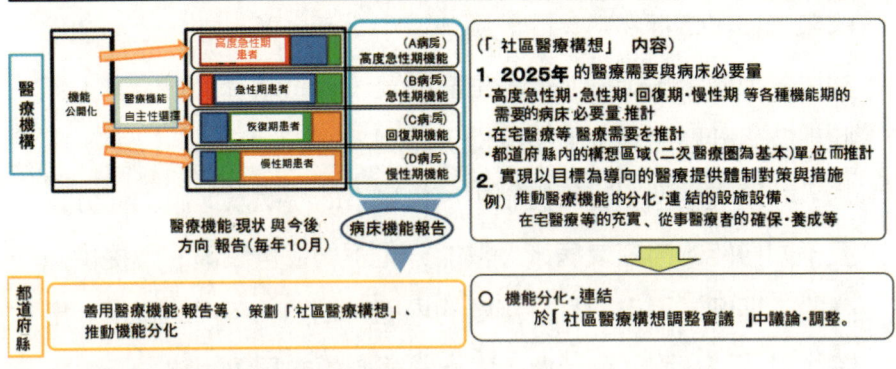

圖 2. 醫療機構的機能分化與連結
(資料來源／第 93 回社会保険審議会医療部会（2022.11.28）資料 3-3)

（4）整合醫療資源：促進不同醫療機構的合作，實現資源最佳配置和利用，提高醫療系統的效率。

（5）提高社會參與：鼓勵社區居民參與健康決策，提升居民對健康的關注和管理能力。

（6）持續改善醫療品質：透過監測和評估，不斷提升醫療服務品質和安全性。

2. 完善醫療機能分化與社區醫療體系（參圖 2）

醫療機能分化下，日本的醫療提供體制區分為高度急性期、

急性期、恢復期、慢性期和居家醫療等。過去的醫療體制由醫院負責所有的救命、延命、治療和社會復歸等服務，也就是「醫院完結型」體制。然而，隨著慢性疾病患者越來越多，慢性疾病患者多半選擇在熟悉的社區或家中生活，並可在生活中繼續利用醫療服務，維持並提高生活品質（quality of life, QOL），此稱為「社區完結型」醫療提供體制。

「社區完結型」醫療體制中，依患者的疾病狀態將他們分送至不同機能的醫院或病床，機能分化下的醫療設備、與提供照護的護理師、與患者直接接觸的場面、期間、各自的背景、出院後以及一直到回歸社會，處處都與照護的角色相關。

（二）醫療機能分化的目的

在於醫療系統效率化與品質提升。其要點如下：

1. 以社區醫療構想為核心

日本社會因人口減少與高齡化進展而改導入在宅醫療方式，並根據各地區實情促使醫療機構角色明確化，建構效率化的醫療提供體制。

2. 病床機能報告制度

厚生勞動省為推動醫療機能分化而導入病床機能報告制度。

此制度依各醫療機構本身的病床狀況報告其機能，由此而掌握社區全體的醫療提供體制現狀，以作為未來醫療需要的機能分化與連結計畫。

3. 個別醫療機構的機能評價

都道府縣利用病床機能報告等資訊，評價個別醫療機構的醫療機能或社區的角色功能，並根據此評價報告檢討社區整體的醫療機能是否配置適當，必要時亦可用來促進醫療機構之間的機能分化或連結。

4. 醫療機能評價的重要性

醫療機能分化的推進，需要對各醫療機構的功能進行客觀評價。透過公益財團法人——日本醫療機能評價機構所實施的醫院機能評價（第三方評價），醫療機構可以更清楚地了解自身的角色和機能以及待改善之處。

5. 建構社區醫療連結體制

醫療機能分化能否實現取決於社區內醫療機構同仁不可或缺的連結，並在急性期、恢復期、慢性期等不同機能的醫療機構合作下，因應患者的狀態建構適當的醫療提供體制。

6. 與在宅醫療連結

作為醫療機能分化的一環,由醫院轉出的患者順利銜接至在宅醫療提供服務這點十分重要。因此,強化醫院與在宅醫療診療所和居家護所的連結,有助於患者及其家屬安心地在自己家裡療護與生活照顧。

7. 廣泛應用資訊系統

厚生勞動省透過醫療機構等資訊設計支援系統(G-MIS)*,並提供最新的操作手冊與資訊。透過資訊系統的應用,有助於確認醫療機構最新的指針與要件,促進明確的機能分化。

8. 持續性評價與改善

醫療機能分化工作並非一蹴可幾,必須因應社區醫療需要的變化而持續性評價與改善,並透過定期性病床機能報告及社區醫療構想調整會議等討論,責成社區醫療提供體制最適化地調整及改善。

經過上述各種措施的調整及改善,日本的醫療體系在有限的醫療資源下有效地應用,努力達成提供高品質的醫療服務。醫療機能分化可謂是超高齡社會中建構持續性醫療提供體制的重要方策之一。

＊厚生勞動省的醫療機構等資訊支援系統（G-MIS），收集全國醫療機構的資訊且一體化管理，以便提高醫療提供體制的效率和品質。其優點包括：最新資訊提供及資料一元化管理。G-MIS 可謂支援醫療機構營運、提高醫療品質的重要工具。透過 G-MIS 系統，醫療機構可以報告醫院的營運狀況、床位和醫護人員的狀況、檢查的患者人數、檢查的次數以及醫療設備（呼吸器等）和醫療物資的供應情況（口罩、防護服等），是厚生勞動省統一了解並提供支援的系統。

參考資料

1. 医療機関等情報支援システム（G-MIS）。參：Gathering Medical Information Systemhttps://www.mhlw.go.jp/stf/seisakunitsuite/bunya/0000121431_00130.html

三、建構社區整體照護體制

「社區整體照護體制」的成功關鍵在於社區緊密的網路化連結。特別是小規模經營業者自成一格的彈性化連結，無一不反映高齡者日常生活的需要。其優點包括：

1. 在熟識的社區中一體化接受醫療照護服務
2. 確保需照護高齡者和認知症者等繼續在自己的家中安心地生活
3. 增加高齡者社會參與或就業機會
4. 減輕家人照護負擔

(一)目的及背景

「社區整體照護體制」由市町村（介護保險保險人）及都道府縣考量以社區的自主性、主體性為前提，因應社區的特性而建置。建置社區整體照護體制的目的在於維持各社區居民的健康及高品質的生活，透過醫療、護理、福利、照護等「多職種連結與合作」，實現安心在社區中、在家中養老並可接受治療、接受照護，直到生命終了。

(二)社區整體照護體制

「社區整體照護體制」的構想在於以 2025 年為目標，支持即使陷入重度需照護狀態的高齡者也能繼續在自己住慣的、熟悉的社區中生活。透過居住、醫療、照護與預防照護、生活支援等服務一體化的提供機制，確保生活中維持一定的尊嚴與自我選擇權，直到生命最後。（參圖 3）

2014 年「確保醫療照護綜合推動法」制定後，厚生勞動省於全國各地正式展開建置「社區整體照護體制」。隨著高齡人口增加，接受需照護認定者亦隨之增加，以至於照護人力不足，「介護保險」服務無以支應高齡者的需要。此外，小家庭化持續進展與單身高齡者增加，這也是照護人力短缺的原因之一。基於此背景，不限於公共服務，有必要善用「社區」的資源與力量，建構支援高齡者的「社區整體照護體制」。

○以「照護」「醫療」「預防」等專業性服務為前提，確保「居住」與「生活支援・福利服務」等日常生活必要的支援。
○構成要素＝自助・共助・互助・公助（體系化・組織化）。
○特別強化都市區的「互助」意識，期待創設有效的「互助」資源。

自助	・介護保險・醫療保險的自己負擔部分 ・自己購買市場的服務 ・自己本人或家屬的照護與對應
互助	・保險給付以外的志工等非正式服務支援、社區住民參與等
共助	・介護保險・醫療保險制度的給付
公助	・介護保險・醫療保險的公費（稅金） ・地方自治體等提供的補助性服務

圖 3. 社區整體照護體制構成要素
（資料來源 / 2013 年 3 月 社區整體照護研究會報告「地域包括ケアシステムの構築における今後の檢討のための論點」https://www.mhlw.go.jp/seisakunitsuite/bunya/hukushi_kaigo/kaigo_koureisha/chiiki-houkatsu/dl/link1-5.pdf）

「社區整體照護體制」的目標在於維持高齡者的尊嚴與支持其自立，尊重本人的意思，營造高齡者自己選擇且安心生活的環境。高齡者多半不願住進機構或醫院，透過社區中綜合性、一體化的服務支援下，在熟悉的環境中生活、養老並且提供充分的支援深具說服力。

（三）社區整體支援中心

社區整體照護體制設置主體以市町村為單位，基本上由地方

社區整體支援中心人力配置基準

■ 綜合性支援事業相關人力基準
◎ 65歲以上高齡者（第1號被保險人）每3000~6000人公衛護理師、社工師及主任級照護管理師各1人（最低限度）
※ 小規模的市町村例外配置
※ 此基準為最低基準，上述基準無法滿足時，擁有足以擔當的相關專門知識者亦可任用。

＋

■ 支援照護預防事業的人力基準
◎
〔要件〕
・公共衛生護理師
・照護支援專門員（照護管理師）
・社會福祉士（社工師）
・3年以上經驗的社會福祉主事
※ 從事照護預防業務必須具備以上專業人力

社區整體支援中心的業務

** 地域整體支援中心以市町村為設置主體，配置保健師（=公衛護理師）、社會福祉士（=社工師）、主任級照護管理師等3職種的團際介入，提供住民健康維護及生活安定等必要援助、提高保健醫療及增進福利等綜合性支援為目的。（介護保險法第115條之46第1項）
** 主要業務包括照護預防及整合性支援事業 ①照護預防管理業務、②綜合諮詢支援業務、③權利擁護業務、④整合性・繼續性的照護管理業務），實施建構制度橫斷性的連結網絡。

綜合諮詢支援業務
廣泛受理住民的各種諮詢、實施制度橫斷性的支援

展開多方面(制度橫斷性)的支援
行政機關、保健所（=衛生所）、醫療機構、兒童諮詢所等必要的服務相連結
照護服務	志工
保健服務	成年監護制度
社區權利擁護	民生委員
醫療服務	防止虐待
照護結伴員	

權利擁護業務
・促進善用成年監護制度、針對高齡者虐待的對應等

支援整體性・持續性的照護管理業務
・支援「社區照護會議」等通過的自立支援型照護管理性個別指導與諮詢
・支援困難事例等指導與建言

社會福祉士等
主任級照護管理師等   保健師（=公衛護理師）等
團際介入

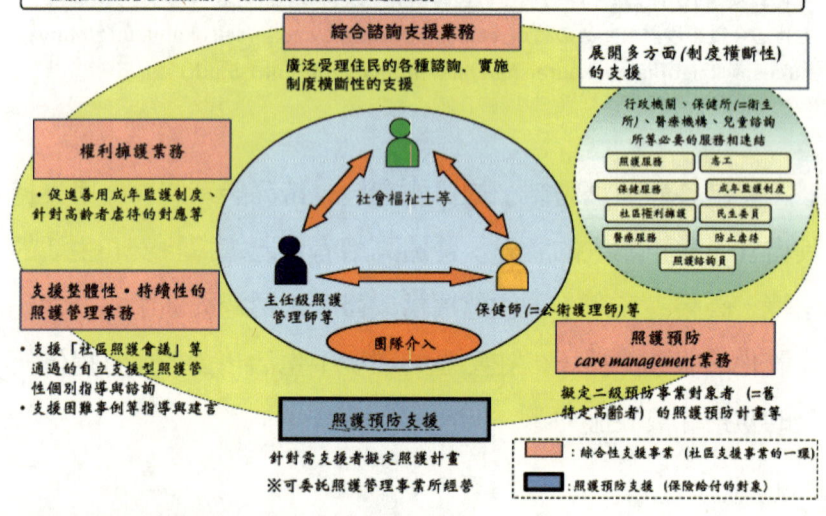

照護預防 care management業務
擬定二級預防事業對象者（=舊特定高齡者）的照護預防計畫等

照護預防支援
針對需支援者擬定照護計畫
※可委託照護管理事業所經營

■ 綜合性支援事業（社區支援事業的一環）
■ 照護預防支援（保險給付的對象）

圖 4. 社區整體支援中心人力配置與業務
（資料來源 / 厚生勞働省地域包括支援センターについて） https://www.mhlw.go.jp/content/12300000/001236442.pdf）

政府經營，也有一部分委託社會福利法人經營。它們的目的在於推動「社區整體照護體制」，該體制的核心組織是「社區整體支援中心」。「社區整體支援中心」的人員配置有社會福祉士（social worker）、保健師（相當於公衛護理師 public health nurse）、主任級照護支援專門員（相當於個案管理師 care manager）等 3 種的團隊方式，主要業務在維持居民健康及生活安定而提供必要援助，目的在提高保健醫療及增進福利等綜合性支援（介護保險法第 115 條 46 第 1 項），透過此 3 種專業職種的綜合性諮詢業務，建構橫向連結溝通網路展開支援。該中心的主要職能，包括：①照護預防管理業務、②綜合諮詢支援業務、③權利擁護業務、④綜合性、持續性管理支援業務。藉此開拓介護保險以外的服務對象。

（四）社區整體支援中心的設置基準

「社區整體支援中心」的設置區域隨市町村的判斷而定，大致以中學校區範圍（人口 2 至 3 萬人左右）設置 1 所，以各居民大約 30 分鐘內可連結服務的距離為基準。服務利用者以社區整體支援中心所在地區域內居住的 65 歲以上高齡者及其家屬為對象，不問需照護程度，凡 65 歲以上高齡者皆可利用服務。

2020 年底統計，全國約設置 5,000 所以上，市區町村直營者很少，70% 左右由市町村委託社會福祉法人或社會福祉協議

會管理與營運。

（五）社區照護會議的角色功能

「社區整體照護體制」以支持社區中的高齡者安心生活為目標。此目標能否實現，取決於「社區照護會議」的角色能否發

建構市町村的社區整體照護體制流程（概念圖）
考量社區自主性、主體性、因應社區特性

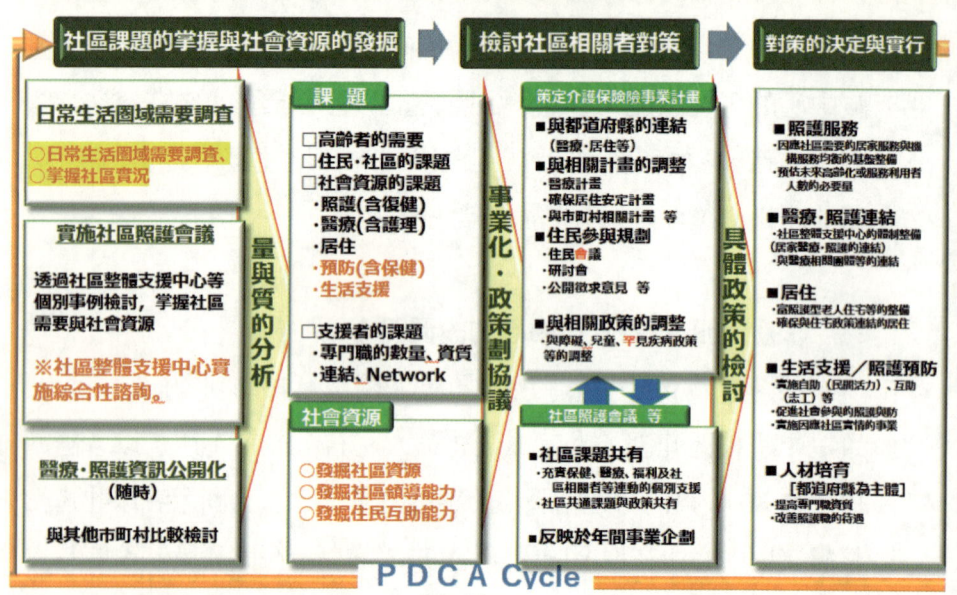

社區課題的掌握與社會資源的發掘	檢討社區相關者對策	對策的決定與實行
日常生活圈域需要調查 ○日常生活圈域需要調查、 ○掌握社區實況	**課題** □高齡者的需要 □住民‧社區的課題 □社會資源的課題 ・照護（含復健） ・醫療（含護理） ・居住 ・預防（含保健） ・生活支援 □支援者的課題 ・專門職的數量、資質 ・連結、Network	**策定介護保險事業計畫** ■與都道府縣的連結 （醫療‧居住等） ■與相關計畫的調整 ・醫療計畫 ・確保居住安定計畫 ・與市町村相關計畫 等 ■住民參與規劃 ・住民會議 ・研討會 ・公開徵求意見 等 ■與相關政策的調整 ・與障礙、兒童、罕見疾病政策等的調整	■**照護服務** ・因應社區需要的居家服務與機構服務等均衡的基盤整備 ・預估未來高齡化或服務利用者人數的必要量 ■**醫療‧照護連結** ・社區整體支援中心的機能整備（居家整備‧機能的連結） ・與醫療相關機關等的連結 ■**居住** ・高齡者住宅等的整備 ・確保與住宅政策連結的居住 ■**生活支援／照護預防** ・靠自助（民間活力）、互助（法工）等 ・促進社會參與的照護預防 ・實施因應社區實情的事業 ■**人材培育** [都道府縣為主體] ・提高專門職待遇 ・改善照護職的待遇
實施社區照護會議 透過社區整體支援中心等個別事例檢討，掌握社區需要與社會資源 ※社區整體支援中心實施綜合性諮詢。	**社會資源** ○發掘社區資源 ○發掘社區領導能力 ○發掘住民互助能力	**社區照護會議 等** ■社區課題共有 ・充實保健、醫療、福利及社區相關有等連動的個別支援 ・社區共通課題與政策共有 ■反映於年間事業企劃	
醫療‧照護資訊公開化 （隨時） 與其他市町村比較檢討			

PDCA Cycle

圖5. 建構市町村的市區整體照護體制流程
（資料來源／厚生勞動省 https://www.mhlw.go.jp/seisakunitsuite/bunya/hukushi_kaigo/kaigo_koureisha/chiiki-houkatsu/dl/link1-6.pdf）

揮。社區照護會議是社區整體支援中心或市町村主辦及營運的合議體，社區的照護或醫療專業人員、行政職員與社區相關者互相聚集，討論社區居民的照護需要或問題及解決方案，此通力合作的體制建構可謂是達到資訊共有與合作的必要過程。

（六）「社區整體照護體制中的綜合事業」

社區整體照護體制中的「綜合事業」於 2015 年 4 月介護保險法修訂時導入，正式名稱為「照護預防・日常生活支援綜合事業」。該事業以因應社區實情、推動居民和各種多樣化主體（如志工、非營利組織、民間企業等）參與、充實多樣化服務等社區互相支援體制，以期提供需支援者有效的支援。

由於職場人力減少，居家生活必須仰賴志工、非營利團體、民間企業、社會福祉法人、合作社等多樣化事業主體參與照護預防與日常生活支援業務。過去輕度需支援者一律列為介護保險的預防給付對象而提供居家服務、日間照護；但在「社區整體照護體制」制定下，需照護程度較輕的「需支援者」，其居家照護、日間照護等服務改由市町村因應社區實情支配及管理。也就是說，往後以「綜合事業」的社區支援事業型態，依社區特性創設多樣化服務體制。

(七) 社區整體照護體制 5 大優點

1. 認知症的高齡者及其家屬生活獲得改善

在熟識的、住慣的環境中生活對認知症者有利。住在家裡對本人或家屬來說，熟識的環境及家屬的陪伴更能掌握認知症者的需要，減輕家屬照護者的負擔及壓力。尤其對輕度認知症者而言，透過與社區的交流，可刺激認知症者的反應及樂趣，延緩認知障礙程度的惡化。

2. 強化醫療與照護連結

高齡者中認知症者不在少數，不僅需要居家照護、甚至也需要醫療服務。社區整體照護體制透過醫療與照護的連結與無縫接管服務，讓社區中的高齡患者住在家裡，亦可獲得必要的醫療、護理和生活面的支援與照護，讓家庭生活更有保障和安心。

3. 抑制需照護者增加

就長遠眼光來看，抑制需照護者增加並非不可能。人力不足環境下，藉由「社區整體照護體制」的加持與推動，一方面促使健康生活的機制活性化、一方面設法延長個案自立生活的可能性。如此一來，照護服務的需要量自然會減少，支援

需照護狀態的高齡者人數也必然會減少。此目的不只在減少照護者的負擔,對高齡者來說,活得有希望、有尊嚴才是更重要的課題和目標。

4. 創造社區多樣化服務

跨出介護保險範圍,因應高齡者細緻的需要,例如外出支援、食材配送、安全守護及安全確認等。提供高齡者健康且自立生活支援的服務很多,預測今後更加擴充。這也是社區中另一種可以擴充服務的商機。

5. 健康的高齡者增加

高齡者人口總人數仍在增加。健康的高齡者也在增加。若能鼓勵高齡者積極參加志工行列或參與非營利組織(NPO)活動,不僅提高高齡者對社會的貢獻,同時也提供高齡者感受生活的價值與意義。

(八)構成社區整體照護體制的 5 大要素

社區整體照護體制構成要素包括居住、醫療、照護、預防照護與生活支援。社區中的生活基盤(生活中最基本的設施與環境)是「居住」與「生活支援」,專業性服務是「醫療」、「照護」和「預防」。居住與生活支援原則上以尊重個人的想法為優先。

（九）社區整體照護體制中的 4 種「助」

　　預估今後因應高齡化社會的進展下，共助、公助等機制都可能遇到瓶頸，厚生勞動省也早有抑制稅負擔的危機感。故提出社區整體照護體制的 4 種「助」：

自助——自己幫助自己，個人自發性解決生活課題。

互助——家屬、友人或社團活動的夥伴，自發性協助解決生活課題，不含在給付範圍內，包括自治會等地緣組織活動、志工團體的生活支援，NPO 等有償志工服務等。

共助——制度化的相互扶助，包括醫療、年金、介護保險、社會保險制度等費用負擔制度化。

公助——社會福利制度中，由稅收支付生活窮困者的基本生活保障。

（十）社區整體照護體制的課題

1. 民眾不容易聽懂社區照護體制的本質與特色

　　對於「社區整體照護體制」與「社區整體支援中心」一體化連結所代表的意義，一般民眾多半「理解困難」，尤其是認知程度低或社區整體照護體制尚未滲透民心者，未必能理解重視醫療與照護互相連結的理念與特色；即便透過認真推動與連結，具體方策仍須完備。特別是包括民生委員、生活支援與協

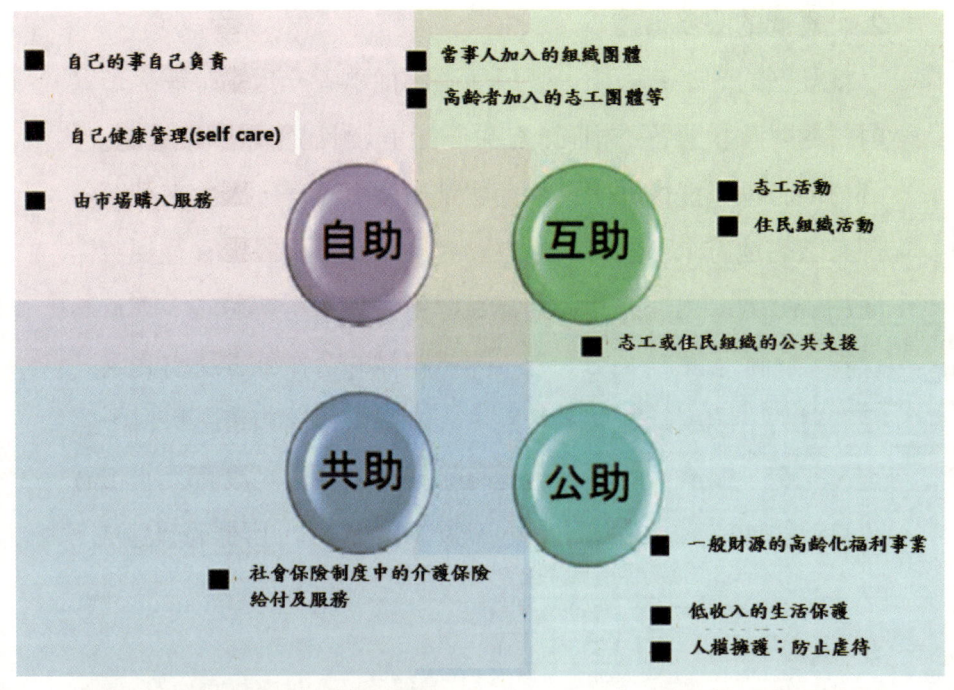

[自助]
- 自己的事自己負責
- 自己健康管理(self care)
- 由市場購入服務

[互助]
- 當事人加入的組織團體
- 高齡者加入的志工團體等
- 志工活動
- 住民組織活動
- 志工或住民組織的公共支援

[共助]
- 社會保險制度中的介護保險給付及服務

[公助]
- 一般財源的高齡化福利事業
- 低收入的生活保護
- 人權擁護；防止虐待

圖6. 社區整體照護體制4種「助」
（資料來源/2013年3月地域包括ケア研究会報告書：「自助・互助・共助・公助」からみた地域包括ケア https://www.mhlw.go.jp/seisakunitsuite/bunya/hukushi_kaigo/kaigo_koureisha/chiiki-houkatsu/dl/link1-3.pdf）

調委員，以及已被視為社區整體照護責無旁貸的團體與民眾等角色分擔必須清楚。

市區町村必須理解推動社區整體支援體制意義何在，並且擬定政策時讓全體國民知道，實行時方不致於產生困擾。

2. 社區間的服務落差

就社區的高齡者人口、醫療與照護從事者充足率來看，市區町村的財政狀態各不相同。結果同樣是「社區整體照護體制」，鄉村地方區域提供的服務難免與都市產生落差，因此在社區資源有限的地方，市區町村的推動者必須為互相幫忙、互相合作而加倍努力，另一方面，為滿足厚生勞動省所期盼的「應有的樣貌」，除了連結 NPO、志工團體組織的合作外，還需滿足一定的財力。國家針對財政基盤、人才基盤較弱的市區町村，照護、年金、醫療、消防等機能有賴於廣域合併，沒有人才和財政基盤的加持，2025年的「社區整體支援體制」目標恐難達成。

3.「人力不足」

所謂「人力不足」不單是指從事醫療與照護的人數不足，並且涉及到「社區整體支援中心」的角色發揮是否有效。也就是發揮高度協調能力，促進「醫療與照護連結」、激發與「社區居民互助與合作」、建構「社區社會網絡化」等機制。

醫療與照護的連結因地區的不同難免產生差異，其中不乏組織間合作不足、調整不足等現象。對長年在社區經營的就業者來說，此高度被期待的工作歷練經民間組織培養而受到聘用且獲得一定報酬與權限，正是轉業、就業的最好時機。透過社區的網絡連結，並可召回從外鄉回流的居民，尤其是有業務管理

經驗或人事管理經驗者再就職的大好機會。

以全國 5,000 所社區整體支援中心雇用負責人為例，一夜之間便產生 5,000 人的雇用機會，其他業界的人才必然往照護業界移動。

4.「互助」的意義與定位

四助當中，「互助」最適於由民間的中小企業為主體而設計。期待自治會、NPO 等有償志工廣泛（網路）結合固然必要，然實際推行時，難免面臨挑戰。現在每年一度的防災訓練、盂蘭盆舞的參加者人數逐漸減少，突然導入「彼此互助」，難免有些困難。其中，在「個人資訊保護」名義下，町內會（相當於里民大會）彼此未必留下電話號碼。特別是大都市彼此鄰居甚至互不打招呼、互不往來。因此必須借重民間企業、社區中的小規模企業的力量，特別是在社區中扎根的小規模事業，例如澡堂、土地代書、食品宅配、餐廳等，這些企業更容易察覺到高齡者的困難。

對社區經營的小生意而言，社區中居住的高齡者是客戶，解決客戶的問題對自己的生意也有助益。就 2025 年的目標進度而言，與其強調以安定的組織為主體而參加町內會（相當於里民大會、村民大會）或與附近的鄰居附近交往，這種以小規模的生意商為主體的互動與需要更能展現「互助」的實力。

（十一）等同於急性後期的「社區綜合照護病房」

　　社區綜合照護病房的前身是「針對急性後期患者強化復健、協助急性治療後返家或返回照護機構生活者，提供返家復歸等高效率、高密度的療養病房」。社區綜合照護病房的意義，在於為急性期治療後病情穩定但無法立即出院的患者，提供照護及復健服務以及支援各種情況下的後續照護需求，達到返家復歸的可能性。基於此功能，創設社區綜合照護病房可以為急性期住院患者的病情進行綜合性醫療與照護，促進患者早日返家或返回照護機構生活，符合社區整體照護體制的需求。適用於入住「社區綜合照護病房」的對象包括：

1. 居家或照護機構等療養中的病患因發燒、脫水症、肺炎等急需要治療者。

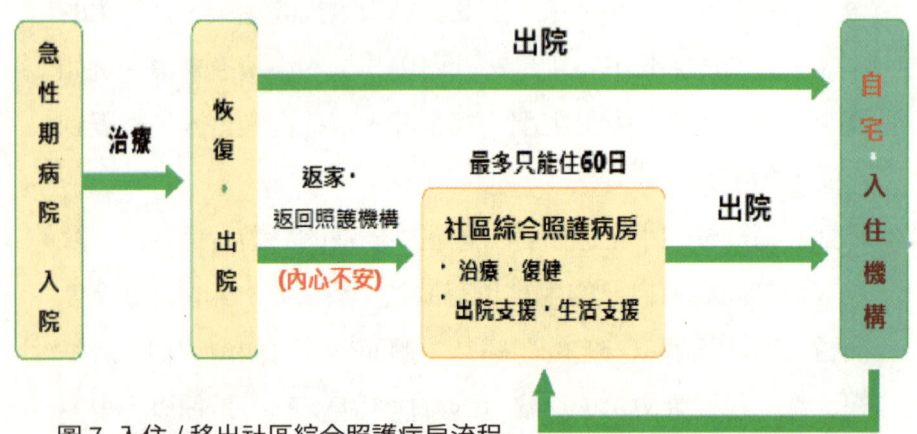

圖 7. 入住 / 移出社區綜合照護病房流程
（資料來源 / 福祉村病院介護医療院 https://www.fukushimura.net/care_ward/）

2. 同時需要醫療和照護兩種服務的居家療養者，一時性在家裡照護困難者。
3. 急性期病房治療結束，轉換為利用居家療養者的準備期間
4. 經醫院醫師判斷，需要專門性的復健治療者（原則上復健

	住院費1	管理費1	住院費2	管理費2	住院費3	管理費3	住院費4	管理費4
護理職員		13:1以上 (70%以上是護理師)
重症患者比例		重症程度 醫療・護理必要度 I 14%以上 或 重症程度 醫療・護理必要度 II 11%以上
入出院支援部門		設置負責入出院支援以及與社區連結等業務部門
復健專門職員		病房或有病室的病房 配置有常勤的PT、OT、ST等治療師1人以上
復健實施內容		以患者入住病房時測定的ADL分數等為參考，作為判斷、說明、紀錄復健的必要性 復健治療的患者一天平均提供2單位
意思決定支援具體目標		制定適當支援意思決定的指針
返家復歸率	colspan="4"	7割以上	colspan="4"	—
一般病房轉入的患者百分比 ※1	—	60%以下 (許可病床數400床以上者)	—	—	—	—	60%以下 (許可病床數400床以上者)	—
由自宅等入住的患者比率	10% 5分以上 (管理料方面、10床以下者、3個月6人以上)	—		10% 5分以上 (管理料方面、10床以下者、3個月6人以上)	—	colspan="2"
接受由自宅等入住的緊急患者	3個月6人以上	—	病房(棟)		3個月6人以上	—		
社區綜合照護的實績 ※2	○	—			○	—		
申報單位	病房(棟)	病室	病房(棟)	病室	病房(棟)	病室	病房(棟)	病室
許可病床數200床以下者為對象	○	—	○	—	○	—	—	○
點數(生活療養)		2,809點 (2,794點)		2,620點 (2,605點)		2,285點 (2,270點)		2,076點 (2,060點)

※2 以下 ①~⑥.當中至少滿足2項以上者　　　　※1 未滿足既定的百分比時，住院費以所定點數的90%計算

① 該保險醫療機構居家患者訪視診療費（I）及（II）的算定次數最近3個月內共30次以上。
② 該保險醫療機構居家患者的居家護理指導費，同一棟建築物居住者的居家護理指導費以及精神科居家護理指導費最近3個月內共60次以上。
③ 同一建築物以及鄰接用地內的居家護理所，其居家護理基本療養費或精神科居家護理基本療養費的計算次數，最近3個月內共300次以上。
④ 該保險醫療機構針對居家患者的居家復健指導等管理費算定次數，最近3個月內共30次以上。
⑤ 同一建築用地或鄰接用地內的事業所，具有提供居家照護、居家護理、居家復健、照護預防居家照護以及照護預防居家復健的資格者。

圖 8. 社區綜合照護病房住院費及醫療管理費的收費基準：2020 年度診療報酬改革（因應醫療機能、患者狀態等入院醫療評價基準）
（資料來源/https://www.mhlw.go.jp/content/12404000/000638365.pdf）

40分鐘/日）。

即使對於患者不需要專門性的復健治療，為能及早返家生活，護理人員仍會將訓練如廁、進食、沐浴等日常生活活動視為生活復健的一環，設法維持並提高其身體機能和動作能力，以利於適應居家生活。（參圖8）

社區綜合照護病房的設施主要希望能達到「該病房出院患者中有70%以上者能出院返家或選擇入住型機構環境進行復健」為基準，以及必需確保病房的患者結構和復健率達到相應的基準值。例如入院費1及2的復健率需超過72.5%，而入院費3及4則需超過70%。

1. 社區綜合照護病房的患者對象與設置基準

社區綜合照護病房收治對象包括：

（1）經過急性期治療的患者。
（2）居家療養患者的緊急而預定入院的對象，包括骨折、肺炎、腦梗塞、惡性腫瘤、心臟衰竭等多樣化疾病患者。

復健師方面雖不像恢復期復健病房般的硬性規定，但基本上必須配置1名以上專門職的復健師，以便提供有效率的復健治療，並且能在60天的規定期間內達成出院返家目標。

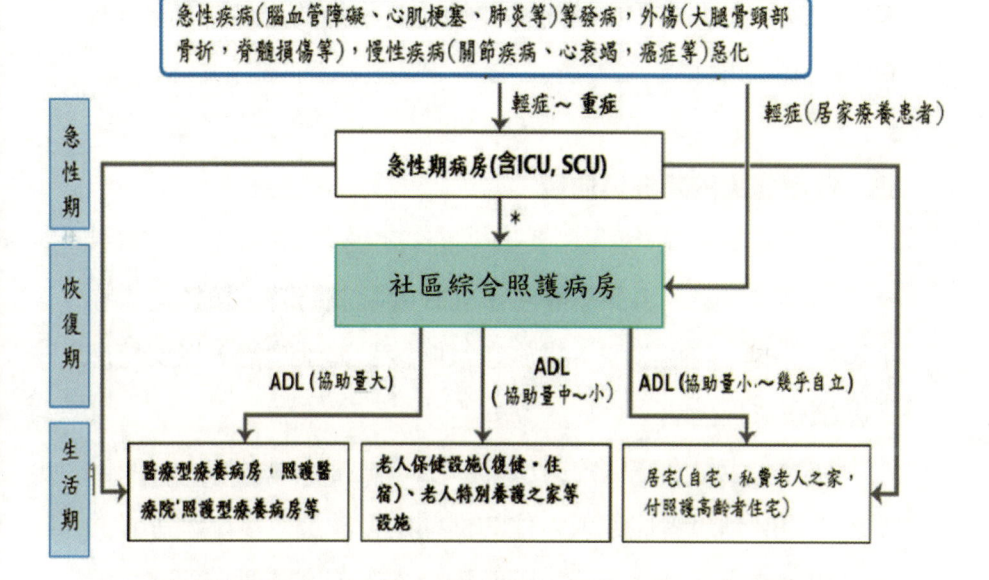

```
┌─────────────────────────────────────────────────────┐
│ 急性疾病(腦血管障礙、心肌梗塞、肺炎等)等發病,外傷(大腿骨頸部  │
│ 骨折,脊髓損傷等),慢性疾病(關節疾病、心衰竭,癌症等)惡化     │
└─────────────────────────────────────────────────────┘
                    ↓ 輕症～重症        輕症(居家療養患者)
              急性期病房(含ICU, SCU)
                         *
              社區綜合照護病房
          ↓              ↓              ↓
    ADL(協助量大)   ADL(協助量中～小)  ADL(協助量小～幾乎自立)
   醫療型療養病房,照護醫  老人保健設施(復健・住  居宅(自宅,私費老人之家,
   療院'照護型療養病房等  宿)、老人特別養護之家等  付照護高齡者住宅)
                      設施
```

急性期 / 恢復期 / 生活期

圖9. 負責復健醫療的「社區綜合照護病房」的定位：經過急性期後，以家庭復歸為目的的醫療（含復健醫療）必要的場合（包括集中性復健醫療），也可接受居家療養患者等輕症患者。（本文作者提供）

2. 社區綜合照護病房的實際運用與方針

　　社區綜合照護病房的營運目標是：①接受經過急性期治療的患者，②在家療養的患者，並實施核心的復健訓練及日常生活支援，③支持返家復歸。在人口減少的地區，根據病床功能報告制度，從急性期到恢復期，甚至部分生活期，可以靈活調整角色和營運，以滿足需求。在都市地區，為了推動醫院間的機能分化與協作，根據疾病、病情嚴重程度等患者狀況，適當選

擇病床功能是非常重要的,需要準確且迅速的患者評估。(參圖9)

四、在宅醫療的功能與價值

因疾病或增齡而導致患者無法前往醫院就醫時,可透過「在宅醫療」的「訪視診療」措施在家中接受醫師診治,以支持患者繼續在家裡生活。

「往診」也是在宅醫療措施的一種,是指應患者本人或家屬要求,醫師到患者住家或入住的機構進行診療,多半因患者的病狀突發或突然身體不適,因而接受本人或家屬要求而前往看診。即使在日本,除非家裡有需要利用在宅醫療措施的高齡者,否則也未必能明確地區分訪視診療和往診。

(一)在宅醫療中,訪視診療與往診的差異

「訪視診療」與「往診」皆是到患者家裡訪視並接受醫療服務。但訪視的頻度、治療內容、治療期間、計畫性等大不相同。

1. 診療是否有事前計畫

訪視診療——「每週哪一天、多少小時」或「每月第1和第3週、星期幾、幾點鐘」等,醫師定期到患者家中訪視,與患

者或家屬確認後,擬定提供治療計畫而前往診療;「往診」多半針對患者無法前往醫院看病或家屬要求的情況下前往診療,此狀態大約屬於雖緊急但又不到叫救護車程度的臨時手段。

2. 在宅醫療的訪問診療必須經患者或家屬同意

「往診」不需要同意書,但「訪視診療」必須與患者或家屬簽訂同意書,若無同意書無法向國家申請診療費(同意書的內容及樣式由醫療單位自訂)。

3.「同一建物居住者」的概念僅限於訪視診療

根據在宅醫療的報酬規則,「同一建築物居住者」有特殊條款。同一醫療單位、同一天到同一棟建築物(公寓或高齡者入住機構等)為2人以上患者診療時,視同「同一建物居住者」,因此診療費比非同棟建築物的居住者稍低。

4. 訪視診療的診療次數受限,往診不受限

訪視診療有次數限制,原則上1日1次、1週3次;但特定疾病或患者因病狀需要,也可能1週3次以上;往診則次數不限,1日2次以上也有可能。

（二）適合訪視診療與往診的對象與選擇方法

在家裡利用醫療服務或希望過怎樣生活等條件，牽涉到選擇「訪視診療」或「往診」。適當的選擇既可減輕在家療養者負擔，並可選擇最適當的治療方法。

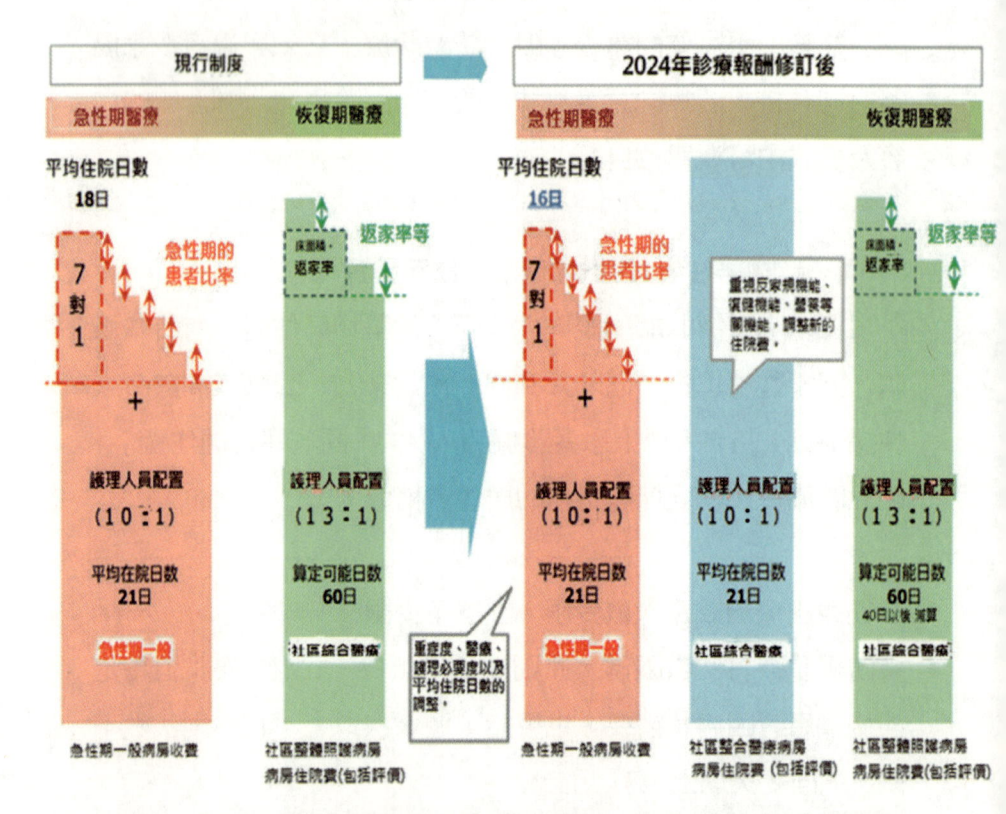

圖 10．急性期病房、社區綜合醫療病房及社區綜合照護病房的機能區分
（資料來源 / 2024 年度診療報酬修訂 II－2 生活考量下推動醫療等社區綜合照護系統的深化與推動措施① https://www.mhlw.go.jp/content/12400000/001251535.pdf）

1. 需要定期且長期性診療者選「訪視診療」
（1）訪視診療 1 至 2 週期間 1 次，定期且長期性提供診療。以下場合適合利用訪問診療。
　　ⅰ. 自己到醫院看病困難
　　ⅱ. 不希望住院，可以在自己家裡療養
　　ⅲ. 生命末期，希望在家屬陪伴下一起共度生命最後時光
（2）利用訪視診療可減輕移動和等候時間及負擔，並可繼續在家療養。

2. 必要時的緊急對應選「往診」
　　患者雖可以前往醫院診療，但緊急時希望請經常看病的醫師比較安心，這時候適合選「往診」。因此，突發性症狀變化卻無法叫到救護車時，可利用此臨時手段。醫療費的部分負擔依年齡及收入設定如下：
　　70 歲以下者　一般：30%；6 歲以下：20%
　　70 歲以上者　目前仍就業有收入者：30%；　一般：20%；低所得者：10%
　　75 歲以上者　目前仍就業有收入者：30%；　一般：10%

（三）訪視醫療與往診的費用與診療報酬不同
　　訪視診療與往診屬於醫療行為，適用於醫療保險；照護服務

適用於介護保險。「基本診療費」與「往診或訪視診療的診療費」等依厚生勞動省規定的診療報酬收費。該費用依患者的醫療費負擔比率制定金額。＊

＊往診也是醫療保險的適用對象。訪視診療或往診適用於各自加入的健康保險，每月該負擔 0～30% 的自付額。

> 基於社區高齡化、急性醫療提供體制以及復健等提供體制，預計從原本的急性期住院基本費1、急性期住院基本費2-6的方式 轉換為具有一定急性醫療實績的綜合性社區醫療病房支應概念圖。

① 由急性期入院基本費1當中一部分轉換

急性期一般入院料1 實體制加算以及綜合入院體制加算除外　→　急性期一般入院料1 急性期充實體制加算等以外　綜合性社區醫療病房

○ 急性期醫療已有一定的實績，許多後期高齡者緊急住院的案例很多。急性期醫療當中，有些案例有必要機能分化，可考慮一部分病房轉換為「綜合性社區照護病房」。

② 由急性期入院費2-6當中轉換

急性期一般入院費 2-6　→　綜合姓社區醫療病房　急性期一般入院費 2-6　綜合性社區醫療病房

○ 急性期醫療可謂是充實的醫療機構，尤其是確保復健專門職人力、營養相關的營養師人力以及與ADL相關充分的實績評值的話，則急性期的全部或一部分病房轉換為綜合性社區醫療病房。

③ 由綜合姓社區照護病房轉換

綜合性社區照護病房　→　綜合性社區醫療病房

○ 有實力確保返家賦歸機能的病房，可直接接受緊急搬送進來的病患。

圖 11. 病房重整後轉移至「社區綜合醫療病房」概念
（資料來源 / 2024 年度診療報酬修訂 II－2 生活考量下推動醫療等社區綜合照護系統的深化與推動措施① https://www.mhlw.go.jp/content/12400000/001251535.pdf）

社區綜合醫療病房住院期限雖然最長可達 60 天，但從第 41 天起開始減額計費，此設計有利於促進醫療服務品質提升，鼓勵並支持返家復歸。

社區綜合醫療病房的報酬及要件——各種加算總和約 4,000 點的報酬、手術或麻醉、心導管檢查等均可論量計酬。轉移至「社區綜合醫療病房」後唯一考量的是：收益面的變化。（參圖 11）

1. 訪視診療的「在宅患者訪問診療費」是費用的核心

居家患者的訪視診療費經患者同意，計畫性、定期性於訪視診療時算定。同一日於同一建築物內訪問診療 2 人以上時，報酬點數會受改變。非同一建築物居住者時，1 次的訪視診療費 888 點，同一建築物內居住者時降至 213 點藉以產生差異。（1 點以 10 日圓計算）

此外，患者的狀態、終期照護加算、臨終照護加算、居家療養等指導管理費、居家護理師指示的文件資料等亦有加算給付。醫師每月 2 次訪視的一般性費用：70 歲以上 10% 負擔者約 7,000 日圓、20% 負擔者約 14,000 日圓，並且還有醫療費負擔上限的天花板制度，10% 和 20% 負擔者最高僅付擔 18,000 日圓、20% 負擔者依所得計算，最高負擔到 80,000～260,000 日圓之間。

2. 往診的「往診費」以次數計算

患者希望醫師往診時，往診費以 720 點計算。1 次往診 1 次計費、次數不受限制，1 天 2 次以上往診也有可能。緊急、夜間、假日、深夜等場合都有加算計費設計。

五、社區綜合醫療病房

新設「社區綜合醫療病房」的目的主要在收治高齡急症患者盡早脫離急性期病狀、以強化其 ADL 與營養等明確目標做為設立的機構基準與要件。

2024 年 3 月 5 日厚生勞動省發布了 2024 年度診療報酬通知及告示，內容包括詳細收費基準與要件。值得一提的是，此次厚生勞動省的 2024 年度診療報酬修訂內容刻意新設了「高齡急性患者整體對應的病房（全名『社區綜合醫療病房』）」的機構基準，協助高齡患者從急性期到脫離期間，達到維持並提高 ADL 及營養狀態等目標。

隨著高齡化的進展，「因高齡或突發疾病而緊急入院的高齡患者」日益增多，在救急因素被搬運就醫的患者數中，其中不乏輕度或中等程度症狀的患者（多半患者的症狀、症候、診斷名稱等內情不明確），這些患者若因此而住進急性期病房，反而產生「照護能力或復健能力相對減弱→臥床時間過長→ ADL

降低→長期臥床、需照護度惡化」等弊端。

研究結果顯示，未經過充實照護及復健體制即讓患者住進「一般醫院」是導致需照護程度惡化的一大要因；另一方面，指出長期安靜臥床弊害的論文也不少（資料來源：医療・介護意見交換会5230315）。針對此課題，2024年度診療報酬修訂內容因而導入高齡急性期患者整合性對應機制，也就是從急性期狀態快速脫離，透過充分的醫療，以達到「早期出院及復健、營養管理」、「出院準備支援」、「適當的意思決定支援」、「返家復歸支援」、「出院後的居家醫療單位或照護事業所等連結」等整合性服務以及新設「社區綜合醫療病房」。

（一）（新）社區綜合醫療病房住院費特徵（每日住院費：3050點）

1. 該病房與醫院的一般病房收費同。
2. 該病房的照護人員配置10：1以上，其中護理師最少必須占70%以上。
3. 該病房的治療師團隊組合必須配置2名以上專業全職物理治療師（PT）、職能治療師（OT）或語言治療師（ST）（每週3日以上常態上班），以及2名以上兼職復健師，每週工時合計22小時以上。
4. 該病房配置內任的全職營養管理師1名以上（不能兼職其

他病房）。
5. 該病房的病室面積患者每人 6.4 平方公尺以上。
6. 病室鄰接的走廊寬度 1.8 公尺以上（若兩側均為病房，則走廊寬度增加至 2.7 公尺）。
7. 該病房或隔壁病房患者可共用鄰接的浴室及廁所。

如圖 10 所示，厚生勞動省將病房區分為「急性期病房」、「社區綜合醫療病房」和「綜合性社區照護病房」，同時也提出了以下轉換概念：將部分急性期一般 1 病房（護病比 7 比 1）降級；或從急性期一般 2-6 病房轉移為社區綜合醫療病房；或從社區綜合照護病房升級為社區綜合醫療病房等。

急性期 1 與 2-6 病房的患者入住標準，主要在確保患者的病情嚴重程度和所需的醫療資源配置。兩者區別如下：這些標準的設定通常是為了確保不同病情的患者能夠獲得適當的醫療照護，並有效利用醫療資源。

1. 急性期 1 病房

（1）患者病情：通常收治病情較為嚴重的患者，這些患者可能需要密集的醫療監護和治療。
（2）醫護人員配置：需要較高比例的醫護人員，通常包括專科醫生和護士，以提供 24 小時的密切照護。

（3）治療設備：配備先進的醫療設備，以期應對各種急性病症的診斷和治療。

2. 急性期 2-6 病房

（1）患者病情：針對病情相對穩定但仍需住院觀察和治療的患者。
（2）醫護人員配置：相對於急性期 1 病房，醫護人員配置可能較少，但仍能滿足患者的基本需求。
（3）治療設備：設備配置可能不如急性期 1 病房，但足以應對一般的醫療需求。

各種加算設計下，大約一天可有將近「4,000 點報酬」，包括評價以及「手術、麻醉等論量計酬」、「檢查項目中的心導管檢查、內視鏡檢查、採血檢查以外的穿刺診斷、檢體採取費、藥劑及特定保險醫療材料等論量計酬」、「攝影診斷管理加算 1-4、造影劑注入技術（主要血管的分枝血管選擇性造影攝影等）、造影劑注入技術（同）用的藥劑、特定保險醫療材費的論量計酬」、「復健的論量計酬」、「急性醫療管理加算或醫師事務作業補助的體制加算、營養支援團隊加算、醫療安全對策加算、強化感染對策加算、充實患者支援體制加算、入出院支援加算 1、認知症照護加算等以論量計酬計算」等、許多醫

療相關者認同而且願意給「急性期一般1」轉移至有魅力的「社區綜合醫療病房」高度的評價。

(二) 報酬算定要件

報酬算定要件為:「維持並提高 ADL 或營養、防止長期臥床、需照護程度惡化」。

有關報酬與計費要件,要項有三:(1)針對整棟病房的入住患者,原則上入住後 48 小時內評估 ADL(日常生活活動能力)、營養狀態、口腔狀態、復健及營養管理、口腔管理等狀態,以便擬定因應計畫;(2)定期召開「維持並提高入院患者 ADL 等相關的多職種討論會」;(3)營養管理師針對所有入院患者擬定預防及改善營養不良等計畫;並召開多職種集合的討論會,以便調整必要的用餐方式(包括由口腔進食攝取或鼻胃管餵食開始),以防止「長期臥床等需照護程度惡化」。

雖然也有復健治療,但存在一些限制,這些限制的目的是鼓勵需要復健的患者盡快轉移到專門的復健設施,以期獲得更適當的治療。

1. 物理治療師等針對該病房的患者提供各種不同疾病的復健服務,以維持並改善 ADL 為目的;即使對於不符合疾病別的計費對象,也要基於維持並改善 ADL 為目的而提供指導。

2. 專職的物理治療師等每日可計算的疾病別復健服務費的上限為 6 單位。此限制意指即使物理治療師服務時間延長，每日計費都不得超過此上限。

（作者按：此規定或許為了避免過度治療以確保治療品質或控制醫療成本等目的而設立，但未明確指明）。

參考資料

1. 2023 年 3 月 15 日　令和 6 年度の同時報酬改定に向けた意見交換会（第 1 回）議事録。參：https://www.mhlw.go.jp/stf/shingi2/0000164258_00001.html
2. 其餘各標題、圖表等的參考資料或資料來源等網站直接附錄於圖表下端。

第 8 章

超高齡時代的健康照護：居家醫療與長照的整合策略

余尚儒[1] 王維昌[2,3]

[1] 社團法人台灣在宅醫療學會 理事長
[2] 社團法人台灣居家醫療醫學會 理事長 [3] 宜蘭縣醫師公會 顧問

一、背景介紹敘述

（一）我國居家相關醫療的歷史發展

台灣的居家醫療發展歷史可以追溯到 1987 年，當時開始試辦居家護理服務。自 1995 年全民健康保險開辦，居家護理服務納入全民健康保險給付項目，相關的居家醫療照護政策，類別包含出院三管（氣切管、鼻胃管、尿管）、呼吸器依賴患者居家照護、末期病患安寧居家照護、慢性精神病患居家照

護、特殊身心障礙患者與失能老人到宅牙醫醫療服務、藥事居家。相關法規如下：全民健康保險居家照護作業要點（1995-2013）、安寧居家療護設置參考規範（1995-）、精神病人居家治療標準（2008-）、全民健康保險呼吸器依賴患者整合性照護前瞻性支付方式計畫（2000-）、精神病人居家治療標準（2008-）、全民健康保險牙醫門診總額特殊醫療服務試辦計畫（2011-）、全民健康保險藥事居家照護（2012-）。

隨著社會人口結構的老化，居家醫療照護逐漸受到重視。自 2013 年起，台灣社會福利總盟積極推動在宅醫療的發展，透過多項活動與政策倡議，促進居家醫療服務的整合與實施。2013 年 7 月，立法委員陳節如與劉建國等人聯合舉辦了「台日在宅醫療論壇」，為在宅醫療的推廣奠定基礎。2014 年，總盟主辦的「日本在宅醫療執行情形考察」及「日本在宅醫療參訪分享座談會」，讓參與者深入了解日本的在宅醫療模式。同年，立法委員陳節如與健保會委員吳玉琴共同努力，將在宅醫療納入健保總預算。

2015 年「全民健康保險居家醫療照護整合計畫」（簡稱居整計畫）開始試辦，並於 2016 年成為正式計畫，其整合的服務包括一般居家照護、呼吸居家照護、安寧居家療護，計畫目的為提升因失能或疾病特性致外出就醫不便病人之醫療照護可近性，減少病人因行動不便委請他人向醫師陳述病情領藥之情

形。此外,鼓勵醫事服務機構連結社區照護網絡,提供住院替代服務,降低住院日數或減少不必要之社會性住院。同時,改善現行不同類型居家醫療照護片段式的服務模式,以提供病人整合性之全人照護。

該計畫至今已修訂12次,最近一次修訂為112年8月30日。其修訂的內容包括安寧居家療護的相關條款,使收案條件和臨床條件明確化。不僅如此,亦修訂居家護理特殊照護項目,居家護理特殊照護項目表及末期病患主要症狀表,並同步實施支付標準公告。中醫針灸治療處置費,也是修訂的重點之一,其不列入全民健康保險醫療服務給付項目及支付標準合理量計算。這些修訂旨在提升居家醫療照護的品質和效率,確保病患能夠獲得更全面的照護服務。

除了醫療照護,長照相關法規也在人口老化的過程中與時俱進。長照2.0（長期照顧十年計畫2.0）為應對人口老化和多元化的照顧需求而推出的計畫。這個計畫於2016年12月由行政院核定,並於2017年1月開始實施。長照2.0的主要目標有三點:第一、擴大服務對象,涵蓋65歲以上失能老人、55歲以上失能山地原住民、50歲以上失能身心障礙者等。第二、增加服務項目,從原本的8項服務增加到17項,包括居家護理、復健服務、喘息服務、輔具服務等。第三、建立社區為基礎的長照服務體系,提供從支持家庭、居家、社區到住宿

式照顧的多元連續服務。此計畫旨在提升長者的生活品質，減輕家屬的照顧壓力，並促進長者的健康福祉。

(二) 台灣在宅醫療學會介紹

在地老化，以社區為基礎的整合式照顧服務，已是長照政策趨勢。在日本被稱作「第三醫療」的「在宅醫療」，甚至被視為「未來醫學」的一環。在宅醫療能減輕超高齡社會的負擔，減少醫療保險的給付，無疑是面對超高齡社會沉重的醫療負擔的新解方。日本社會高齡化速度較台灣快，很早就了解到失能老人熟悉環境（宅）提供醫療與照護服務，對於維持他們生活品質的重要性，所以不限於到家中提供服務，也將服務延伸到老人住宿的團體家屋或護理之家等機構，把相關服務以「在宅醫療」命名。

台灣全民健保提供的服務對象主要為住在家裡的失能個案，習慣以「居家醫療」來稱呼，雖然名稱不同，但在宅與居家醫療兩者的本質差異不大。這樣的趨勢也擴及西方國家，從英國、美國、法國、加拿大、澳洲到紐西蘭，皆開始重視在宅醫療在長期照顧中的角色。台灣在宅醫療學會於此脈絡中逐漸形成，學會成立之前，為在宅醫療、居家照護工作的志同道合夥伴，都蘭診所余尚儒醫師於 2016 年成立了「在宅醫療研究會」，一同探討在台灣實踐在宅醫療的可能性。2017 年 4 月，

在眾人的期待下，台灣在宅醫療學會成立，由余尚儒醫師擔任第一與第二屆理事長。學會的使命包括發展本土化在宅醫療知識、建立居家跨專業合作機制，並參與國際性在宅醫療交流。會員組成來自全台各地，包括醫師、護理師、藥師、職能治療師、物理治療師、語言治療師，以及居家服務員、社工員，甚至社福和公衛界的學者。醫事人員職類任職的單位包括基層的醫療單位，例如：診所、衛生所、居家護理所、居家呼吸照護所、居家職能治療所、居家物理治療所等。此外，會員也包括地區醫院至醫學中心的醫事人員。除了個人會員，還有團體會員的加入，加入的單位包括診所、醫院、居家護理所、協會、護理之家。

台灣在宅醫療學會每年舉辦的活動，如一年一度的年會暨研討會，邀請專家學者演講，探討在宅醫療如何跨專業協助，國際趨勢、實務技術和政策因應。從 2017 年至 2025 年，分別在不同地區舉辦年會，藉此方式鼓勵當地居家醫療照護相關領域的夥伴更加認識並了解在宅醫療。台灣在宅醫療學會亦舉辦工作坊或不同主題的培訓課程，幫助醫護人員不斷進修和提升專業能力，藉此提升照顧品質。主題包括：呼吸照護、超音波使用、檢查（驗）設備、遠距醫療、咀嚼吞嚥等議題。課程方式除了專家講師的知能研習，還有結合相關設備儀器的提供，讓參加的學員實際嘗試，進行實作演練。除了實體課程，還有

每個月定期線上舉行的「在宅長照個案討論會」，分析在宅病患的照護需求、病程，並提出改善策略。藉由在宅場域不同職類照顧經驗分享，促成跨專業、跨單位的交流及討論。

除了建構本土化知識與技術，學會也與國際間的在宅醫療專業接軌，促成更多的交流空間。2019 年參與 WHAHC 第一屆世界在宅醫療大會、AAHCM 美國在宅醫療年會，2023 年參與 WHAHC 第二屆世界在宅醫療大會、第 15 屆澳洲在宅醫療年會。2023 年 6 月，日本「NPO 法人支援社區共生醫療照顧市民網絡」與「社團法人台灣在宅醫療學會」，雙方簽署合作意向書，針對混合式的在宅醫療（hybrid care），例如遠端監測及線上診療，未來將成立台日工作小組與定期會議及研討會議活動。此外，2023 年 6 月及 2024 年 7 月，疫情之後，連續兩年本會應日本在宅醫療聯合學會（日本在宅醫療最大代表團體）邀請，派員赴日本演講，顯示學會積極參與國際居家醫療相關交流活動，成為國際上代表台灣的重要團體之一。

（三）台灣居家醫療醫學會介紹

高齡社會社區醫療的需求，醫療團隊走入社區必須兼具全人整合性的醫療，台灣居家醫療醫學會於 2019 年由郭啟昭醫師於台中市發起成立並任第一屆理事長，學會以醫師為主體，積極參與居家醫療政策共擬及建議，並以培訓社區醫師跨領域的

醫療照護技能為主要任務,例如訓練安寧緩和醫療專業、提升長者末期生命及善終品質等,未來仍會因應社區醫療需求,建立完整的教育訓練。

(四) 衛生福利部與國家衛生研究院支持之在宅醫療相關研究計畫

為因應快速高齡化社會推動居家衛生福利部的研究計畫,包括:醫事司—自醫院至社區的整合性居家醫療照護服務模式(2017)、醫事司—建立在宅醫療長照與通訊診療創新應用模式之先驅研究計畫(2019-2021)、醫事司—輔導建置「在宅長照支援診所(急重症)」試辦計畫(2021)、醫事司—遠距科技智慧照護應用於急重症暨安寧病患之在宅住院創新模式計畫(2022-2023)、長照司—失能重症兒童照顧服務員特殊訓練計畫(2022-2023)、醫事司—遠距科技輔助發展高度緩和療護需求之非癌症病人急性照護模式(2024)。上述計畫皆由台灣在宅醫療學會負責執行,內容簡述如下:

2017年衛生福利部醫事司「自醫院至社區的整合性居家醫療照護服務模式」計畫,透過文獻、國內相關資料與質性量性調查,了解提供居家相關醫療服務的意願與困難。研究建議改善自醫院至社區的轉銜服務。居家醫療整合性照護服務模式建立之規劃應包括:(1)強化出院準備服務教育、人力與評鑑。

（2）建構醫院到社區轉銜整合的資訊平台。（3）建立社區居家醫療與長照服務溝通機制。（4）強化以需求為導向的彈性居家照護服務。（5）穩定與改善照管中心編制與評估流程，使其成為實質之社區資源協調者。

2019年衛生福利部醫事司補助「在宅醫療長照與通訊診療創新應用模式」研究計畫，建立都會與非都會區提供出院銜接、長照聯繫、遠距照護，以及與醫院出院銜接之在宅醫療診所服務模式，嘗試對在宅之急重症個案與醫院之出院銜接建立初步服務原型，並從現有的出院準備服務端開始，由醫院的醫師、護理師、治療師、營養師、社工師等專業人員，在宅醫療診所醫師、護理師等人員、照專與個管及長照服務單位人員、家屬共同召開會議，依案主及家屬需求啟動服務，並於在宅醫療與長照服務進入家中後，持續透過即時通訊軟體溝通、提高照護的連續性、及時應對能力，讓案主在家接受完善的照顧，並持續透過通訊診療系統即時溝通，提高照護的連續性和應變能力，幫助病人及其家屬安心，有效降低再住院率和急診就診率，並提升出院支援率。

2020年衛生福利部醫事司補助「在宅長照支援診所（急重症）」試辦計畫，以6至8間診所進行試辦，提供在宅急重症照護服務，如提供靜脈抗生素施打、急性症狀處置及在宅臨終照護等。研究團隊蒐集計畫服務對象之健康與長照資訊，以

及出院銜接、抗生素施打、再住院資料等，並依試辦結果，提出設置標準、服務模式與給付標準之具體建議，並觀察執行情形，對診所人員進行質性訪查。本計畫將試辦診所分類出四種模式：偏鄉綜合型、偏鄉專門型、都會專門型、都會綜合型。其回溯量化分析 105 位共 141 人次居整個案接受在宅急重症照護服務之資料，常見住院原因以感染症為最大宗占 76%，其住院原因排行前三名為泌尿道感染、軟組織感染及肺炎。具體建議調整包括醫師、護理、檢查及藥品之給付內容、與在宅住院政策及支付制度等相關建議。

2022 年衛福部補助「遠距科技智慧照護應用於急重症暨安寧病患之在宅住院創新模式」計畫，共有 17 間醫療院所參與，提供遠距智慧照護暨在宅住院服務模式，此外也進行前瞻性觀察對照研究，針對在宅住院與醫院住院兩組分析，發現在宅住院所需天數及申報費用少很多，加上遠距科技的搭配使用，減少了照護親自訪視時間，從而減少更多的成本。此計畫已發展出本土在宅住院中最主要的「直接在家住院模式」（Direct Home Admission, DHA）。研究建議需要針對「高度緩和療護需求之非癌症病人急性照護模式」，進行更嚴謹的定義、分析及發展，以因應人口高齡伴隨的照護需求，建立一個更敏捷而有韌性的照護系統。

此外，台灣在宅醫療學會亦與國家衛生研究院群體健康科學

研究所合作，執行相關研究計畫：一般台灣本土化在宅醫療模式以及病患暨家屬接受在宅醫療照護經驗之探討（2019）、銀髮智慧長照及科技服務創新模式開發計畫—在宅醫療前瞻性世代研究（2020-2024）、「導入 5G 及智慧科技提升醫療與健康照護」（2020-2024）。其中 5G 計畫以台東縣東河鄉為計畫執行場域之一，期以透過導入智慧科技建構遠距醫療服務，開發偏鄉醫療資源共享系統，改善偏鄉的醫療環境和資源不足問題。故透過 5G 計畫，都蘭診所在其居家醫療個案中進行遠距會診，提高偏遠地區健康照護的可近性，找出可結合遠距醫療與在宅醫療的契機，增加更多元的病患照顧模式。

在宅醫療學會執行相關的研究結果中可以發現，台灣社會存在相對急性的居家醫療照護需求，且適應症以感染症為多數。有一部分的醫事人員藉由參與研究計畫，結合遠距科技，進行在宅急症的醫療處置，發現此醫療模式的可行性。

（五）在宅急症照護試辦計畫

在衛生福利部中央健康保險署石崇良署長的推動之下，113年 5 月 24 日公告訂定，並於 113 年 7 月 1 日起正式實施「全民健康保險在宅急症照護試辦計畫」，目的為提供急症病人適當的居家醫療照護，提供住院的替代服務，避免因急性問題住院，促使醫療資源有效應用。此外，減少照護機構住民因急性

問題往返醫院，提供適切的急性照護。與此同時，強化各級醫療院所垂直性轉銜的合作，提升照護品質。

此試辦計畫分為三種模式，以提供病人以病人為中心的整合照護：首先是居家個案，對象為居整計畫、「全民健康保險呼吸器依賴患者整合性照護前瞻性支付方式計畫」居家照護階段、居家照護及居家安寧之收案個案。第二類是機構住民，參與衛生福利部「減少照護機構住民至醫療機構就醫方案」之照護機構住民。第三類為急診個案，限失能（巴氏量表小於 60 分）或因疾病特性致外出就醫不便者。今年的試辦計畫以感染症收案為主，分別是肺炎、尿路感染、軟組織感染，應住院治療但適合在宅接受照護者。

其服務提供者申請條件需參與「全民健康保險居家醫療照護整合計畫」的特約醫事服務機構，並參與「全民健康保險醫療服務給付項目及支付標準」第五部第一章「居家照護」及第三章「安寧居家療護」的特約醫事服務機構。其訪視人員加入本計畫前應接受健保署認可之教育訓練四小時並取得證明，始得參與本計畫，並應每年接受四小時繼續教育訓練時數。

在宅急症照護試辦計畫預期減少住院率，通過提供居家醫療照護，減少急症病人住院的次數，從而減輕醫院急診候床或住院的負擔，並強化各級醫療院所的合作，提升急症病人的照護品質；病人可望在熟悉的環境進行適當的治療，減少因住院產

生之醫源性疾病（iatrogenic disease）。以醫療資源的角度，透過在宅急症照護，可望促使醫療資源的有效應用，減少非必要之醫療支出。

二、分析問題的核心

（一）台灣的社區醫療現況──借鏡美國責任制醫療機構（Accountable Care Organization, ACO）經驗

台灣的健保制度執行已經 30 年，早期確實很快速地解決醫療平權問題，讓台灣的醫療之可近性及覆蓋率成為世界性的典範。不過由於總額制度的實施，許多不公平分配造成的問題也逐漸浮現，例如醫療費用因為總額制度及醫療成長超過預期而折付，除了造成醫院及執業醫師營業困難外，醫院的護理人員因為得不到應有的工作酬勞而離開職場，讓許多的醫院關閉病床，說明面對這樣的環境，各方面都有檢討改進的空間。隨著資訊教育的普及，民眾的醫療識能也提升到一定的水平，過去以供給者為主的醫療模式已經被要求轉化為價值導向的醫療，不再是以量為追求，而是以價值為目標，醫療提供者及病人的經驗都成為評量的項目。

(二)健康照護品質(health quality)

美國針對健康照護品質(health quality)提出 6 大方向思考:「以病人為中心、及時、安全、有效、經濟、平權」,這應該是普遍原則,不只醫界提供醫療服務的參考,也是國家制定政策需要考慮的重點。美國的 ACOs(Accountable Care Organizations,整合型當責照護體系)是由醫生、醫院、護理機構和其他醫療保健提供者組成的團體,他們有計畫的組織在一起,為所服務的 Medicare(聯邦醫療保險)患者提供整合性的高品質照護。整合性照護有助於確保患者,特別是慢性病患者,在正確的時間獲得正確的照護,以避免不必要的重複服務並防止醫療錯誤。當 ACOs 成功提供高品質照護並更明智地支出醫療保健資金時,它將分享其為 Medicare 計畫節省的費用。

(三)台灣的家庭責任醫師制度

根據健保法第 44 條,家庭責任醫師制度:保險人為促進預防醫學、落實轉診制。前項家庭責任醫師制度之給付,應採論人計酬為實施原則,並依照顧對象之年齡、性別、疾病等校正後之人頭費,計算當年度之給付總額。

第一項家庭責任醫師制度之實施辦法及時程,由主管機關定之。條文清楚標明推動:

1. 責任醫療（accountable care）、
2. 促進預防醫學、
3. 落實轉診分級醫療、
4. 提升醫療品質、
5. 病人為中心、
6. 論人計酬作為給付模式。

全民健康保險自 2004 年開始實施的「家庭醫師整合性照護計畫」，遍及台灣各鄉鎮，照顧人數達 600 萬人以上。台灣的社區醫療群架構由健保署主導，讓同一社區 5-10 家基層診所結合後送醫院，執行家庭責任醫師制度。目前的規模有 7,833 位家庭醫師，占 46% 醫師數，608 個社區醫療群，296 家合作醫院，是一個普及全台灣大部分地區的家庭醫師制度。

賴清德總統的「大家醫計畫」就以這個制度為基礎，向前延伸為國民健康署的健康促進，三歲以下幼童主責醫師預防保健、20 歲以上民眾代謝症候群的普篩等；向後則延伸為長照與醫療結合，包括住宿型機構的健康管理，減少住民外出就醫、提供在宅急症共同照護小組外展至機構做急性感染症的醫療照顧；並獎勵機構與安寧療護團隊共同合作，讓機構住民能夠在機構善終，在政府與醫事單位合作下全面性提供民眾從生到死的整合性照護。

這樣的制度看似完美，但是仍有很多讓人詬病的地方。例如制度過於繁瑣、給付過低、讓醫事人員因為人力不足，力不從心，只能被動式配合，民眾無感、以及健保會質疑花大錢卻沒有預期效益，特別是社區醫療群制度。但是健保法 44 條訂定的家庭醫師制度又規定政府必須有作為，這個制度執行上已經臻於成熟，只是這麼龐大又缺乏特異性的計畫，很容易流為空泛，加上偏重於醫療體系，又分為兩個總額六大分區，整合不易。另外面對高齡社會以及健康促進的理念，長照體系也必須納入考量，而台灣衛生福利部健保署、長照司分屬不同的單

服務轉型　透過大家醫計畫 整合社區醫療服務
　　　　　　擴大推動居家醫療計畫 無縫銜接長照服務

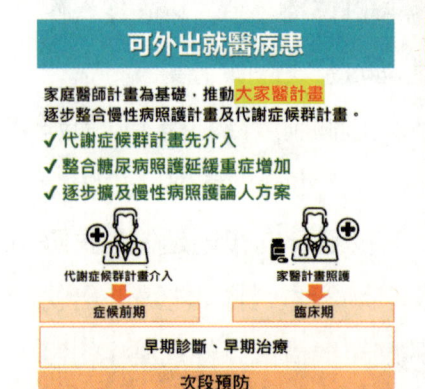

可外出就醫病患	行動受限無法外出就醫病患
家庭醫師計畫為基礎，推動大家醫計畫 逐步整合慢性病照護計畫及失智症候群計畫。 ✓ 代謝症候群計畫先介入 ✓ 整合糖尿病照護延緩重症增加 ✓ 逐步擴及慢性病照護論人方案	擴大推動居家醫療照護整合計畫： 檢討居家計畫、安寧居家療護，並推動在宅急症照護模式，擴及長照機構住民，鼓勵醫療團隊走入社區提供居家醫療全人全程照護。 結合長照機構住民減少就醫方案： 銜接長照服務，逐步推動論人方案(ACO)

照護階段： 居家醫療 → 重度居家醫療 → 安寧療護

擴大全人全程照護
▶ 家庭醫師需充分掌握病患完整健康資料（如疫苗施打、預防保健等）
▶ 加強政策誘因，導入在宅急症照護，銜接長照資源

代謝症候群計畫介入 — 症候前期 — 早期診斷、早期治療 — 次段預防
家醫計畫照護 — 臨床期

圖 1. 國家大家醫計畫：清楚規劃台灣未來醫療政策，從可外出就醫到失能者就醫，包括健康促進、疾病預防、慢性病管理到在地健康老化都受到完整的全人照護。（本文作者提供）

位，預算支配也不同，在過去的經驗似乎缺乏跨部會整合，新政府成立整體的視野放大到全面性的照護，希望能看到整合。

自從2019年新冠疫情爆發以來，對整個醫療體系產生很大的衝擊，也加速政府對社區整合的速度，除了運用通訊診療執行輕症在家診療，讓輕重症分離照顧，減少醫院病房壓力；在住宿型機構的治理，長照司提出「減少住宿型機構住民至醫療機構就醫方案」，除了降低外出就醫感染外，也運用主責醫師制度做住民健康管理；2023年依據長照司「減少照護機構住民至醫療機構就醫方案」，讓機構長者能夠免於往返醫院，能夠順利在機構善終。2024年健保署在宅急症照護，運用急症照護小組先行介入處理，解決機構住民因為急性感染需要後送醫院的困境，也強化分級醫療的作為。經過這樣的調整後，台灣要執行ACOs的條件已經浮現，這樣的計畫是以價值導向（value-based care），照護品質、醫療提供者的表現以及病人的經驗都必須列為評估。

三、政策考量

目前長照機構的住民多為高齡多重疾病，高就診及住院比率，醫療耗費為一般民眾7倍。但是相對的因為移動性較差，族群較為封閉，配合健保署的機構巡診計畫、在宅急症照護計

畫以及長照司的主責醫師健康管理、機構安寧獎勵措施，可在現有機制中選擇基層醫療、長照機構、後送醫院作為台灣長照醫療整合照護的一個模式，這部分也要由政府單位有一個跨部會的平台，提出獎勵措施來引導醫療單位組織。

（一）解決方案

1. 台灣的 ACOs 模式

醫療平權與價值導向醫療為當今世界醫療照護的核心價值，要達到這樣的目標就必須建立可負擔醫療（affordable care）及責任醫療（accountable care）。前者在台灣政府努力之下，已超過 99% 的保險覆蓋率，基本上已經是世界開發國家的水準之上，但是在品質及智慧醫療支出的努力，仍有待有效模式的試作。後者是台灣健保署規劃台灣醫療的基本構想，目前有兩個族群可以運作，逐漸落實 Accountable care 的精神，一是社區醫療群制度，另一則為住宿型機構減少就醫計畫。

（1）社區醫療群：論人計酬計畫需要有一定規模才能達到經濟運轉，社區醫療群為 5-10 家診所構成，管理的家庭醫師會員規模大約為 5,000-10,000 人左右。健保署針對個案管理有極詳盡的規劃，每年也會針對個案作醫療費

用評估，根據健康管理成效 VC-AE（注：以風險校正模式預估之西醫門診醫療費用〔Variable Cost, VC〕與實際申報西醫門診醫療費用〔Actual Expenditure, AE〕間之差值）來評估作為本計畫的品質提升費用作後續獎勵撥發，實質上已經是一個 ACOs 模式。這麼多的醫療群個案管理能力並不相等，有些都是依賴健保署而作被動式管理，或者依賴醫院部門或資訊商作資訊管理，較缺乏積極主

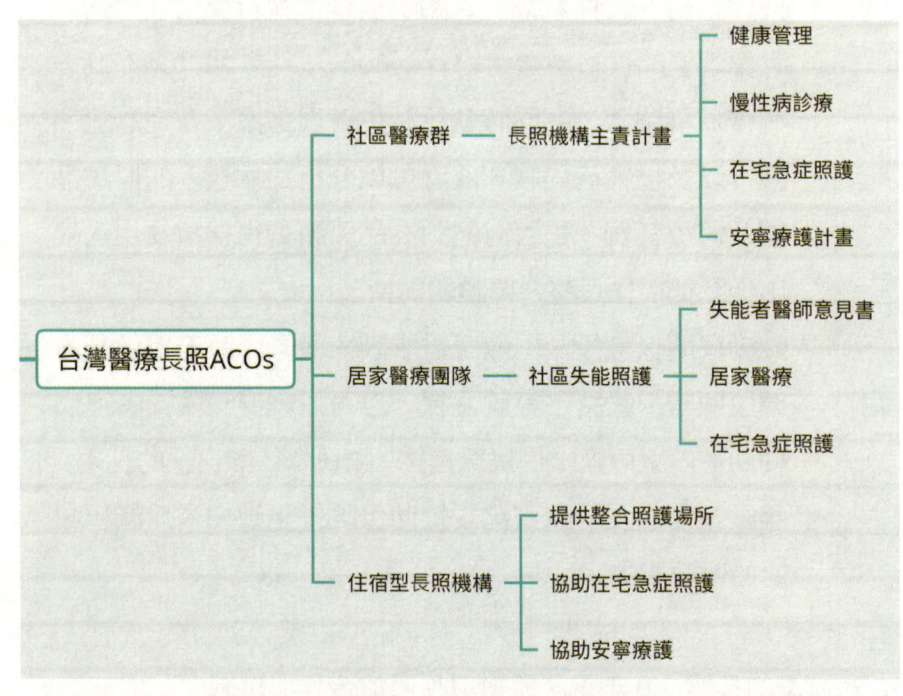

```
台灣醫療長照ACOs ─┬─ 社區醫療群 ─── 長照機構主責計畫 ─┬─ 健康管理
                │                              ├─ 慢性病診療
                │                              ├─ 在宅急症照護
                │                              └─ 安寧療護計畫
                │
                ├─ 居家醫療團隊 ─── 社區失能照護 ─┬─ 失能者醫師意見書
                │                              ├─ 居家醫療
                │                              └─ 在宅急症照護
                │
                └─ 住宿型長照機構 ─┬─ 提供整合照護場所
                                  ├─ 協助在宅急症照護
                                  └─ 協助安寧療護
```

圖 2. 思考政策 ACOs 規劃時，先理清目前台灣有哪些既有醫療長照整合架構，其經濟規模大到足以做試辦的狀況。（本文作者製圖）

長照新政策的未來展望──落實健康台灣大策略　　289

動性。這種原因牽涉到資訊系統以及管理工具，以目前 AI 技術引進，可以讓醫療管理輕鬆、更簡便，也能達到智慧醫療的水平，這個領域可以請政府提出試辦計畫，引導資訊廠商及醫療團隊合作，甚至引進保險計畫，讓社區醫療群更進一步落實大家醫計畫。

（2）長照機構整合照護計畫：住宿型長照機構住民的族群基本上有共同的特徵及照護需求，而且都住在機構就醫不便，相對一般民眾較為封閉，很適合執行整合性照護。宜蘭地區的住宿型機構約有 1,600 人，其中 70% 在同一個醫療群照護，並同時執行減少就醫方案、在宅急症照護、以及慢性病照護，政府可以分析這個樣本的照護品質及醫療耗費，是否有達到高品質較低得醫療支出，提出作為機構住民整合照護的模型。

（3）鼓勵民間保險投入：健康需求因人而異，政府提供基本健康照護，維持平等就醫權，也可以輔導保險業者提供輔助性健康照護險供民眾選擇，讓民眾依照自己的性別、年齡及需求及早規畫健康輔助保險補足缺口，以減輕政府的財政壓力。

2. 台灣的長照 2.0 現況，醫療與長照的合作與挑戰

2019 年台灣人口曲線開始下彎，進入人口減少的社會。

2020 年台灣的出生率與死亡率在千分之 7.01 與 7.34 產生交叉，人口從 2020 年 1 月份的最高峰的 2,360 萬 4,265 人，掉到 2023 年的 2,342 萬 442 人，出生率千分之 5.81，死亡率千分之 8.89，雙雙創紀錄，因此加速超高齡化社區的降臨。隨著台灣人口老化趨勢日益嚴峻，居家醫療與長照 2.0 服務的需求將持續增加。台灣政府應持續推動相關措施，以整合居家醫療與長照 2.0 體系，提供民眾更優質的服務。除了上述的相關計畫和進程，目前，台灣的居家醫療與長照 2.0 體系之間存在以下問題：

（1）服務資源重疊：居家醫療與長照 2.0 體系都提供部分重疊服務項目，如居家訪視、護理、復健等，導致資源浪費。

（2）服務流程繁瑣：民眾若需同時申請居家醫療與長照 2.0 服務，往往需要經過不同的行政程序，政府在社區端沒有提供單一窗口。

（3）評估標準不一致：居家醫療與長照 2.0 體系採用不同的評估標準，導致民眾在不同體系下出現標準不同，造成服務銜接上的困難。

（4）資訊系統未整合：居家醫療與長照 2.0 體系的資訊系統尚未整合，導致醫療與長照人員無法即時共享民眾的相關資訊，影響服務品質。

（5）入院到出院返家，碎片式照護：缺少以人為中心，連續性的照護管理，分別由不同部門提供服務，彼此之間沒有正式的合作機制。

針對以上問題，以下舉例說明：

（1）服務資源重疊為例，居家醫療與長照 2.0 體系都提供部分重疊的服務項目，例如居家醫師訪視、居家護理等，假如沒有以人為中心安排，很容易形成多頭馬車。醫師訪視的部分，可分為健保的居家醫療照護整合計畫，以及長照 2.0 的居家失能者家庭醫師照護方案，假如不同團隊執行，一位個案可能面臨同時面對兩位居家醫師的窘境。居家護理的部分，健保計畫性的居家護理訪視，例如定期更換管路之外，長照 2.0 也有居家護理指導與諮詢（CD02）項目。然而，我們清楚每一位個案的照護需求是多元的，不同階段需求可能不同，無法提供全人照護，有礙於護理角色的發揮。

（2）服務申請流程繁瑣，並非服務單位原罪，原因在於制度不整合。舉例來說，現階段個案申請居家醫療和長照 2.0 服務，由各自不同的管道，長照透過 1966 或出院準備轉介，居家醫療的需求時，案家必須自己尋找服務單位。以腦中風甫出院的病人為例，出院準備單位可能主動銜

接長照中心,但屬於健保的居家醫療服務單位卻又未能銜接。目前社區內唯一橫跨醫療長照的服務單位,其實是居家護理所(以下稱居護所),居護所主要收入來自全民健保居家相關計畫,但服務項目及次數上諸多限制,居護所的居家護理師經常必須吸收規定外的訪視,無法依照病人的需求提供服務。此外,居家護理師本身並無法決策病人的照護路徑,例如決定到醫院住院,或直接在宅住院。如何鬆綁居護所規定,擴大給付服務項目,與基層醫療單位、長照單位相互支援甚為重要。

(3)評估標準不一致,讓個案的各種需求要尋求補助,經常面對不同管道,不同標準,讓個案及照顧者,手足無措。最常見的問題是,外籍看護工申請,失智症鑑定及身心障礙定期鑑定。目前,政府已開放居家醫療單位協助巴氏量表,已大幅改善外籍看護工申請流程,得到好評。失智症鑑定方面,各縣市失智症共照中心協助綠色通道。身心障礙鑑定則相對複雜,僅全癱無法自行下床、需二十四小時使用呼吸器或維生設備或長期重度昏迷民眾才能申請居家殘障鑑定,考量評估上的專業性,其他民眾尚缺便民的流程。

(4)資訊系統未整合,往往延遲整合性照護的效率。健保雲端平台和長照 2.0 照顧管理平台行之有年,各自建立使

用習慣及管理機制。事實上，醫療與長照之間的合作，經常利用資訊大同小異。例如，居家醫師希望知道個案長照等級，提供服務項目、次數和頻率等，長照單位可能需要掌握目前就醫狀況等。

（5）入院到出院返家，碎片式照護：台灣是自由就醫國家，一般病人入院的管道多元，其中，以非計畫性住院，多數經過急診。接受住院的醫療單位，少數接受到診所的轉診單，或透過健保雲端資訊查詢。但多數醫院，無法得知病人到院之前，曾經接受到的長期照顧資訊。簡言之，目前入院流程，並沒有外部資訊共享的機制。理想上，病人住院，家庭醫師或居家醫師有義務提供最近診療資料給醫院端參考。同樣道理，在病人出院之前，出院準備單位應主動聯絡家庭醫師或居家醫師，完成照護的轉銜。尚未建立「以人為中心，連續性照護」，在基層單位與醫院單位，醫療系統與長照系統，彼此之間沒有完整的合作機制。

四、解決方案

回歸到在宅醫療長照一體化，長照優先利用的基本框架，避免服務資源重疊，行政上疊床架屋，應先從制度上建立社區內

整合照護單位，將願意參與長照、同時提供居家醫療的診所，認證成為長照單位。余尚儒醫師提出「醫養合一 DNA」的 D 指的是醫師 Doctor，N 指的是居家護理 Nurse，A 指的是 A 單位。意思是，認證基層診所為在宅長照支援診所，並賦予 A 單位的功能，該單位的醫師 Doctor 必然成為個案的長照家庭醫師（提供居家醫療和 AA12 服務），診所內個案管理師，提供 A 單位服務，協調其他居護所 N 及長照單位合作，發揮「醫養合一 DNA」的整合照顧。

服務管理上，回歸以人為中心，彈性服務，並確立長照優先利用的基本框架，引導社區內專業服務提供者發揮功能。例如，鬆綁居家護理服務項目，醫師透過長照醫師意見書（視為長照正式文書），給出明確建議，長照額度之內，護理師介入，若有不足之處，由健保居家護理補充。同樣道理，其他職類，例如物理治療、職能治療和語言治療師，也能長照優先利用的基本框架。

評估的協助上，主要問題通常是交通往返及行政規範。建議應擴大投資社工專業人員角色，扮演社區內協調員，以及照顧者的陪跑者。身心障礙鑑定、失智症鑑定，往返醫院和不同機關之間，協調員由駐點在鄉鎮市區鄉公所，提供便民的服務。例如，身心障礙個案已經無法下床，協調員可找居家醫師，搭配符合鑑定單位的醫院社工及心理師，共同訪視，完成鑑定。

關於資訊系統未整合的解決方案，最理想的狀況，由國家建立一個整合的資訊系統，且有法律的保障，然而，就個人層次而言，如何建立方便好用的個人健康紀錄（Personal health record, PHR），並賦予授權機制，更貼近使用者需求。所謂使用者，包含公部門、醫療及長照服務單位，單位可藉由個案本人或代理人的授權，得到跨系統所需的資訊。此外，授權內容也應是否同意與關係單位之間共享，在符合個人資料保護法下，建立常用資訊的經常共享機制。醫療及長照服務單位之間的資訊流通，可視為不同系統之間的照會制度。若能如此，避免單位重複去詢問個案，要求索取資訊，充分授權的 PHR，是最佳的解決方案。

為建立「以人為中心，連續性照護」的機制，可參考病人流管理（Patient Flow Management，以下稱 PFM）的照護管理機制，進行入院前、住院中和出院後的管理。以長照個案為例，入院前長照和居家醫療等社區原單位提供資訊給醫院端。住院中便開始評估出院返家後是否需要調整照顧計畫，有無新增的醫療需求，必要時召集社區原單位到醫院，召開「出院支援會議」，出院後，社區原單位可立刻銜接。

五、具體建議

隨著台灣人口老化趨勢日益嚴峻,居家醫療與長照 2.0 服務的需求將持續增加。台灣政府應持續推動相關措施,推動「以人為中心,連續性照護」,整合居家醫療長照體系,提供民眾更優質的服務。

以下是一些針對台灣居家醫療與長照 2.0 體系整合的建議:

1. 從個案需求出發:整合居家醫療與長照 2.0 體系時,應以個案需求為出發點,提供最需要的服務。
2. 尊重專業分工:整合居家醫療與長照 2.0 體系時,應尊重醫療與長照的專業分工,避免越俎代庖(或:避免角色混淆和職責重疊)。
3. 兼顧效率與公平:整合居家醫療與長照 2.0 體系時,應兼顧效率與公平,避免疊床架屋,資源浪費。
4. 善用資訊整合:透過充分的授權,確保個人資訊的安全共享,在整合居家醫療與長照 2.0 體系時,讓個案 PHR 發揮到最大的效益。
5. 以人為中心的制度,導入 PFM 流程,建立可運作機制。制度內利害關係人,大體上包含醫院端病房、入出院支援單位,長照 A 單位、居服單位、在宅支援診所、居家護理所等。

總結

隨著台灣社會逐漸邁入高齡化，居家醫療與長照 2.0 的需求日益增加，這不僅是對現有醫療體系的挑戰，更是對整體社會資源配置的考驗。面對這樣的趨勢，台灣政府與相關機構必須積極推動「以人為中心，連續性照護」的理念，整合居家醫療與長照 2.0 體系，以提供更優質的服務。

首先，整合的過程中應以個案需求為出發點，確保每位受照護者能獲得最適合的服務。這需要尊重醫療與長照的專業分工，避免越俎代庖，確保各專業領域能發揮其最大效益。同時，整合過程中必須兼顧效率與公平，避免資源浪費，確保每一分資源都能用在刀口上。

其次，資訊整合是提升服務品質的關鍵。透過充分的授權，建立個人健康紀錄（PHR）系統，讓醫療與長照服務單位能即時共享個案資訊，這不僅能提升服務效率，也能確保個案在不同服務階段間的無縫銜接。這樣的資訊整合需要法律的保障，以確保個人資料的安全與隱私，同時也需要技術上的支持，以確保系統的穩定與高效運行。

此外，導入 Patient Flow Management（PFM）流程，建立可運作的機制，能有效管理個案從入院前、住院中到出院後的整個照護過程。這需要各利害關係人，包括醫院端、長照單位、

居家護理所等的緊密合作,確保每個環節都能順利運作。這樣的機制不僅能提升照護品質,也能減少不必要的醫療支出,實現資源的最佳配置。

在政策層面,政府應該積極推動相關法規的修訂與完善,以支持居家醫療與長照 2.0 的整合。這包括提供適當的財政支持及資訊整合,建立誘因以鼓勵醫療機構與長照單位的合作,並建立有效的監管機制,以確保服務的品質與安全。同時,政府也應該加強對相關從業人員的培訓與教育,提高他們的專業能力與服務水平。

在社會層面,應該加強對居家醫療與長照 2.0 的宣傳與教育,提高公眾的認識與接受度。這不僅能促進服務的普及,也能提高公眾對自身健康的關注與管理能力以維持最高生活品質。此外,應該鼓勵社會各界的參與,特別是非政府組織與社會企業的參與,以提供更多元化的服務選擇。

總結來說,面對人口老化帶來的挑戰,台灣的居家醫療與長照 2.0 體系必須進一步整合,以提供更全面、連續且以人為中心以社區為基礎的照護服務。這不僅需要政策上的支持,也需要各界的共同努力,才能真正提升長者的生活品質,減輕家屬的照顧壓力,並促進整體社會的健康福祉。未來,隨著科技的進步與社會的發展,居家醫療與長照 2.0 的模式也將不斷演進,我們期待看到一個更加完善與人性化的照護體系,為每一

位需要幫助的人提供最好的支持與服務。

感謝
黎家銘醫師(國立臺大醫學院附設醫院北護分院社區醫療暨長期照護部主任)及賴秀昀醫師(新竹臺大分院老年醫學部主任)協助校稿

參考資料

1. 衛福部長照司「減少住宿型機構至醫療機構就醫方案 1130706」
2. 衛生福利部「全民健康保險法」
3. 「全民健康保險家庭醫師整合性照護計畫」
4. 全民健康保險在宅急症照護試辦計畫 1130701
5. 2023 台灣社會福利總盟美國整合照顧研習營計畫成果報告
6. 醫療與長照整合：打造全人照顧體系。王懿範、邱文達等著。臺北醫學大學。五南出版。2016、2019。

第 9 章

長照政策
健康台灣方針的落實

長照服務實務經驗分享及高齡產業機會與前瞻建言

蔡芳文 [1,2] 蔡孟偉 [3,4]

[1] 三尋企業有限公司總顧問 [2] 前雙連安養中心 籌備處主任 / 執行長 / 總顧問
[3] 聖約翰科技大學 專案教師 [4] 三尋企業有限公司 經理

前言

人口高齡化是全球性的趨勢，高齡社會的來臨，已是先進國家普遍的現象。台灣自 1993 年進入高齡化社會，經過 25 年，在 2018 年 3 月正式進入高齡社會，推估 2025 年將邁入超高齡社會。因此政府從 1998 年推動「老人長期照護三年計畫」、2004 年推動長期照顧管理中心、2007 年推出十年長期照護先

期規劃大溫暖套案、2008 年起推動國民年金制度、2015 年推動大健康照顧服務與產業化市場的商機、2016 年推動長期照顧 2.0 A.B.C，包含：住宿式、社區式、居家式服務、2018 年長期照顧服務法實施至今。

筆者從事老人福利服務及長期照顧工作已有 45 年（含在教會期間參與區公所服務社區居民的工作至今）的經驗與觀察，過去台灣長期以來對高齡者、失能者、失智者的照顧服務，幾乎都被視為是政府應該為人民服務的一種社會福利服務業務。政府救濟福利措施，入住老人福利機構或長期照顧機構（簡稱住宿機構），被救濟者或被安置住宿機構照顧者多數都是中、低收入戶（所謂公益床位），或是一般民眾（自費）家屬專業能力不足而且需要長期被照顧之中、重度失能者（俗稱剛性需求者）。另外，近 20 年來，自費高齡者住宅（例如：會館、養生村、莊園、銀髮住宅……等）逐漸因一般民眾需求而有明顯增加，甚至興建中的建案就有預約入住的現象。因此期許政府的長照政策（或大健康照顧產業化）能與企業共同努力，建構：（1）長期照顧機構應具備有大家庭溫馨的氛圍、（2）政府在土地政策上協助台灣企業投入興建自費高齡者住宅的可行性方案。

一、長照政策過去、現在與未來

（一）從老人福利法及長照服務法，探討長期照顧機構的服務

根據住宿式長期照顧機構設立標準表第十二條附件三修正規定，壹、服務設施：一、總樓地板面積，二、寢室，三、工作站，四、衛浴設備，五、日常活動場所，六、廚房，七、其他。貳、人員：一、業務負責人，二、護理師或護士，三、社會工作人員，四、照顧服務員，五、其他人員。參、其他等。

由於長期以來都被視為是社會福利服務，對象以生活無法自理者，而且大多數是屬於弱勢民眾，因此每位入住者的總樓地板面積、寢室面積、公共空間面積等都只是低標，房間床位大多數的安排又類似醫院多人房的樣態，甚至對入住的高齡者都還以「病人」稱呼。直接與間接專業人力的排班制度也未完整的明確規定，房間及公共空間等環境的設計規範也不清楚。

（二）建立評鑑制度，提升服務品質

為促進老人福利機構、長期照顧機構發展與經營管理，提升照顧服務品質，維護服務對象權益，因此中央政府特訂老人福利機構、長期照顧機構評鑑指標。各地方縣（市）政府也另外特訂社區式及居家式長期照顧服務機構評鑑基準指標。中央政府評鑑指標分為五大類74項，分別如下（以110年度為例）：

一、經營管理效能 A—15 項，二、專業照顧品質 B—31 項，三、安全環境設備 C—16 項，四、個案權益保障 D—09 項，五、創新加減分題 E—03 項。

綜觀近 30 年來全台灣老人福利機構、長期照顧機構、護理之家、榮民之家等評鑑執行，總合獲得評鑑成績為優等、甲等機構占比相當的低，值得大家共同努力與檢討。

近年來特別考慮老人福利機構、長期照顧機構的風險管理，評鑑指標也新增 A6 危機或緊急事件風險管理情形（含：1. 策略風險、2. 營運風險、3. 財務風險、4. 天然災害、5. 意外事件、6. 環境、設施設備安全事故、7. 其他……）。經過職前訓練與每年在職訓練，培育機構行政管理人員，直接服務及間接服務等專業人員，更精進的完善設備與管理效能，期待照顧服務機構緊急意外事件發生率能降低，保障被照顧者服務品質與經營管理的效能。

以下是筆者長年以來彙集老人福利機構、長期照顧機構及社區式、居家式服務單位常見的 39 項危機或緊急事件，做為經營管理者與照顧服務提供者彼此的提醒：（1）跌倒、（2）自殘、（3）自傷、（4）衝突、（5）走失、（6）攻擊、（7）情緒不安、（8）激動、（9）不和睦、（10）隨地小便、（11）大便塗抹、（12）焦慮躁動、（13）抗拒洗澡、（14）肢體暴力、（15）被害妄想、（16）緊急救醫、（17）顧客抱怨、（18）

食物中毒、（19）地震、（20）天然災害、（21）疾病感染、（22）異味管理不佳、（23）錯誤用藥、（24）燙傷、（25）食物硬塞、（26）食物中毒、（27）瓦斯外漏、（28）煮食不慎、（29）火災、（30）飲用水質不佳、（31）交通事件、（32）照顧不當、（33）散步道障礙、（34）斜坡道障礙、（35）電梯夾門、（36）扶手、（37）床高度太高、（38）沙發與座椅高低不符合長輩需求、（39）救護車車速太快等。

筆者根據多年的實際照顧與經營管理經驗（含住宿機構432位、社區與居家服務約2,500人次），居住在老人福利機構、長期照顧機構的高齡者是年紀較高者，部份身體有失能、失智情況（輕度、中度、重度）或有慢性疾病，但並非是醫院急性醫療的病人。老人福利機構、長期照顧機構是高齡者家的延續，因此長期照顧機構的規劃要有家庭文化三代同堂的概念，「是溫馨家庭的氛圍」，不應該是醫院病房的樣態。而且各公共空間的數量與功能規劃、空間淨高與淨寬、色彩與燈光、交誼廳互動與接待空間、生理心理無障礙環境、成長學習與服務平台、客制化的餐飲服務、快樂農場與景觀規劃、自立生活與健康促進、安全保護與一站式服務、定位與管理系統、家屬與好友假日短期住宿陪伴服務……等都應該有完整規範。直接服務專業人員人力及間接服務專業人員人力都應該有齊全的三班制排班或二班制排班等安排，也應考慮被照顧者的需求，同時

也要考慮提供照顧服務者休假系數的需求，才能永續經營，維持有尊嚴、有舞台、有成就、有價值的服務品質。

（三）教育部同意設立長照相關系（所），培育專業人才

台灣自 2000 年以來為老人福利機構、長期照顧機構及社區式、居家式服務的專業經營管理與照顧服務人才培育。教育部除了原有的護理系、社工系、營養食品科、物理治療與職能治療以外，又在大學（院）校技職體系陸陸續續成立長照研究所、老人服務照顧相關科系，老人照顧科等培育人才，每年大約有 4,000 至 5,000 人畢業（近年來因少子化學生人數有減少）。為養成畢業就可就業的技能，不論是 2 學年制或 4 學年制，在校期間除了必修學科與選修學科之外，也同時重視機構（單位）參訪、實習、志工、工讀、就業等學程。要取得畢業證書、相關證照或證明書並不是艱難的事，但要培育一位「具有喜歡高齡者，又喜歡照顧高齡者使命的人才」，是一件不容易的事情。這 20 多年來學生畢業後投入老人福利機構、長期照顧機構及社區式、居家式服務的人數並不理想，相關制度與誘因尚待政府相關部會、學校與機構（單位）共同努力。

二、多層級連續性照顧服務體系（Continuing Care Family Community, CCFC）

為提供符合高齡者需求在地老化的服務，財團法人雙連教會附設雙連安養中心，提供一處多層級連續性照顧服務體系，頗受民眾與社會肯定，因此引發 2018 年長期照顧服務法第四章「長照機構之管理」第21條之四制定「綜合式長期照顧機構」。

（一）多層級照顧服務

運用長期照顧機構內部的資源與專業經驗，將專業服務擴展到社區式服務與居家式服務，因為資源的不足，而尋求產官學合作，共同創新活動設施設備需求研發與提升照顧服務品質。

社區式服務項目：含（1）日間照顧中心、（2）小規模多機能服務、（3）社區整體照顧服務體系（成立社區整合型服務中心、複合型服務中心與巷弄長照站）、（4）社區預防性照顧、（5）預防或推遲失能之服務、（6）失智症照顧服務、（7）原住民族地區社區整合型服務、（8）家庭照顧者支援服務據點、（9）交通接送、（10）送餐服務、（11）輔具購買、租借及居家無障礙環境改善。

居家式服務項目：（1）居家護理、（2）居家及社區復健、（3）喘息服務、（4）家庭托顧、（5）居家服務——安排居

家照顧服務人員到高齡者或身障者家裡幫忙服務（含家務服務：換洗衣物之洗濯及修補、生活起居空間之環境清潔、文書服務、備餐服務、陪同或代購生活必需品、陪同就醫或聯絡醫療機構、家務服務、身體照顧服務、協助如廁、沐浴、穿換衣服、口腔清潔、進食、服藥、協助翻身、拍背、簡易被動式肢體關節活動、上下床、陪同運動、協助使用日常生活輔助器具及其他服務）。

（二）產學合作，人才培育

因資源的需求連結產學合作、人才培訓、交流研討會議、創新服務與產品研發。與老人服務事業管理系、社工系、護理系、老照科、休閒運動與健康管理系……等學校，簽訂產學合作並引進年輕活潑的大學生，提供實習的場域，培育年輕人才，讓年輕人與高齡者相處在一起增進生活中的活力。

創新服務與適齡化產品研究開發，傾聽高齡者需求，邀請學校專業教授或專業技術老師及異業廠商，與住宿機構實務經驗豐富的同仁，集思廣義共同研發符合高齡者需求的生活必需用品及智慧科技產品，使得高齡者在生活上更得便利與尊嚴。適齡化產品開發：含日常生活用品之保護墊、床墊、居家床、沙發、棉被、輔具、浴缸……等。智慧管理產品開發：例如定位安全保護系統（Zibbe）、主動與被動式安全保護系統（RFID）、

資通訊管理系統（ICT）、服務連結器（SCD）、智慧居家管理系統（HOCA）、照顧服務與經營管理資訊系統（ERP）等。

（三）連續性照顧服務

住宿機構的硬體設計與軟體服務規劃都能符合入住者需求，也就是說被照顧的高齡者從身體健康→亞健康→輕度失能→中度失能→重度失能→插管（餵食管灌食）→記憶功能障礙等階段，都能在原住宿機構內得到妥善的照顧服務。讓入住的高齡者得到全程、全面的照顧服務，該照顧服務模式是指不論高齡者的身體狀況，是生活可以自理（俗稱健康者）或是失能、失智都能獲得照顧服務，不必因為身體失能、失智狀況的變化，就要被轉介到其它的住宿機構（單位）。

在日常生活中我們提供多元的服務項目，含：（1）生活照顧服務（包含食、衣、住、行、育、樂、醫療）、（2）社會工作服務（入住參訪接待、個案入住評估、協助生活適應，協助取得社會資源、探望訪視、各類型的活動規劃等）、（3）特殊營養餐食服務、（4）宗教信仰與靈性關懷、（5）護理照護服務、（6）特約醫療支援服務、（7）復健服務、（8）感控防治、（9）藥師諮詢服務、（10）臨終關懷、（11）住院探訪服務、（12）親屬陪伴住宿服務、（13）輪椅交通接送服務、（14）救護車緊急陪診就醫服務、（15）一般定時定

點的交通接送服務、(16)松年成長課程規劃、(17)志工服務、(18)節慶活動表演、(19)休閒娛樂、(20)市集採購服務、(21)書香咖啡坊、(22)福利社等。

特別值得在此一提的親屬陪伴住宿服務,有如家庭氛圍的情境,讓平時因工作繁忙或久居遠地的家人及親朋好友,可以利用假日來住宿機構短暫幾天的居住陪伴高齡者,實踐孝道與增進彼此間的情誼(親情),破解所謂高齡者入住住宿機構是子女不孝、是被遺棄的說法(台灣人的家庭文化非常講究孝道)。我們提供這樣的照顧服務,不僅讓高齡者得以在熟悉、又在喜歡的環境中得到滿意的生活,家人也可以放心讓高齡長輩安心地生活在這裡。

三、長期照顧機構服務與經營成功的關鍵因素

長期照顧機構服務與經營成功的定義:(1)服務內容符合高齡者需求,入住率百分百、(2)等候排隊入住者眾多、(3)媒體報導題材多、(4)參訪單位及人數眾多、(5)社會支持捐助物資(款項)多、(6)政府評鑑取得優等成績、(7)緊急意外事件率低、(8)取得入住高齡者的讚賞、(9)獲得社會大眾的肯定、(10)營運獲益如年度預算……等。

筆者將長期照顧機構服務與經營管理實務,以三個主要構面

及十項準則權重進行研究分析。三個主要構面（第一構面：設立區域、第二構面：組織資源、第三構面：經營理念），十項的準則權重（第一項準則設立區域：需求密集、交通便利、生活環境與公共設施、基地價格；第二項準則組織資源：自有基地及足夠資金、完整的專業團隊與設備、政府補助與社區資源；第三項準則經營理念：非以營利為目的、利潤極大化、符合高齡者需求），以及座落地點（北部、中部、南部、東部）等建置組成研究架構，並運用層級分析法分析（Analytical Hierarchy Process, AHP）。採用質化與量化的研究方法，結合（1）個人服務與經營管理機構的經驗、（2）學者專家及機構相關專業人員、（3）層級分析法（AHP）的各項優點完成最後的分析，避免過於偏重個人化所造成的研究偏誤。

首先，個人自 1993 年開始參與財團法人雙連教會附設雙連安養中心的籌建工作，從建置設立地點的選擇、法令規定的研究、撰寫籌設許可申請計畫書、非都市土地編定變更、政府獎補助款申請、工程建築公開招標、資金籌措與資源運用整合、設計規劃與興建、照顧服務與經營管理團隊組成，以及市場行銷等業務。經過 6 年的研究、會議、籌備與興建，於 1999 年 11 月竣工，2000 年 3 月開幕正式服務高齡者，歷經七年時間。不僅入住率自第二年起均維持 100%，中央與地方政府主管機關每三年一次的評鑑也都榮獲優等獎（現在調整為 4 年/屆），

受到政府與社會民眾的肯定，也經常接待國內外學術單位、研究單位及相關機構人員指定參訪交流。因此也將這些實務經驗列舉作為層級分析法（AHP）研究分析之參考。

其次，邀請相關專家學者給予指導與修正，本研究自 2006 年 6 月開始構思以來，首先就個人經驗及參考相關理論文獻資料。第一階段整理初步構想後並聽取產官學者的建議，調整主題外也調整研究構面方向。第二階段重新擬定構面與準則後再向多位相關專業領域學者、老人福利機構實務經營者等，以書面或當面口頭請益方式進行構面與準則資料之修改。

以層級分析法（AHP）進行分析，經由前面二階段的資料整理後，2007 年 3 月本文作者拜訪吳智鴻博士（提供層級分析法〔AHP〕者），與吳博士討論運用該構面及準則的資料分析，找出「老人福利照顧服務機構、長期照顧機構建置與經營成功關鍵因素的權重指標」，結論如下：

（一）在老人福利照顧服務機構、長期照顧機機服務與經營成功關鍵因素的十項準則。權重研究分析後，綜合結論依序為：在「設立區域」、「組織資源」、「經營理念」等三大構面，以及在這三大構面下的十項準則權重。以層級分析法（AHP）輸入各項之相對重要比例（9 最大，1 最小）之後，明顯的看到老人福利照顧服務機構、長

期照顧機機經營成功的關鍵因素，優先順序為：（1）符合顧客（高齡者）需求為最高，其次依序為：（2）完整的專業團隊與設備、（3）非以營利為目的、（4）自有基地及足夠基金、（5）生活環境與公共設施、（6）政府補助與社區資源、（7）利潤極大化、（8）交通便利、（9）需求密集、（10）基地價格。

（二）在老人福利照顧服務機構、長期照顧機機服務與經營成功的關鍵因素方面，三個構面比較起來，則是以「經營理念」與「組織資產（上文為『資源』）」為最重要，比較不重要的是「設立區域」。

（三）在老人福利照顧服務機構、長期照顧機機建置（興建地點）與經營成功的關鍵因素方面，目前仍然以北部地區為建置成功的關鍵地點，其次依序為中部地區、南部地區，最後才是東部地區（2007年）。

（四）除了以上研究結果之外，本研究也特別將成功關鍵因素之準則權重，再與該年度中央及地方政府針對老人福利照顧服務機構評鑑指標檢驗，20項指標有16項是一致的，只有兩項是不同的，另有兩項是評鑑未列為重要指標項目。

四、從高齡人口談高齡住宅的需求與機會

（一）台灣高齡住宅現況與服務模式

近 20 年來台灣高齡住宅需求逐年增加，目前由企業經營呈現在自費市場的名稱有「生活會館、養生村、莊園、銀髮住宅、園區、高年級聚樂部、橘青春樂齡宅、樂陶居、日初不老莊園、銀髮循環住宅、共生宅、好好家園、健康智慧園區、傑仕樂齡宅⋯⋯等十多種不同類型」，逐漸因一般民眾的需求而有明顯增加的趨勢，甚至還在興建中的建案就有預約入住的現象。銀髮住宅服務模式在收費方面有採取月費加押金、月費加一筆入住金、會員費加月費、租（月費加押金）售混合型等。

1. 市場類型：綜觀近年來參與各式高齡住宅市場需求規劃興建，租賃或租購混合型，預定入住客群趨向於年輕化。主要原因歸納如下：
（1）民眾對退休後第三人生觀念的改變，入住高齡住宅是享受生活，而非是需要被照顧才入住。
（2）高齡住宅硬體設計及軟體服務規劃，符合高齡者需求。
（3）人口高齡化，身體健康與壽命增長，帶來不同族群需求。
（4）退休後的生涯規劃與財務經濟都已經提早做好準備。
（5）海外歸國者，除了語言文化熟悉、環境認同度高，對於

台灣提供的服務與照顧模式認為較有保障。

2. 整體服務理念：台灣高齡住宅設立的整體服務理念，以服務為核心、提供一處俱有親情溫馨的住宅規劃，有飯店管理服務模式，又有醫療（院）機構的支援。專業團隊提供以下十項的服務理念與功能：

（1）以長者為尊、以服務為榮。

（2）將每一位高齡者視為自己的親人。

（3）提供感動式的服務。

（4）提供符合高齡者需求的服務。

（5）服務的基本價值是站在顧客的立場。

（6）服務在於解決顧客的不方便、兼顧專業與關懷。

（7）建構醫養整合的服務模式，讓高齡者生活除了食、衣、住、行、育、樂之外，更有醫療醫護人員，隨時可以提供護理照護與相關醫療專科的服務。

（8）社區樂齡大學，每一位入住的住民，落實「活到老、學到老、服務到老」──是學生也是老師的平台。

（9）智慧科技創新服務，運用資通訊管理系統，提升高齡者可近性與便利性，提高生活品質，視需要將系統連結至家屬，讓家屬更安心與放心。

（10）產學合作：與老服系、健康管理系、護理系、社工系、

營養等相關科系的大學（院）校簽訂產學合作，讓青年學子透過參訪、擔任志工、學生實習、工讀到就業，將年輕精力豐沛的人才引入高齡住宅組成專業服務團隊。

（二）營運策略計畫

1. 經營管理方面：首要因素應從經營理念著手，照顧服務的指標包含：
   （1）經營管理效能
   （2）專業服務品質
   （3）安全環境設備
   （4）專案權益保障
   （5）服務改進創新

2. 專業人員方面：應具備有完整的專業團隊，即有足夠的直接服務人力、間接服務人力及特約醫事人力等。含：
   （1）總經理
   （2）副總經理
   （3）護理督導
   （4）護理師
   （5）健康管家

（6）社工師

（7）櫃台服務專員

（8）生活照顧主管

（9）生活管家

（10）房務人員

（11）清潔人員

（12）主廚

（13）廚師

（14）餐廳主管

（15）餐廳服務員

（16）財務主管

（17）出納

（18）會計

（19）資訊專員

（20）工務人員

（21）特約人員（含律師、醫師、藥師、營養師……）。

3. 經營策略方面：初期以服務高齡住宅客戶為優先，中長期並於本高齡住宅配合政府長照 2.0 政策，成立居家式服務工作站，提供相關支付給付的項目，保障入住高齡住宅住民的權益。甚至將專業照顧服務業務擴展到社區式服務，讓關懷及

服務業務更普及化。

4. 目標客群方面：以生活可自理（俗稱身體健康者），並具有完整的退休規劃為目標：
   （1）健康長輩
   （2）即將或剛退休族群
   （3）初老、中年長輩
   （4）具備有一筆退休金長輩
   （5）軍公教人員
   （6）幾位好友組團（包層）共居者
   （7）協助辦理「信託養老者」
   （8）協助辦理「以房養老者」
   （9）與保險公司合作（保險客戶）
   （10）與金融單位合作（定存客戶）
   （11）與銀髮基金會、協會合作
   （12）與社區樂齡大學合作
   （13）與企業及學校合作（照顧退休幹部及老師）
   （14）與排隊的安養中心策略聯盟（健康活力長輩為主）
   （15）與醫療健檢中心合作
   （16）海外歸國者等。

（二）高齡者住宅的功能需求與環境設計

1. 多元智慧健康高齡住宅功能需求規劃

（1）以「樂齡住宅健康模式」規劃，非以「長照服務模式」規劃
（2）為高齡市場需求，以多元智慧身、心、靈健康設置規劃
（3）依據高齡者需求，規劃為四種房型（含：單人房、夫妻房、家庭房、單元房）
（4）環境規劃：達到高齡者「心理與生理」需求的無障礙環境
（5）色彩規劃及日常生活活動設施設備用品，符合高齡者的需求
（6）園區平準的步道：因高齡者運動需求，是以散步為優先
（7）景觀規劃：每季都要有花卉及常年綠的植物
（8）營運人才：產學合作，人才培育，組成營運專業團隊
（9）醫療服務：以特約醫療支援或社區醫療模式，提供醫療門診服務
（10）中長期推展高齡住宅與長照2.0社區式服務連結
（11）提供定期交通車服務及郊遊踏青
（12）運用智能化ERP服務與健康管理系統連結。

2. 高齡者適齡化設備與溫馨的環境設計

（1）有家的溫馨及飯店的服務，非長照機構與醫院的設計
（2）軟硬度、高度及背靠度均適合高齡者的沙發
（3）床的長、寬、高及床墊的透氣度均適合高齡者使用
（4）房間內及公共交誼廳，餐廳傢俱及燈光都以暖色系設計
（5）室內及公共空間都有恆溫空調
（6）房間內與公共空間的淨高及走道的淨寬均符合高齡者長住的需求
（7）防滑地板
（8）自然新鮮空氣對流佳
（9）感染管控動線規劃適宜
（10）安全定位保護系統
（11）可坐式電梯（淨深 2.2 公尺可放置長椅子）
（12）安全電梯門（全排式紅外線）
（13）配合長照 2.0 A.B.C 的功能規劃
（14）開放式服務台（高度 75 公分、深度 25 公分）
（15）廣播業務與音響系統單獨設置（各層可控）
（16）滅火器凹陷放置
（17）每戶有玄關設計
（18）防颱強化玻璃

（19）遮陽捲簾

（20）插座位置高低適合高齡者使用

（21）不斷電插座（紅色插座）

（22）各房間均有上網系統規劃

（23）各層樓均有儲藏室

（24）提供自助廚房、自助洗衣房等。

3. 有舞台、有成就、有價值、有尊嚴精采的第三人生

俗語說：活到老，學到老，服務到老，每一位入住高齡住宅或老人福利機構或長期照顧機構的高齡者，一生當中都累積許許多多的專業知識與技能、財務及人際關係，當他們做好第三人生退休規劃，進入一處「具有學校功能」的高齡住宅或機構。他們所期待的是可以落實「活到老，學到老，服務到老」的成長環境，讓第三人生退休生活有如社會學家 Robert Atchley（1976）所說的要能長期處於快樂的蜜月期。不要因為沒有做好退休規劃而很快就進入憂鬱期、終結期。因此，經營管理與服務提供的高齡住宅務必成立社區樂齡學苑（或社區松年大學），在硬體設計與教室設備規劃符合高齡者使用的環境，在課程內容規劃入住者喜歡的主題，例如：（1）生活法律、（2）生活理財、（3）衛教保健、（4）縣政櫥窗、（5）綠化人生、（6）旅遊專家、（7）進階語言班、（8）進階才藝班、（9）

進階音樂班、（10）健康促進班等。並聘請入住者以他們在職場上的專業擔任授課老師，例如：醫師、教授、語言老師、音樂老師、律師、政府官員、會計師、心理師、諮商師、營養師……等，實踐每位入住者是學生也是老師的快樂園地。

五、期許與展望

由於現今老人福利法及長期照顧服務法之設立標準門檻「低標」，而且針對符合長期被照顧者需求的品質要求也應該與時俱進。建議重新修訂或增補辦法（含使用面積、色彩規劃、照顧安全、適齡化設施設備、直接與間接人力、建築設計規劃團隊……等），及一般民眾自費高齡住宅需求等。因此提出以下三項期許與展望：

（一）在現有老人福利機構及長期照顧機構的經營管理方面，（1）首先應從「經營理念」著手，將照顧服務的指標調向以「符合顧客（高齡者）需求」為導向，而不是只符合設立標準。用心用情地視每一位入住住宿機構的高齡者如同自己的親人，讓高齡者感受到經營者、照顧服務提供者，所提供的軟體服務（食、衣、住、行、育、樂、醫療支援）及硬體設施均符合高齡者生理心理無障

礙環境，以及依身體健康功能情況提供適齡化的活動設施設備都能符合高齡者需求。（2）其次，在「組織資源」方面，應具備有完整的專業團隊，也就是說應有足夠的專業直接服務人力及間接服務人力。（3）在「建置地點」選擇方面，不論在北部地區或中部地區或南部地區或東部地區都應考慮其生活環境、公共設施及交通的便利性。

（二）政府為需要入住宿機構的長輩給予公平合理的經費支持，辦法與金額比照目前日照中心、居家服務等支付給付制度，分 1～8 級失能的補助金額及自付額之比率，不要再以所謂「去機構化」為由而有所差異。如此一來大多數的家庭就可以減輕住宿機構的經濟負擔。如果家人為了孝順，要自己在家照顧長輩，建議提供照顧服務的家人，最基本也要取得照顧服務員證明書，確保照顧技巧與品質，達到「照顧不離職」政策，政府也應該比照居家服務員的薪資制度，給付在家庭照顧自己家人的提供照顧服務者。子女若要孝順，也可以運用假日或方便的時間，前往探望或短期住宿在住宿機構的孝親房陪伴長輩。以上想法是將具有剛性需求的長輩引導入住宿機構，降低依賴移工在家照顧的風險。

（三）政府在大學退場機制校地的使用，除了目前已經許可日

照中心及住宿長期機構許可案例外,也可讓學校或企業投資興建高齡住宅,在政策上以短、中、長期方案,為一般民眾負擔得起的高齡者,提供多元智慧健康友善環境住宅政策,訂定服務提供與經營管理辦法。因為自從台灣進入高齡人口社會,醫療進步健康生命增長,退休制度建全,高齡住宅需求的趨勢就自然生成。高齡族群者須懂得規劃自己退休後第三人生的生活方式,包括:

1. 如何運用累積的財富
2. 如何落實健康促進
3. 如何學習成長
4. 如何參與有意義的社會服務
5. 如何選擇一處高齡族群的居住環境
6. 讓自己的第三人生過著身、心、靈都平安健康喜樂的精采人生。

雖然政府自 1998 年推動老人長期照護三年計畫、2004 年推動長期照顧管理中心、2007 年推出十年長期照護先期規劃大溫暖套案、2008 年起推動國民年金制度、2015 年推動大健康照顧服務與產業化市場的商機、2016 年推動長期照顧 2.0 A.B.C 住宿式、社區式、居家式等服務、2018 年長期照顧服務法實施至今,但以上的政府政策都僅是照顧服務大約 4 ～ 5%

剛性需求且必須住宿機構的失能者、失智者，及大約 8～10% 輕度失能與輕度記憶功能障礙（失智）在社區式與居家式服務者，換句話說尚有大約 80～85% 高齡族群的住宅政策極須政府面對的課題。

展望台灣在未來高齡人口長照政策與照顧服務的推展，不論是長照 2.0 A.B.C 住宿式、社區式、居家式服務，高齡者住宅政策都能順利的推展，讓每一位失能者、失智者及生活自理的高齡者，在第三人生的居住規劃都能過著「有舞台、有成就、有尊嚴、有價值」的生活，共創一個多層級連續性照顧服務體系（Continuing Care Family Community, CCFC）溫馨和諧大家庭的環境。

參考資料

1. 老人服務事業經營與管理。心理出版。2007.09。蔡芳文：P.279-314。
2. 兩岸醫情大未來。大好文化。2017.0。蔡芳文：P.109-117、五章。
3. 老人退休生活規劃。五南文化事業。2009.8 初版一刷、2012.10 初版二刷。黃旐濤、蔡芳文等：P79-98。
4. 老人服務事業概論。威仕曼文化。2008.12。蔡芳文：P93-117。

5. 老人福利照顧服務產業建置與經營成功關鍵因素。台大碩士論文。2007.1。蔡芳文。
6. 經濟部科技研究發展專案。計畫編號：99-EC-17-A-31-12-HC003。計畫主持人：蔡芳文。

第 10 章

智慧長照資訊政策未來展望

徐建業[1,2] **郭佳雯**[3] **饒孝先**[4]

[1] 國際健康科學資訊研究院（IAHSI）院士 [2] 國立台北護理健康大學 特聘教授
[3] 美國州立猶他大學護理學院 副教授 [4] 財團法人醫院評鑑暨醫療品質策進會 副研究員

一、背景介紹敘述

我國將進入超高齡社會，未來高齡者所需的照顧服務將急劇增加。加上少子女化現象的影響，長照服務的人力供應勢必會受到重大衝擊，所以，科技導入智慧醫療應用於高齡照護是非常重要的議題。

自從 1946 年世界衛生組織章程與 1948 年聯合國世界人權宣言的公布，「健康是基本人權」成為普世公認的基本價值，根據世界衛生組織（World Health Organization, WHO, 1946）憲

章，健康的定義為「身體的、心理的及社會功能達到和諧融合的完美狀態，而不僅是沒有疾病或身體虛弱而已。（Health is a state of complete physical, mental and social well-being and not merely the absence of disease or infirmity.）」

長期照顧服務是針對因身體或心智失能，或因衰老而無法自我照顧的個人，提供持續性的照護服務，幫助他們進行日常生活活動（Chen & Fu, 2020；簡慧娟, 2017）。老化現象通常伴隨著醫療需求的增加和成本的上升。隨著人口老齡化的加速，國家在全民健康保險和有限醫療資源方面面臨極大的挑戰，特別是對長期照顧服務的需求顯著上升。

根據美國國家衛生研究院國家老化研究所（National Institute on Aging）的定義，長期照護服務可以在機構式、社區式或居家環境中提供，以滿足個案在家中、輔助生活設施或養老院內的醫療及非醫療需求（National Institute of Aging, 2023）。研究指出將急性後期照護或慢性照護朝向社區或居家照護發展，將有助於減輕高齡社會對醫療照護支出的壓力與照顧者負擔（Wang et al., 2021；簡慧娟, 2017）。此外，「健康的社會決定因素（Social Determinants of Health, SDOH）」也影響老年人的健康結果和照護需求（吳肖琪, 2016）。例如，有經濟困難的老年人可能會因為財務壓力而無法獲得所需的醫療服務，而教育程度較低的人可能在理解醫療建議、健康資訊和複雜的

醫療術語時會遇到困難,因而影響他們獲得必要的醫療服務和做出對他們健康最有利的決策。因此,以個人為中心的長照也要考慮這些健康的社會決定因素。只有透過全面健康評估和理解老年人所處的社會環境及其對健康的影響,才能制定出符合實際個人需求的照護策略,滿足老年人的健康需求。

目前有關長期照護及高齡者居家健康管理概念雖然已經受到重視,但仍缺乏適合高齡者使用之軟硬體系統,大多數資訊產品的人機介面設計幾乎是針對一般的使用者所設計,較少考慮到高齡者長期照護服務時。因此,在高齡者資訊科技方面需要發展出更多相關的操作介面設計,進而在更實際的使用狀況中進行設計評估;尤其是在高齡者使用介面設計流程中應瞭解高齡者的生理與心理狀況,以及各種生活經驗,強調介面設計應符合高齡者需求。

同時,環境輔助生活(Ambient Assisted Living, AAL)之概念主要是運用資通訊科技(Information and Communication Technology, ICT)於長期照護環境中,使高齡者可以在良好的環境下輔助生活或獨立生活。在資通訊系統方面,提供全方位的醫療與健康感測軟體與網際網路,硬體上應用各式資通訊設備,建立高齡者健康狀態管理平台,促進高齡者具有社會互動性、獨立生活、行動能力、自我照顧等能力。

二、分析問題的核心

(一) 以個人為中心的長期照護資訊系統欠缺與不足

要實現有效的長期照顧，「以個人為中心（Patient/Person-Centered Care）」的服務是重要的。以個人為中心的長照服務則涉及居民參與制定全面的照護計畫，該計畫包含了他們的需求和偏好，而非僅從醫療提供者的角度進行照顧。除了通過測量和評估來瞭解個案的照護偏好之外，還需要考量個案對於偏好照護的滿意度，以作為衡量照護品質的指標（Heid et al., 2024）。

(二) 人工智慧在長照服務資訊應用扮演重要之角色

預測式 AI 與生成式 AI 在以個人為中心的長照服務之應用，對於「以個人為中心」的長期照護模式而言，可靠且多樣化的個人健康數據是至關重要的。在美國，為了促進以個人為中心的照護，醫療保險和醫療補助服務中心（Center for Medicare & Medicaid Services）推出了一項規定，要求在長期照護環境中記錄個人的偏好（"Medicare and Medicaid Programs; Reform of Requirements for Long-Term Care Facilities. Final rule," 2016）。利用人工智慧（Artificial Intelligence, AI）技術分析健康數據，並結合資訊科技的應用，能夠實現最佳的長照模式。AI 技術

可以提供個性化的照護建議和預測健康風險，從而幫助制定更有效的以個人為中心的照護計畫。此外，AI 還能自動化繁瑣的管理工作，並即時反饋健康狀況，使醫護人員能夠提升工作效率專注於提供高品質的照護。智能輔助設備和遠程監控系統則有助於提升個案的生活品質和自我照護能力，同時支持照護的連續性和協調性，最終實現更優質的健康照護模式。

（三）長期照護對於居住環境的現況與未來需求

在台灣，目前很多高齡者所居住的環境仍偏向動線不便的布局。例如，進出住所與房間的行動障礙多、在安裝網路資訊設備時系統收訊不佳等問題，應解決整體居住環境的各項問題之後，再提出治本的解決方案。

不同形式的居住環境，其對於應用輔助科技也可能有很不同的設計需求。新建大樓或居住環境也常預先設置資訊網路及監視器，對於資訊輔助科技的應用較有相容性，可行性亦較高。

未來可能有各種照護需求，也會有各種不同。例如，針對失智症、帕金森氏症、糖尿病、其他慢性病等，甚至是智慧型照護機器人的應用，在居住環境上都應更有前瞻性的規劃與設計。

也需考量各種生理與心理不同特性的群體客製化的需求，硬體與軟體應考量彈性模組化設置。健康照護內容包括家庭健康促進暨疾病風險管理、心腦血管／血液循環及肺功能、代謝暨

體重管理、疾病及疼痛諮詢、睡眠品質檢測、再生醫學與醫學美容服務等,這些需求都應該考量應用資通訊科技輔助。

(四) 智慧型長期照護資訊系統的軟硬體規劃需求

無障礙空間:使用者若是在行動方面有障礙,例如坐輪椅、使用移位機、需要照護人員攙扶等,地面上應避免有凸起之物,以及要有足夠轉位空間。其他包括在各個居家空間設置輔助站立、坐、淋浴等生活功能需求之輔助設備。

若是居住生活空間屬於群聚型式,例如,安養中心或長期照護中心,其公共空間的健身器材也可應用環境輔助生活(AAL)科技,藉由使用者穿戴相關量測組件,於使用健身器材時或使用後,可以獲得各項健康相關資料。

未來,機器人照護設備若成熟,也是要注意機器人在空間中的行動限制,無障礙的平坦地面是基本需求,相關資訊科技的應用亦要考慮不同資訊系統之間的相容性。

針對不同族群體進行硬體規劃與工程設計,不同族群需要的高科技的資訊科技設備,其功能與技術層次需求不同。同時要考慮製造成本,不少新資訊科技或新輔助科技的成本較高,在推廣上比較困難,需要政府單位提供政策性補助。

部分族群由於行動不便,或需要進行在宅復健,因此在生理量測方面有些數據(例如心跳、血壓、血糖等量測數據)需要

即時上傳「健康雲」或各種形式的健康資料庫，可提供更完善的健康照護。同時，可結合穿戴式科技的應用軟體，使健康管理更加簡單、準確與人性化等。除了在居住環境上安裝各式各樣的輔助監視感測硬體，各種資訊軟體的評估應考慮使用者需求、資訊系統的相容性、資訊科技的進步性（例如較成熟、較擬人化的照護機器人）、未來更新軟體的方便性與成本等，也有助於未來長照政策的執行。

整體來說，我們面對的全人照顧科技硬體及資訊軟體整合的挑戰，在於必須建構以個人為中心的照護資訊系統，資訊軟硬體系統能夠因人而異的調整，充分利用新型 AI 工具，資通訊科技的網路品質需要穩定與快速，並且能夠整合到使用環境之中。

三、解決方案

（一）應用先進資訊技術達到智慧長照及健康智慧生活的應用

有關智慧生活的定義：

1. "Design technology and environment for independent living and social participation of persons in good health, comfort and safety"
2. Cook and Das, 則定義為 "A small world where different kinds of smart device are continuously working to make inhabitants' lives more comfortable."

所以，智慧生活基本上是利用豐富的、無形的各種設備，和計算元素交織在一起，並通過連續的網路連結，無縫的嵌入人類的日常生活中，讓人類的生活環境更舒適安全，其範圍包括：健康（health）、住家（housing）、行動力（mobility）、通訊（communication）、休閒（leisure）和工作（work）。

目前有很多先進的資訊技術是可以用來加強健康促進平台資料分析與功能。舉例來說，隨著運算科技的快速發展，行動裝置如智慧型手機或平板電腦的運算功能越來越強大，利用行動裝置的運算功能或內建的感測元件所開發的應用程式呈爆炸性的成長，未來政府在推展這些健康照護服務時必須提供多元且能跨裝置的應用平台。

智慧型的個人化健康管理系統除提供民眾個人專屬的健康管理服務外，並可協助政府推動健康介入措施，以增進民眾實踐健康行為，改善民眾疾病自我管理，或採取健康促進行為（Non-communicable Diseases〔NCDs〕promotions）等，期有助於預防疾病。例如，藉由健康飲食與規律運動之健康行為，以降低心血管疾病及糖尿病等疾病的風險；對吸菸民眾，可以協助戒菸來減少罹患肺癌及心血管疾病的風險；對於糖尿病病人，良好的血糖控制及預防性檢查，可以防止心血管疾病、慢性腎臟病、視網膜病變及截肢等糖尿病併發症發生。

近年來，人工智慧強調，預測性AI（Predictive AI）和生成

式 AI（Generative AI）是人工智慧的兩個不同分支，其具有不同的目的和功能。預測式 AI 利用數據（如個人數據）透過機器學習等演算法分析數據，來預測未來會發生事件或結果趨勢。生成式 AI，像是 OpenAI 的 ChatGPT，是通過識別現有的數據模式生成新內容的人工智慧。因此，預測性 AI 通常用於回歸或分類問題的決策支持，通過模型的預測結果幫助使用者改進決策（Arefin, 2024；Wänn, 2019）。相較之下，生成式 AI 則常用於從非結構化臨床數據（例如醫療影像或文本）中識別結構化信息，或生成和總結相關的內容，以支持更有效的醫療分析和決策（Albaroudi et al., 2024；Shokrollahi et al., 2023；Yoon et al., 2024；Zhang & Kamel Boulos, 2023）。然而，由於生成式 AI 模型通常需要大量的訓練數據來學習模式和生成內容，如果模型的訓練數據中存在不準確的數據，或是模型在訓練過程中未能充分學習到正確的知識，則可能會生成錯誤或不準確的內容。因此，為了發揮生成式 AI 模型的潛力，利用檢索增強生成（Retrieval Augmented Generation, RAG）結合檢索和生成方法的技術，可提升生成式 AI 的結果更準確和更豐富的內容（Gao et al., 2023；Parmanto et al., 2024）。

近年來，我國雲端科技與行動化服務快速發展，業者在發展穿戴式產品時，都會建立自己的雲端健康促進生態圈，包含完整生理訊號感測的穿戴式裝置、行動裝置的應用軟體、健康管

理加值服務。

政府應整合穿戴式裝置與醫療健康產業形成完整的生態圈，並輔導業者創新數位健康促進內容與服務，不僅能提升國內產業在國際市場上的競爭力，在國內也能創造適性化的雲端健康促進環境，協助國人養成自我健康促進與管理的習慣。

目前已有企業投入高齡者遠距健康照護資訊系統產業，透過企業提供的軟硬體給個人使用者、社區及醫療院所等單位試用，功能可將使用者居家量測的血壓與脈搏，透過雲端傳輸盒將資訊傳送到雲端系統中，再由醫療院所醫護人員下載記錄，作為日後使用者就診的參考健康資料庫，以應對未來跳戰。

綜合上述，完整的網路通訊架構、資料交換標準的定義、雲端資料處理能力、完善的資訊安全架構與資料視覺化應用等，政府應持續跟進國際技術與其資訊安全保護發展趨勢。

（二）利用 AI 進行健康與疾病風險的分類管理

雖然醫療 AI 在「以個人為中心」的長期照護中充滿潛力並持續進步，但其負面影響也不容忽視。例如，若缺乏實證數據證明醫療 AI 能有效改善照護結果，可能會導致對醫療 AI 的潛力過高估計。因此，對於醫療 AI 在長期照護中的潛在好處與風險，需要開發實用的工具和結構化的過程，以識別、分析和評估特定醫療 AI 應用和環境中的風險（Tartaro et al., 2024）。

文獻回顧研究建議一個可以用於評估醫療 AI 相關風險的架構，該架構可用於推動實證醫療或護理，並指導風險評估策略的制定，以確保人工智慧技術在醫療實踐中的安全和有效整合（Muley et al., 2023）。這個架構可以識別出七個主要 AI 相關風險：（1）因醫療 AI 錯誤導致的患者傷害的風險，（2）因醫療 AI 的開發和使用過程的透明度不足的風險，（3）因使用醫療 AI 造成醫療錯誤而導致的問責缺失與信任風險，（4）因不清楚如何或何時使用醫療 AI 而造成誤用的風險，（5）因健康的社會決定因素（SDOH）造成醫療 AI 應用上的偏見風險，（6）因醫療 AI 造成的數據隱私、保密性以及倫理相關的潛在風險，（7）因使用醫療 AI 而在醫療保健中實施的障礙與風險。這七個風險可歸納為三個常見的醫療 AI 風險類別：臨床數據風險（1）、社會倫理風險（2、3），以及技術風險（4、5、6、7）（Muley et al., 2023）。

在人工智慧系統的設計、開發和使用過程中，確保其安全性和可信賴性至關重要，這需要一種系統性的方法來識別、分析、評估、減輕和監控整個 AI 系統生命周期中的風險。建議必須建立一個可以支持進行 AI 風險評估的工具，該工具包括一個結構化的過程，用於識別、分析和評估特定 AI 應用和環境中的風險。該工具考慮了 AI 風險的多維性和上下文敏感性，提供了 AI 風險的可視化和量化，並可以為減輕和最小化這些

風險的策略提供參考，且將這些風險進一步分級，可促使醫療 AI 增加其實用性。

（三）利用 AI 發展臨床決策支援系統

人工智慧驅動的臨床決策支持系統（AI-based Clinical Decision Support Systems, AI-CDSS）能夠提供個人化的健康照護建議。傳統的臨床決策支持系統通常僅針對單一醫療診斷進行預測，忽略了現實中患者可能同時面臨多個醫療問題。結合監督式和非監督式 AI 的 AI-CDSS 能夠同步處理大量的個人健康數據，包括實時數據（Real-Time Data），並比較最新的醫學研究文獻和臨床指南，進行預測分析和模式識別，以檢測潛在風險或異常，例如警示潛在的不良事件或識別藥物相互作用，從而更有效且準確地提升醫療決策的品質和安全性。

AI-CDSS 系統還能不斷從新數據和健康結果中學習，更新其算法，以提高結果的準確性和相關性（Bleher & Braun, 2022；Elhaddad & Hamam, 2024；Islam & Chang, 2021；Lukkien et al., 2024；P. D & Abirami, 2023）。AI-CDSS 系統應用在長期照護中能提升照護人員評估老年人照護需求的效率和效果，並通過檢索過去相似紀錄中的相關知識來制定個人化的照護計畫（Kai Yuet Siu et al., 2019）。數位科技技術在從傳統醫療轉向遠距醫療方面提供了巨大的潛力，並改變了老年人健康和獨

立性管理的能力,因此,數位化在宅醫療和在地安老是未來的趨勢（Chen et al., 2023；Griffith & Rathore, 2023；Pandit et al., 2024）。AI-CDSS 系統將能支持老年人在宅接受遠距醫療、衛生教育以及不良事件預測等方面。

（四）應整合健康數據應用於個人化的長照

由於 AI 與 CDSS 的分析在很大程度上依賴於數據的品質與數量,不完整或不準確的數據可能導致 AI-CDSS 系統的表現不佳。收集高品質和全面的個人健康數據,並整合這些數據使其能分析與應用,是非常重要的。個人健康數據的內容多樣化,包括個人病史、慢性病情況、用藥記錄、功能評估、社會支持系統（例如家庭支持、居住環境適應性、社區資源可用性）、評估以及健康行為（例如營養評估、飲食管理、運動記錄）及自評量表（例如憂鬱自評量表、巴氏量表）所產生的「病人自述結果數據（Patient-Reported Outcomes, PROs）」。這些數據的來源可以通過多種系統平台和收集方式獲得,例如數位健康記錄、穿戴式設備（例如血壓、心率、連續血糖監測、智能手環或手錶）所產生的「病人生成的健康數據（又稱 Patient-Generated Health Data；PGHD）」、以及紙本或網路的自評量表。因此,首先必需建立數據管理平台,協助收集多樣化的數據,並通過標準化過程將來自不同格式和不同來源的數據統一為標

準化格式,以確保數據的互通性(Data Interoperability)。

此外,資料治理(Data Governance)對 AI 在長照的重要性是不可忽視的。因為 AI 模型的效果和準確性高度依賴於數據的品質。資料治理是對數據進行授權、嚴格的監管、和倫理要求的過程,其通過設立數據品質標準和流程來確保數據的準確性、完整性、一致性和可靠性,目的是最大化數據資產的價值並管理與數據相關的風險(Abraham et al., 2019),這對於訓練和運行高效的 AI 模型至關重要。而在臨床數據治理中,這也包括確保病人紀錄的保密性和安全性,以保護病人隱私、提供高品質的照護,並維持法規遵從性。特別是,要掌握上述提及的多樣化(不同的數據型態)、多源化(來自不同的來源)、和實時流動的個人健康數據,落實資料治理是必要的,除了要建立資料共享框架,也要確保數據、流程和算法能夠共享,以便進行審查,並要從單一機構的設定轉向多個網絡組織(Multiple Networked Organizations)(Janssen et al., 2020)。

(五)應建立跨部會之資料標準以利健康促進平台資料整合

美國衛生部推動了 Blue Button 的計畫,強調健康資料是民眾的,民眾應該要可以透過一個按鈕來下載,輕易的將資料取回,美國也進一步制定了相關的資料標準。而澳洲的做法是,為每個人創造出一個單一帳號(myGov),民眾可以把跟政府

之間發生的所有資料取回，健康資料就是其中的主要項目。

目前我國政府推動健康存摺（My Health Bank）將健康資料還給民眾，民眾現在就可以透過自然人憑證，登入健保署網站，查看個人所有的健保資料，包括在過去一年之內，相關臨床資料。此外，民眾也可以決定要不要授權讓醫師查閱過去的用藥紀錄。

健康資料應該達到數據的可互通性（Interoperability）的目標與意涵，其定義就是除了讓醫院之間可以互相調閱或使用病人之電子病歷，重要的是民眾要能夠自主使用這些資料。

以往這些個人資料的運用方式，都是由政府來幫民眾做決定，但現在將這些個人資料還歸於民後，除了能讓民眾掌握了更多的個人資料自主權，也有助於更多客製化的服務產生。

這些健康資訊不只能用於民眾健康管理，也能做為更多醫療產業的應用，例如高齡老人的遠距照護等。

國際上以類似理念發展之網站相繼崛起，包括：「FRAX WHO」、「Patient Like Me」、「eHealthMe」、「Real Age」、「Yahoo Health」、「eHealthMe」、「Microsoft HealthVault」等，但其完整性、周延性、可近性與發展性，因其資料來源無法與我國媲美，未來我國在相關領域發展甚具優勢。未來政府應推動健康資料之間的交換方式、標準、詞彙與編碼的統一……等議題。

（六）開放產業使用健康數據平台之資料可促進預防保健

健康資料應有意義的使用於促進預防保健，同時應鼓勵開放予各產業應用。可將 Big Data 導入健康照護領域，善用 Big Data 之高時效（Velocity）完成巨量（Volume）且多元（Variety）的可靠（Veracity）等 4V 特色，進行資料的取得、分析、處理、保存，將相關資料轉化為有價值的資訊，例如整合病患資訊和專業知識，綜整健康狀態和環境因子，形成預警功能，驅動個人化健康照護服務。

健康資料加值（so called Secondary Use）（加值應用或二次運用），利用去識別化之健康資料是世界趨勢，對於找出新的治療方式、新的疾病的診斷、發現藥物之副作用、探討疾病之關聯性、建立疾病預測模型等，有非常大的幫助。在 2003 年 9 月美國政府資助的醫學研究進行重整，稱之為「研究路線圖（NIH Roadmap）」的計畫，美國國家衛生研究院（NIH）院長塞烏尼（Elias Zerhouni）就宣布 NIH Roadmap（National Electronics Clinical Trials and Research, NECTAR），要建立完整的路線圖以及徹底更新醫學數據的收集、儲存及共享，要把龐大且分散的資料庫結合成一個巨大的資料庫。

健康資料加值的應用很多，簡單來說，例如進行世代追蹤研究，可以做存活率追蹤、就診率追蹤、防治（疫）效益追蹤、族群健康追蹤。資料經過整合，或是與其他資料庫整合連結，

更對於分析健康與社會的關聯性，如社會經濟、勞動條件、幼兒時期、遺傳因素、文化差異等，以及衛生政策的評估，醫療、保健、防疫、全民健保政策實施成效的衡量、評估與建議，這些議題有極大的幫助。雲端行動健康促進系統不僅可用於偵測個人的生活型態是否符合健康標準，並可了解可能潛藏的健康風險，可讓使用者自發地改善不良健康行為，建立良好睡眠品質和均衡飲食行為的健康生活型態。

更進一步，就是要做到「有意義的使用健康醫療數據（Meaningful Use of Health/Medical Information）」，達到所謂的「醫療的四個 P（4P Medicine）」，個人化（Personalization），醫病雙方參與（Participation），建立預測模型（Prediction），而達到疾病的預防（Prevention）。舉例來說，疾病風險與預測模型之建置，美國近期發表的研究數據顯示，患有糖尿病的人相較於許多形式的癌症風險顯著較高。一大型前瞻性死亡率研究表明，在美國糖尿病可能是結腸癌、肝癌及女性乳癌死亡的獨立危險因素。依性別研究，在女性中，一些研究報告顯示，與卵巢癌和子宮內膜癌有較高的風險關係；在男性中，糖尿病則與可能降低前列腺癌的風險。在 1996 年，美國癌症學會便發表維持健康體重可降低乳癌罹患率，2006 年之後的研究更強調，透過健康生活型態及規律運動的體重控制，對於預防乳癌的重要性。

心血管疾病方面，Framingham Risk Score 風險預估量表，依年齡、膽固醇、高密度膽固醇、血壓等指標，就可算出未來十年罹患缺血性心臟病的機率。上述許多疾病風險關係將可透過個人健康照護紀錄，如血糖、血脂、尿酸等檢驗資料，可提供相關疾病之風險評估，並透過更完善的文獻探討與大型資料庫追蹤，發展出相關疾病之預測模型。

當前台灣的全民健保屬於「Fee for Service」、「Fee for Illness」制度，只有民眾生病時到了醫院或診所，才開始享受到醫療服務，健保才開始付費給醫療單位。但在健康時卻沒有任何針對健康管理的措施及給付，應考慮「Fee for Health」制度。總之，面對老年化、少子化等種種現象及弊病所需進行的醫療變革，光靠醫療業自己並無法達成，而需資通訊科技的協助才行。

事實上，光民眾的健康狀態，就不只有生病與健康兩種狀態，而會有健康、亞健康（Sub-Health）、亞急性醫療照顧等不同可能狀態，人們在不同狀態下需要不同的醫療資源照護，所以每個環節的不同需求，都隱含許多商機。

通常對健康的人提供健康管理的成本是最低的，藉助日新月異的資通訊科技，就可以讓過去數量最多、管理成本最低、效益最大的族群，得以獲得健康諮詢及服務，這也是 ICT 產業對醫療界最能發揮極大影響力的地方。因此透過 ICT，將可讓原

本的「Fee for Illness」，轉變成「Fee for Health」的全新模式。

(七) 積極發展科技輔助裝置在長照之應用

長期照護，特別是社區式或居家式的照護，允許個案在熟悉的環境或在近似居家的環境中生活，並根據他們的健康需求和個人喜好提供適當的支持和服務。因此，輔助科技裝置的使用配合人工智慧系統，將提升個案的居家安全和生活品質，增強他們管理日常活動的能力，監測健康指標，並及時獲得幫助，促進他們的整體福祉；對於老年人，這種配合使用能夠在居家老化過程中實現更高品質的生活（Almalki et al., 2022；Marikyan et al., 2019；Zhao et al., 2023）。同時增強醫護人員與照顧者對其健康狀況的監控能力，通過避免不必要的住院和減少再入院，降低了醫療照護成本（Cheng et al., 2024；Puleo et al., 2021）。

「輔助科技設備（Assistive Technology Device）」被定義為任何商品、設備或產品系統，無論是商業購買、修改或定制，用於增加、維持或改善個人的功能能力（"Assistive Technology Act", 1998）。將輔助科技設備應用於長期照護領域已成為不可或缺的趨勢（Arieli et al., 2023；Moreno et al., 2024）。例如，利用先進的醫療設備和智慧無線穿戴裝置，進行健康管理監控或遠距醫療監控，連接的血壓計、血糖檢測儀、心率監測

器等,持續監測生命徵象及臨床症狀,並自動上傳數據至健康管理系統或醫療系統,提供即時監測。特別是老年人大多數有慢性病,持續監測的醫療數據配合人工智慧驅動的臨床決策支持系統,將能及早發現異常並即時提供個人化健康管理計畫和照護建議,以降低再入院率。因此,需要建立一個系統,整合個人的長期照護相關遠距醫療數據、電子病歷和其他相關健康評估與照護品質的數據,並利用通用數據元素(Common Data Elements)促進長期照護數據的標準化和共享。根據研究建議(Corazzini et al., 2019；Dore et al., 2022；Edvardsson et al., 2019；Lukkien et al., 2024；McGilton et al., 2020；Zúñiga et al., 2019),全面的長期照護相關的通用數據元素應包括個人健康數據和其他長照運作、評鑑和研究相關的數據,以支持(a)個案健康分析,例如提供高風險個案名單以監控或預測其需求;(b)健康照護結果指標,例如生活品質、疼痛、壓瘡和跌倒;(c)公共衛生監測,例如量化感染的發病率;(d)機構運作與評鑑,例如照顧者的訓練、照護管理效能評估;(e)臨床研究應用,例如評估不同治療和照護實踐的比較效果;提升長期照護數據品質,從而促進長期照護環境中的醫療保健運作、公共衛生監測和研究。

(八) 建構學習型醫療照護循環系統

完整的個人健康數據不僅提高了診斷的準確性，還有助於發展學習型醫療照護循環系統（Learning Health Systems, LHS）。LHS 在個人化醫療中扮演著關鍵角色，強調通過持續收集和分析個人健康數據來提供更精準的照護。LHS 不僅依賴靜態的醫療數據，而是通過不斷更新和分析數據來優化醫療服務。成功實施 LHS 需要完整且高品質的個人健康數據。結合臨床決策支援系統（CDSS），實時數據分析能夠真正實現個人化醫療，及時調整照護計畫，確保老年人獲得適時且符合需求的醫療服務。

LHS 的特色是：

1. 隊列識別（找到對的病患，Cohort Identification）——利用證據來學習（Evidence-based Medicine, EBM）並在學習醫療保健或組織系統路徑的背景下進行操作，以識別具有相似人口和臨床特徵的患者。
2. 臨床決策支援系統——針對病患進行精準醫療，收集和分析日常數據，並在 LHS 的系統路徑下運行，以提供相關的病患回饋。
3. 病患風險預測建模——針對特殊病患在系統路徑的 LHS 層級內運行，以預測和識別未來潛在的不良事件。

四、評估這些替代方案的有效性及可行性，就解決方案提出具體建議

台灣即將在 2025 年邁入超高齡社會，未來高齡者接受照顧服務的需求將增加、在長期照護的人力勢必大幅上升，於長期照護導入資通訊科技，降低照護人員之負擔，提升長者之精準照護。

（一）對於未來政策，提出以下幾點建議：

1. 現有資訊系統需求盤點，資料須整合：建議應建立並整合一個衛福部「照顧服務管理資訊平台」、相關「醫事管理系統」及「長期照護資訊網系統」等長照相關資訊系統，達到長照資源監督和資料治理系統效率化及效能評估之目的。將已設立之各種資訊系統與輔具資源入口網整合，做到個人資料總歸戶，社福人員可跨政查詢。
2. 對於智慧化相關服務與設備，應明訂相關檢驗規範並由官方或第三方認證機構加以驗證。
3. 對於長照產業發展之建議：資訊系統開發或購置往往負擔很大，建議開發公版長照健康照護資訊系統，利用健保署醫療雲（NHI MediCloud System）及健康存摺（My Health Bank）

整合收集醫療體系、社區服務、健檢機構、個人居家之臨床及生理資料，將數據標準化、共享化，整合利用數據，提供給長照使用，並鼓勵企業支持。建議多利用資訊技術，開發病人安全工具，例如，參考高齡者不合適用藥的準則（American Geriatrics Society〔AGS〕Beers Criteria），建立老年多重用藥與潛在不適當用藥評估準則，運用 AI 技術，開發適合用藥處方提醒系統，避免不安全用藥狀況產生。

4. 建議推行健康數據（雲端）區塊鏈平台，以長照與個人化照護為主要目標，整合健康存摺與照護資料，串聯醫、養、護等單位。開放健康數據資料的加值應用，設計疾病預測模型，提早進行疾病預防。健康數據分析需要建立公共化數據分析平台，製作疾病及健康預測模型，提供具有公信力的模型給健康及長照產業使用。建立醫養護單位之個人化健康資訊交換平台，設計並建置長期照護資料標準，以落實連續性照護之健康資料透通性。設計具有實際價值之虛擬健康幣，創造健康數據之經濟價值。讓資料及系統雲端化，並連結醫院的醫療資訊系統，參考 Epic、Cerner 等電子健康病歷系統，發展各種雲端醫療資訊系統（Healthcare Information Systems, HIS）服務。

5. 建議應強化醫療數據規格整合，醫療數據無論是臨床使用、轉診交班、跨系統交換，或 AI 大數據等資料分析使用，均

須有一致性的編碼系統支持，才能達到整體產業效益。台灣除了跟隨美國的 ICD-10-CM 等在診斷已有標準詞彙與編碼系統，在其他絕大多數臨床領域的資料範圍，例如用藥、處置、檢驗檢查、病歷內容、症狀描述等範圍，可跨院互通的都只有片面的健保碼、FDA 代碼或部分採用例如國際 Anatomical Therapeutic Chemical（ATC）分類系統、Logical Observation Identifiers Names and Codes（LOINC）代碼等交互參照的方式。以美國為例他們已有發展數十年的 Systematized Nomenclature of Medicine-Clinical Terms（SNOMED CT）。優先推動項目應為建立國內互通或一致性採用的醫療健康標準詞彙與編碼系統，或各院可提交註冊供他院可程式化查詢解析的編碼系統。再來進行醫療健康數據互通標準，包含現已採用的 HL7 Clinical Document Architecture (HL7 CDA)，Digital Imaging and Communications in Medicine（DICOM）以及 Fast Healthcare Interoperability Resources（FHIR），DICOM Standard for web-based medical imaging（DICOMweb）等相關的互通標準。建議應該成立一致的健康醫療資料標準發展組織或架構，我們可以建立像是美國國家衛生資訊科技協調辦公室（The Office of the National Coordination for Health Information Technology, ONC）或加拿大、澳洲等國均有的國家健康資訊技術（Healthcare IT）政策與標準長期負責規劃

的官方或半官方單位,所有的發展應該要有明確的藍圖可以延續或傳承。

6. 應進行完整之跨部會整合,除國科會、經濟部、衛生福利部等單位之相關資源,亦需整合交通部、外交部、教育部、勞動部、科技會報組、衛福部社家署等單位;未來應納入交通部在通訊面的支援,設定的目標,如可能要考量到5G的應用,擴展到Internet of Things(IoT)而非僅ICT的領域機會,或像歐盟已規劃在2050的發展著重在設備間與資料的互通;教育部也需要思考未來長期照護人才之培養;科技會報組、衛福部社家署等單位,應該賦予更高的權力,以推動各部門資料在縱向與橫向上的整合。勞動部應針對未來對於長期照護人力資源問題,應訂定相關管理辦法,符合勞基法。

7. 強化相關法令之制定或修正,包含醫療器材管理辦法、個人資料保護法、長期照護服務法及施行細則等部分建議皆需針對長照的實施與時俱進做適度之調整或鬆綁。個資法如何實作也就是重要的資料操作問題,建議政府應重視,推動長期照護服務紀錄電子化,讓長照系統在臨床及健康資料處理上鬆綁。

8. 開發物聯網技術與穿戴式裝置與生成式 AI 等技術,運用於長期照護且能滿足長期照護特性之相關產品,盤點長期照護服務範圍,建立實驗場域驗證新產品。

9. 推動跨領域多元長照產業：應思考如何整合產業推動更多元的整合服務模式，跳脫以往單一機構或廠商原有一對一的服務模式，建立整合服務體系，運用現有臨床整合軟體，強調居家及在宅的長照智慧整合平台。

（二）綜合上述，我們提出下列短中長程之政策建議：

1. 短期政策：建立以個人為中心的長期照顧服務系統，整合各項健康數據。由於長照服務法通過，應先審慎的評估和研究長照服務中居家式服務、社區式服務、機構住宿式服務、家庭照顧者支持服務等哪些項目可以適合環境輔助生活（AAL）科技；若失能程度較嚴重，則應該以 Help the Helpers 來開發協助照顧者之輔具，收集需求作為長照輔具之發展重點。
2. 中期政策：應用預測式 AI 與生成式 AI 在以個人為中心的長照服務之應用，以 AI 進行風險分類管理，以 AI 建構臨床決策支援。在輔具方面，參考日本福祉用具當作法規分類，可以使用長照保險法草案中提到的長照輔具作為法規鬆綁的一步並爭取加入環境輔助生活（AAL）此一國際平台，與國際接軌，幫助台灣產品（服務）做跨國合作計畫，透過此一平台推廣到國際。
3. 長期政策：建立發展一個完整的學習型醫療照護（LHS）循

環系統，發展健全長照資訊輔具產業。幫助長照需要者日常生活或用於降低照顧者負荷與確保照顧安全及生活品質為目的。減輕長照之負擔。

4. 運用人工智慧於長期照護資訊系統的整體建議（參圖 1），AI 技術的應用在長照產業的邏輯關係，長照產業利用先進的 AI 資訊技術開發系統使用，這些 AI 資訊技術必須受到政府立法監管，長照產業在市場上面必須提供可信任的服務。然而，AI 技術依靠大數據和強大的計算能力來支撐，可能造成獨占優勢，變成難以控制，人民也因此可能對政府體制產生不信任。所以，應該設立完整而負責任的資料治理組織機構，AI 技術必須在一個被信任（Trusted）的環境下所利用及運行，應該特別重視，Responsible AI（負責任的 AI），制定負責任的人工智慧原則，注重人工智慧的 Fairness（公平性）、

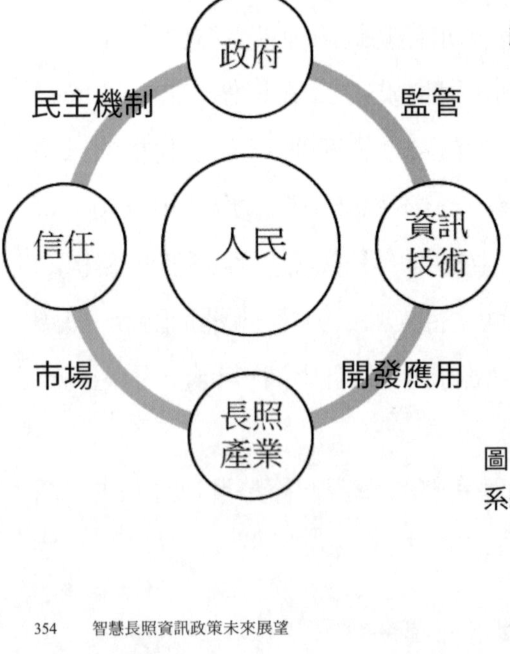

圖 1. 運用人工智慧於長照資訊系統整體建議　（本文作者製表）

Reliability & Safety（可靠和安全性）、Privacy & Security（隱私與安全）、Inclusiveness（包容性）、Transparency（透明度）以及 Accountability（問責制），人們應該對人工智慧系統負責並控制。

(三) 同時必須制定具體的行動計畫以促進跨領域區域之健康數據的共享與協作，才能達到 AI 技術在長照產業的應用。建議如下：

1. 採用統一的數據標準與互操作性協議：導入和推廣現有的國際數據標準，如 ICD-11、HL7 FHIR、LOINC，並推動各機構採用這些標準來統一健康數據格式和結構，以提高跨機構數據交換的效率和準確性，減少數據的錯誤與不一致性。
2. 實施聯邦式學習（Federated Learning）平台：開發和設計 AI 聯邦式學習平台，允許各醫療機構在不直接共享數據的情況下，合作訓練機器學習模型。加強跨機構合作，促進醫療人工智能的發展，同時確保數據隱私和安全。
3. 推動法規與政策的協調：設計和推動支持跨機構數據共享和聯邦式學習的法律框架，確保合規性。降低法律障礙，為跨數據共享創造更加有利的政策環境。
4. 建立數據治理（Data Governance）和監管機制與機構：設立

數據治理組織,負責監管跨機構數據共享,確保數據品質、隱私保護和合法使用。必須注意的是,法律制定單位與監管單位及執行機構三者不同,須獨立設置,不可混為一談,以確保數據可信度和合規性,並保障所有參與方的合法權益。

5. 推動公眾與倫理教育:透過教育計畫向公眾和醫療相關業者推動數據隱私、聯邦式學習和跨機構數據共享的知識與認知,並強調相關的倫理考量。加強公眾信任,促進對跨機構數據共享和聯邦式學習的理解與支持。

6. 辦理並支持試點計畫(Pilot Program)和案例研究:選擇醫療機構進行跨領域跨機構數據共享和聯邦式學習的試點,並對結果進行詳細分析和報告。以識別實作中的挑戰和成功經驗,為全面推廣提供數據支持和實證依據。

7. 資金與持續支持:應有來自於政府、國際組織和私人產業的資金支持,以確保跨機構數據共享計畫和聯邦式學習平台的可持續發展。進行資金募集和管理,並持續改進技術和治理結構。

建議政府未來在建構長照健康促進平台時應該進行的方案,包含(1)訂定電子病歷/個人健康資料發展路線圖、(2)個人醫療健康資料應屬於個人擁有、(3)提高健康促進資訊平台之資訊價值與知識深度、(4)增加活動式社群網路應用、

（5）建立國家健康資料整合中心、（6）達到健康資料有意義使用與（7）視覺化、開放的資料使用。

　　資訊平台最重要的資訊工具包括資料取得、編輯、儲存、搜尋、交換、分享、分析與呈現，但目前對於這些工具並沒有一個主導的單位來進行整合，尤其是對於長照健康促進及品質績效提升的問題研討與需求分析亟需組成一個研究團隊，集合產官學的力量徹底探討以上的問題。

　　政府從 2002-2016 按照醫療資訊發展 roadmap 從 e-Taiwan，M-Taiwan，U-Taiwan 等多項計畫已經做很多醫療資訊發展的基礎建設。從國民健康資訊建設計畫（National Health Informatics Project, NHIP）資訊網服務系統（Virtual Private Network, VPN）建設開始，所有健康照護的相關資料，與多項政府的調查資料都有完整的收集與紀錄，因此健康資料的基礎建設是完備的。然而，目前相關的健康促進、醫療改革與長期照護的相關資料並未整合，很多研究計畫各自為政，未來應加強醫療長照及社會決定因素等相關資訊平台之整合，也應加強區域健康資料平台與健康促進平台的相容性，沒有資訊孤島。政府應該組成一個跨部會跨領域之長期團隊共同規劃，如此才能做到長照資源的整合。

參考資料

1. Abraham, R., Schneider, J., & vom Brocke, J.（2019）. Data governance：a conceptual framework, structured review, and research agenda. *International Journal of Information Management*, 49, 424-438. https：//doi.org/https：//doi.org/10.1016/j.ijinfomgt.2019.07.008

2. Albaroudi, E., Mansouri, T., & Alameer, A.（2024, 3-4 March 2024）. The intersection of generative AI and healthcare：addressing challenges to enhance patient care. 2024 Seventh International Women in Data Science Conference at Prince Sultan University（WiDS PSU）

3. Almalki, M., Alsulami, M. H., Alshdadi, A. A., Almuayqil, S. N., Alsaqer, M. S., Atkins, A. S., & Choukou, M.-A.（2022）. Delivering digital healthcare for elderly：a holistic framework for the adoption of ambient assisted living. *International Journal of Environmental Research and Public Health*, 19（24）, 16760. https：//www.mdpi.com/1660-4601/19/24/16760

4. Arefin, S.（2024）. Chronic disease management through an AI-powered application. *Journal of Service Science and Management*, 17, 305-320. https：//doi.org/10.4236/jssm.2024.174015

5. Arieli, R., Faulhaber, M. E., & Bishop, A. J.（2023）. Bridging the digital divide：smart aging in place and the future of gerontechnology. In F. Ferdous & E. Roberts（Eds.）, *(Re) designing the Continuum of Care for Older Adults：The Future of Long-Term Care Settings*（pp. 3-19）. Springer International Publishing. https：//doi.org/10.1007/978-3-031-20970-3_1

6. Assistive Technology Act, Pub. L. No. 105-394, 112 Stat 3627（1998）.

7. Bleher, H., & Braun, M.（2022）. Diffused responsibility：attributions of responsibility in the use of AI-driven clinical decision support systems. *AI Ethics*, 2（4）, 747-761. https：//doi.org/10.1007/s43681-022-00135-x

8. Chen, C., Ding, S., & Wang, J.（2023）. Digital health for aging populations.

Nature Medicine, 29（7）, 1623-1630. https：//doi.org/10.1038/s41591-023-02391-8

9. Chen, C. F., & Fu, T. H.（2020）. Policies and transformation of long-term care system in Taiwan. *Annals of Geriatric Medicine and Research*, 24（3）, 187-194. https：//doi.org/10.4235/agmr.20.0038

10. Cheng, W., Cao, X., Lian, W., & Tian, J.（2024）. An introduction to smart home ward－based hospital-at-home care in China. *JMIR mHealth and uHealth*, 12, e44422. https：//doi.org/10.2196/44422

11. Corazzini, K. N., Anderson, R. A., Bowers, B. J., Chu, C. H., Edvardsson, D., Fagertun, A.,... Lepore, M. J.（2019）. Toward common data elements for international research in long-term care homes： advancing person-centered care. *Journal of the American Medical Directors Association*, 20（5）, 598-603. https：//doi.org/10.1016/j.jamda.2019.01.123

12. de Sousa Vale, J., Franco, A. I., Oliveira, C. V., Araújo, I., & Sousa, D.（2019）. Hospital at home： an overview of literature. *Home Health Care Management & Practice*, 32（2）, 118-123. https：//doi.org/10.1177/1084822319880930

13. Dore, D. D., Myles, L., Recker, A., Burns, D., Rogers Murray, C., Gifford, D., & Mor, V.（2022）. The long-term care data cooperative： the next generation of data integration. *Journal of the American Medical Directors Association*, 23（12）, 2031-2033. https：//doi.org/10.1016/j.jamda.2022.09.006

14. Edvardsson, D., Baxter, R., Corneliusson, L., Anderson, R. A., Beeber, A., Boas, P. V., ... Zúñiga, F.（2019）. Advancing long-term care science through using common data elements： candidate measures for care outcomes of personhood, well-being, and quality of life. *Gerontology and Geriatric Medicine*, 5, 2333721419842672. https：//doi.org/10.1177/2333721419842672

15. Elhaddad, M., & Hamam, S.（2024）. AI-driven clinical decision support systems： an ongoing pursuit of potential. *Cureus*, 16（4）, e57728. https：//doi.org/10.7759/cureus.57728

16. Gao, Y., Xiong, Y., Gao, X., Jia, K., Pan, J., Bi, Y., ... Wang, H.（2023）. Retrieval-augmented generation for large language models：a survey. arXiv preprint arXiv：2312.10997.
17. Griffith, H., & Rathore, H.（2023, 4-5 Nov. 2023）. Personalized aging-in-place support through fine-tuning of generative AI models. 2023 Eighth International Conference On Mobile And Secure Services（MobiSecServ）,
18. Heid, A. R., Talmage, A., Abbott, K. M., Madrigal, C., Behrens, L. L., & Van Haitsma, K. S.（2024）. How do we achieve person-centered care across health care settings? expanding ideological perspectives into practice to advance person-centered care. *Journal of the American Medical Directors Association*, 25（8）, 105069. https：//doi.org/https：//doi.org/10.1016/j.jamda.2024.105069
19. Islam, A., & Chang, K.（2021）. Real-time AI-based informational decision-making support system utilizing dynamic text sources. *Applied Sciences*, 11（13）, 6237. https：//www.mdpi.com/2076-3417/11/13/6237
20. Janssen, M., Brous, P., Estevez, E., Barbosa, L. S., & Janowski, T.（2020）. Data governance：organizing data for trustworthy artificial intelligence. *Government Information Quarterly*, 37（3）, 101493. https：//doi.org/https：//doi.org/10.1016/j.giq.2020.101493
21. Leong, M. Q., Lim, C. W., & Lai, Y. F.（2021）. Comparison of hospital-at-Home models：a systematic review of reviews. *BMJ Open*, 11（1）, e043285. https：//doi.org/10.1136/bmjopen-2020-043285
22. Lukkien, D. R. M., Stolwijk, N. E., Ipakchian Askari, S., Hofstede, B. M., Nap, H. H., Boon, W. P. C., ... Minkman, M. M. N.（2024）. AI-assisted decision-making in long-term care：qualitative study on prerequisites for responsible innovation. *JMIR Nursing*, 7, e55962. https：//doi.org/10.2196/55962
23. Marikyan, D., Papagiannidis, S., & Alamanos, E.（2019）. A systematic review of the smart home literature：a user perspective. *Technological Forecasting and Social Change*, 138, 139-154. https：//doi.org/https：//doi.org/10.1016/

j.techfore.2018.08.015

24. McGilton, K. S., Backman, A., Boscart, V., Chu, C., Gea Sánchez, M., Irwin, C., ... Zúñiga, F.（2020）. Exploring a common data element for international research in long-term care homes：a measure for evaluating nursing supervisor effectiveness. *Gerontology and Geriatric Medicine*, 6, 2333721420979812. https：//doi.org/10.1177/2333721420979812

25. Medicare and Medicaid Programs; Reform of Requirements for Long-Term Care Facilities. Final rule.（2016）. *Federal Register*, 81（192）, 68688-68872.

26. Moreno, A., Scola, M.-C., Sun, H., Durce, H., Couve, C., Acevedo, K., & Gutman, G. M.（2024）. A systematic review of gerontechnologies to support aging in place among community-dwelling older adults and their family caregivers [Systematic Review]. *Frontiers in Psychology*, 14. https：//doi.org/10.3389/fpsyg.2023.1237694

27. Muley, A., Muzumdar, P., Kurian, G., & Basyal, G. P.（2023）. Risk of AI in healthcare：a comprehensive literature review and study framework. *arXiv preprint arXiv：2309.14530*.

28. National Institute of Aging.（2023, October 12, 2023）. *What is long-term care?* NIH National Institute on Aging. Retrieved July 31 from https：//www.nia.nih.gov/health/what-long-term-care

29. Poomari Durga, K., & Abirami, M. S.（2023, 10-12 Oct. 2023）. AI clinical decision support system（AI-CDSS）for cardiovascular diseases. 2023 International Conference on Computer Science and Emerging Technologies（CSET）,

30. Pandit, J. A., Pawelek, J. B., Leff, B., & Topol, E. J.（2024）. The hospital at home in the USA：current status and future prospects. *NPJ Digital Medicine*, 7（1）, 48. https：//doi.org/10.1038/s41746-024-01040-9

31. Parmanto, B., Aryoyudanta, B., Soekinto, T. W., Setiawan, I. M. A., Wang, Y., Hu, H., ... Choi, Y. K.（2024）. A reliable and accessible caregiving language

model（CaLM） to support tools for caregivers： development and evaluation study. *JMIR Formative Research*, 8, e54633. https：//doi.org/10.2196/54633

32. Kai Yuet Siu, P., Tang, V., Lun Choy, K., Yan Lam, H., & To Sum Ho, G. （2019）. An intelligent clinical decision support system for assessing the needs of a long-term care plan. In Sartipi, K., & Edoh, T. (Eds.)., *Recent Advances in Digital System Diagnosis and Management of Healthcare*（pp. Ch.6）. IntechOpen. https：//doi.org/10.5772/intechopen.89663

33. Puleo, V., Gentili, A., Failla, G., Melnyk, A., Di Tanna, G., Ricciardi, W., & Cascini, F.（2021）. Digital health technologies： a systematic review of their cost-effectiveness. *European Journal of Public Health*, 31（Supplement_3）. https：//doi.org/10.1093/eurpub/ckab164.273

34. Shokrollahi, Y., Yarmohammadtoosky, S., Nikahd, M. M., Dong, P., Li, X., & Gu, L.（2023）. A comprehensive review of generative AI in healthcare. *arXiv preprint arXiv：2310.00795*.

35. Tartaro, A., Panai, E., & Cocchiaro, M. Z.（2024）. AI risk assessment using ethical dimensions. *AI and Ethics*, 4（1）, 105-112. https：//doi.org/10.1007/s43681-023-00401-6

36. Wang, Y.-C., Lee, W.-Y., Chou, M.-Y., Liang, C.-K., Chen, H.-F., Yeh, S.-C. J., . . . Shi, H.-Y.（2021）. Cost and effectiveness of long-term care following integrated discharge planning： a prospective cohort study. *Healthcare*, 9（11）, 1413. https：//www.mdpi.com/2227-9032/9/11/1413

37. Wänn, D.（2019）. Personalized predictive health care： How predictive AI platforms will transform the health care industry. *In Digital Transformation and Public Services*（pp. 97-116）. Routledge.

38. Yoon, M., Park, J. J., Hur, T., Hua, C. H., Hussain, M., Lee, S., & Choi, D. J. （2024）. Application and potential of artificial intelligence in heart failure： past, present, and future. *International Journal of Heart Failure*, 6（1）, 11-19. https：//doi.org/10.36628/ijhf.2023.0050

39. Zúñiga, F., Chu, C. H., Boscart, V., Fagertun, A., Gea-S nchez, M., Meyer, J., ... McGilton, K. S.（2019）. Recommended common data elements for international research in long-term care homes：exploring the workforce and staffing concepts of staff retention and turnover. *Gerontology and Geriatric Medicine*, 5, 2333721419844344. https：//doi.org/10.1177/2333721419844344

40. Zhang, P., & Kamel Boulos, M. N.（2023）. Generative AI in medicine and healthcare：promises, opportunities and challenges. *Future Internet*, 15（9）, 286. https：//www.mdpi.com/1999-5903/15/9/286

41. Zhao, D., Sun, X., Shan, B., Yang, Z., Yang, J., Liu, H., ... Hiroshi, Y.（2023）. Research status of elderly-care robots and safe human-robot interaction methods [Review]. *Frontiers in Neuroscience*, 17. https：//doi.org/10.3389/fnins.2023.1291682

41. 吳肖琪（2016）。完善高齡者健康促進與生活品質提升之整合性照顧服務。國土及公共治理季刊，4（1）。43-52。

42. 簡慧娟（2017）。長照2.0新作為 前瞻、創新、整合——老人社區照顧政策。國土及公共治理季刊，5（3）。114-121。

第 11 章
長照科技發展芻議

江秉穎 [1,2,3] 許明暉 [4,5,6] 詹鼎正 [7,8,9]

[1] 思維連鎖睡眠醫學中心 總院長 [2] 中國醫藥大學醫學系 耳鼻喉科 教授 [3] 國際睡眠科學與科技協會（ISSTA）德國總會 暨 台灣分會理事長 [4] 臺北醫學大學數據處 數據長 [5] 臺北醫學大學管理學院 副院長 [6] 臺北醫學大學大數據科技及管理研究所 所長／教授 [7] 國立臺灣大學醫學院附設醫院 北護分院院長 [8] 國立臺灣大學醫學院 內科臨床教授 [9] 美國約翰霍普金斯大學台灣校友會理事

前言

人口老化是全球趨勢，台灣尤其明顯。台灣要落實長照政策，接下來如何透過科技的發展，來解決長照人力嚴重不足的痛點？如何透過科技政策的制定，來解決資源資金不足的痛點？又該如何制定科技政策來解決？

本篇基於台灣長照發展歷史的脈絡，與當前面臨的痛點，從「長照經濟學」的角度，著重「長照科技發展之合作模式」，

提出「台灣長照科技發展芻議」,藉以拋磚引玉,期待產、官、學、研、醫各界先進,共同商討出確實可行的長照科技政策。

一、背景與現狀

(一) 長照發展的歷史脈絡

台灣的長期照護制度發展可以追溯到上世紀 90 年代。隨著人口老化加劇,政府認識到建立完整長照體系的重要性並逐步規劃建立。以下是長照制度的演進歷程:

1. 萌芽階段 (1990s-2007)

此階段,台灣開始關注老年人口的照護需求。1998 年,行政院衛生署提出「加強老人安養服務方案」,可視為台灣長照制度的雛形。2000 年,推出「建構長期照護體系先導計畫」,在部分縣市試辦長照服務。

2. 長照 1.0 (2007-2016)

2007 年行政院正式核定「長期照顧十年計畫」,此為長照 1.0 的開端,建立基本長照服務體系,包括居家、社區及機構式服務。然而,此階段的服務對象和範圍相對有限,主要

針對 65 歲以上的失能老人。長照 1.0 的特點包括：
（1）建立長照管理中心，負責評估、轉介和追蹤服務
（2）提供居家護理、居家服務、日間照顧等基本服務
（3）開始培訓長照專業人員
（4）推動長照機構的設立和管理

儘管長照 1.0 為台灣的長照體系奠定了基礎，仍存在服務範圍不足及資源分配不均問題。[1]

3. 長照 2.0（2017- 迄今）

為解決長照 1.0 的問題，政府於 2017 年推出長照 2.0 計畫，核心在「在地老化」，使長者在熟悉環境中獲得全面照顧。這是台灣長照發展史上的重要里程碑，標誌長照服務邁入新的階段。

長照 1.0 到 2.0 有以下重要改進：
（1）擴大服務對象：不僅包括 65 歲以上老人，還涵蓋 50 歲以上的輕度失智患者、55-64 歲失能原住民，以及 50 歲以上身心障礙者。
（2）建構社區型整體照護體系：建立以社區為基礎之照顧型社區（caring community），發揮社區主義精神，讓有長

照需求的國民可以獲得基本服務,在自己熟悉的環境安心享受老年生活。向後端提供多目標社區式支持服務,銜接在宅臨終安寧照顧,減輕家屬照顧壓力,減少長期照顧負擔。

(3) 建立預防重視型體系:發展各類預防保健、健康促進等減緩失能之預防性服務措施。

(4) 推出「長照四包錢」服務:照顧及專業服務、交通接送、輔具及居家無障礙環境改善、喘息服務等。

(5) 強化照顧管理制度:建立單一窗口,簡化申請流程。

(6) 發展多元人力:除專業照顧人員,也培訓在地人力投入長照服務。

長照 2.0 的實施大大提升了長照服務的可及性和全面性,也展現後續對長照科技的需求。[2]

(二) 長照科技出現的背景與核心理念

隨著科技快速發展和人口加速老化,長照 2.0 在多方面取得顯著成效,但仍面臨如人力資源不足、服務效率有待提高、個性化需求難以滿足等挑戰,長照科技的概念應運而生。

長照科技不僅取代人力,還在 2.0 基礎上引入先進技術,進一步升級長照服務體系。筆者擔任康寧大學副校長任內,

2017年12月1日於中華經濟研究院舉行的「2017台灣銀髮族暨健康照護產業高峰會」中指出：台灣的銀髮健康照護產業在各先進國家並非領先，想打進國際市場，應要厚植實力、跨域創新。首先建議應整合國內利基產業，如醫療、紡織、資通訊、建築業等，強化台灣長照潛力。成功先例如：台灣科技部於2016年成立睡眠科技產學聯盟（https://www.isstasleep.org/stc），會員不乏國際大廠，成立宗旨為跨域整合、充分溝通、推動產業升級，其中也包含「長照科技」的規劃。建構銀髮產業，首重「使用者創新」，了解銀髮族需求，並非站在業者、研究者立場思考；再者注重使用者介面，針對不擅用電腦或3C電子用品的長者設計使用介面；最後串聯載體、服務、平台，始能建立長照科技發展契機。[3]

長照科技的核心理念可概括以下幾點：
1. 科技賦能：利用AI、物聯網、大數據、5G等技術提高照護效率和品質。
2. 精準照護：基於大數據和AI提供個性化照護方案。
3. 預防為主：從被動治療轉向主動健康管理和疾病預防。
4. 整合照護：建立統一訊息平台實現各專業領域協作。
5. 社區參與：利用智能系統促進社區居民互動、互助。
6. 培養家庭照顧成員：增強家庭照顧者能力，使其成為專業團

隊的重要夥伴。
7. 智慧決策：利用大數據和 AI 輔助政策制定和資源分配。[4]

二、長照科技研究的進展

長照科技研究在多個領域快速發展，主要包括：

（一）人工智慧（AI）

1. 長照 AI 與一般醫療 AI 的主要區別：
 （1）應用範圍：長照 AI 側重長期照護和日常生活照顧
 （2）使用場景：長照 AI 多用於居家環境、養老院等
 （3）功能重點：長照 AI 注重日常生活品質提升和長期健康管理
 （4）服務持續性：長照 AI 提供長期持續服務
 （5）個性化程度：長照 AI 需更高度個性化

2. AI 在長照中的應用研究：
 （1）預測性分析：通過預測分析，可建立開發預測長者健康狀況變化的 AI 模型，如跌倒風險預測模型即是[5]
 （2）AI 輔助診斷：如阿茲海默症早期檢測，準確率可達 90% 以上[6]

（3）個人化照護計畫：利用機器學習自動為長者生成個性化照護方案

（二）物聯網（IoT）技術
1. 智慧家居系統：自動調節環境、監測活動狀態、發出緊急警報
2. 穿戴式設備：監測生理指標、分析步態和平衡能力 [7]

（三）機器人技術
社交陪伴機器人：具情感識別能力，緩解長者孤獨感 [8]

（四）虛擬現實（VR）和增強現實（AR）技術
認知功能訓練：開發 VR 認知訓練系統，改善輕度認知障礙和早期阿茲海默症患者的認知功能 [9]

（五）大數據和雲端計算技術
1. 健康風險預測：開發預測長者慢性病風險的模型 [10]
2. 個人化健康管理：整合各種數據，提供個性化健康建議和預警

（六）5G 技術
虛擬照護社區：隨著 5G 技術的成熟，研究團隊正在探索利用 5G 建立虛擬照護社區。長者可通過影像進行社交互動，參

與線上活動,有效緩解社交隔離的負面影響。[11]

　　這些研究方向都致力於提升長照服務品質和效率,同時增強長者的生活品質和獨立性。主要特點包括:
1. 預防為主:從被動治療轉向主動健康管理和疾病預防
2. 個性化服務:據個人需求提供定制化照護方案
3. 智能化監測:實時監控健康狀況,及時發現潛在風險
4. 遠程照護:利用先進通信技術實現遠距離健康管理
5. 社交支持:增加社交互動,改善心理健康
6. 認知保健:利用新技術延緩認知功能退化
7. 數據驅動:利用大數據分析優化照護策略和資源分配

　　未來研究趨勢可能包括:
1. AI 與其他技術的深度融合,如 AI 驅動的 IoT 設備
2. 更智能的人機交互界面,適應老年人的使用習慣
3. 強化隱私保護和數據安全
4. 開發更精準的早期診斷和干預工具
5. 虛擬現實在心理健康和認知訓練中的應用

　　這些進展有望顯著改善長期照護品質,以應對人口老齡化的挑戰。

三、長照科技發展目前面臨的痛點

台灣長照科技發展目前面臨的痛點主要包括以下幾個方面：

（一）技術可靠性和適應性

長照科技在實際應用中可能面臨可靠性和適應性的挑戰。

1. 技術可靠性不足：許多長照科技產品仍處開發或測試階段，技術不夠成熟，難以大規模應用。例如，跌倒檢測系統可能會出現誤報或漏報的情況。據某醫學中心的研究，目前市面上的跌倒檢測系統的準確率約在 85%-95% 之間，意味著一定比例的誤判情況。[12]
2. 環境適應性：設備在複雜家庭或機構環境中的表現可能不如在實驗室中表現良好。例如，語音控制系統在嘈雜的環境中可能無法準確識別指令。

（二）科技接受度和使用能力低

許多高齡長者對新技術的接受度普遍較低，使用智能設備或應用程式時常感到困難。據數位發展部 2022 年的調查，65 歲以上人口中僅約 50.6% 使用智能設備（手機、電腦等）上網[13]，需設計易用的界面以適應高齡者的需求。

（三）成本高昂

先進的長照科技產品和服務通常價格較高，對於普通家庭來說負擔較重，限制了普及率。

（四）隱私和資料安全問題

隨著長照科技的發展，大量個人健康數據被收集和傳輸運用。但也產生了隱私和資料安全問題。

1. 數據洩露風險：物聯網設備和健康監測系統的普及，使長者的生理數據和行為模式暴露於駭客攻擊或洩露的風險。根據衛福部報告，2019 年 8 月有 22 家醫療院所遭勒索病毒攻擊[14]，顯示醫療機構面臨多樣化的資安威脅（勒索軟體、駭客攻擊者、第三方跳板攻擊和雲端供應商跳板攻擊等）。
2. 數據使用的倫理問題：如何平衡個性化服務和隱私保護是一大挑戰。例如，某些 AI 系統可能需要分析長者的日常行為模式來預測健康風險，但這可能會被視為過度侵犯隱私。

（五）跨部門協作困難

長照科技需要醫療、社會服務、科技企業等多方合作，但跨部門協作存在困難，難以形成有效的整合方案。

（六）系統整合和標準化問題

不同的長照科技系統之間往往缺乏良好的整合和統一標準。

1. 數據互通性差：不同系統和設備的數據格式和通信協議不同，影響數據共享和整合，增加了醫療人員的負擔，並可能影響照護的連續性和全面性。（https://www.ithome.com.tw/news/141636）
2. 標準化不足：長照科技領域缺乏統一的技術標準和評估指標，使不同系統和服務的品質難以比較，產品參差不齊，影響使用者的信任度。過去10幾年，全球睡眠科技產業唯一標準制定機構——國際睡眠科學與科技協會（ISSTA, www.isstasleep.org）在長照科技的標準制定方面，亦投入許多資源（https://www.isstasleep.org/standards），以規範市場秩序，保障產品品質和服務水準。

（七）人力資源短缺與轉型的挑戰：

長照科技的發展要求照護人員具備掌握新的技能，這帶來了人力資源轉型的挑戰。

1. 人力資源短缺：長照服務需要專業技術支援和操作指導，但目前相關人力資源仍不足。
2. 技能斷層：現有照護人員往往缺乏操作和維護高科技設備的能力。根據研究，台灣長照機構的照護人員年齡普遍偏高，

學歷偏低，對智慧服務的資訊科技使用意願不高；智慧服務資訊科技屬於新世代產物，由於世代上的差距，讓他們在相關學習效率上也不盡人意。[15]
3. 培訓成本：適應新技術需要大量資源進行人員培訓，增加了運營成本。

（八）倫理和法律問題

長照科技的發展也帶來了一系列倫理和法律挑戰。
1. 決策自主權：AI 系統在輔助決策中的作用引發了關於長者自主權的討論。例如，當 AI 系統建議的治療方案與長者或家屬的意願不一致時該如何平衡則成為難題。
2. 責任歸屬：在使用 AI 或機器人進行照護時，一旦發生意外，責任如何界定和分配仍缺乏明確的法律框架。

（九）技術依賴和彈性不足

過度依賴技術可能帶來新的風險和挑戰。
1. 系統故障風險：關鍵長照科技系統的故障可能對長者的安全和健康造成嚴重影響。例如，智能藥物管理系統失效可能導致用藥錯誤。
2. 應對突發情況的能力：高度自動化的系統在面對非常規或突發情況時可能缺乏靈活性。因此，技術發展需與人工照護的

核心能力相輔相成。

（十）可持續性和環境問題

長照科技的快速發展和更新可能帶來電子垃圾等環境問題。

1. 設備更新和淘汰：技術迭代迅速導致長照科技設備頻繁更新，增加成本並可能產生大量電子垃圾。
2. 能源消耗：許多長照科技設備需持續運行，可能增加能源消耗，與環保目標產生衝突。

（十一）人機互動的局限性

儘管社交機器人技術取得進展，但在情感交流和心理支持方面仍存在挑戰。

1. 情感理解的不足：現有 AI 系統在理解和回應複雜人類情感方面仍有不足，可能導致長者感到被忽視或誤解。
2. 人際關係的替代問題：過度依賴科技可能減少長者與家人、照護者的直接互動，對其心理健康產生負面影響。

長照 3.0 下的長照科技發展雖為應對人口老齡化挑戰提供了新可能，但也面臨技術、倫理、法律、社會和環境等多方面的挑戰，需政府、學術界、產業界和社會各界共同努力來解決。

四、解決痛點的建議

這些痛點需要通過技術創新、政策支持、跨部門合作等多方面的努力來逐步解決,以促進長照科技的發展和應用。在台灣發展長照產業,可以採取以下措施來解決上述痛點:

(一) 提升技術可靠性和適應性
1. 增加研發投入,促進技術創新
2. 加強實地測試,驗證技術可行性
3. 建立快速反饋和改進機制
4. 推動長照科技標準化,提高系統兼容性
5. 發展自適應技術,適應不同環境

(二) 提高科技接受度和使用能力
1. 推廣數位教育,提供免費培訓課程
2. 開發人性化設計界面,提升使用體驗
3. 鼓勵跨代互動,推動年輕人協助長者學習新科技

(三) 降低成本
1. 政府提供降低產品成本
2. 通過規模經濟降低產品成本

（四）保障數據隱私和安全

1. 制定相關標準和法規
2. 加強數據加密和安全技術
3. 提高數據使用透明度
4. 定期進行資安審計

（五）促進跨部門協作

1. 建立多方協作機制，促進資源整合
2. 開發綜合性長照服務平台

（六）完善系統整合和標準

1. 制定長照科技統一標準
2. 推動開放式 API 開發
3. 建立產品認證體系

（七）培養專業人力資源與轉型

1. 提供專業培訓和職業認證
2. 建立激勵機制，鼓勵技能提升
3. 促進產學合作，培養人才

（八）解決倫理和法律問題

1. 完善長照科技相關法律法規
2. 成立倫理委員會,審核科技應用
3. 強化知情同意程序
4. 制定責任界定準則

(九) 減少技術依賴和增加彈性
1. 建立備用系統,降低故障風險
2. 強化應急預案,定期演練
3. 保持必要的人工照護能力
4. 發展自動化和人工監督的混合模式

(十) 發展可持續性設備和減少環境問題
1. 推廣可升級、可替換的軟體設計
2. 建立專門的回收和再利用體系
3. 研發低功耗設備和智能電源管理系統
4. 建立環保認證標準

(十一) 解決人機互動的局限性
1. 結合科技輔助與人工照護
2. 開發個性化互動模式
3. 加強心理學研究,優化人機互動設計

這些措施的實施需要政府、產業、學術界和社會各方的共同努力：

1. 政府角色：
（1）制定相關政策和法規
（2）提供財政支持和稅收優惠
（3）推動標準化和認證體系
（4）協調跨部門合作

2. 產業界責任：
（1）加大研發投入
（2）改進產品設計，提高可用性
（3）確保數據安全和隱私保護
（4）參與標準制定和認證過程

3. 學術界貢獻：
（1）開展前沿技術研究
（2）培養專業人才
（3）提供技術諮詢和評估
（4）參與倫理和法律問題討論

4. 社會參與：
（1）提高公眾對長照科技的認知和接受度
（2）鼓勵志願者參與長者數位教育
（3）促進代際交流和互助

5. 長照機構職責：
（1）積極採用和評估新技術
（2）培訓員工掌握新技能
（3）收集用戶反饋，協助技術改進
（4）確保照護品質和安全

透過多方努力，推動長照科技的健康、可持續發展，最終提升長者生活品質和照護效率。這是需要持續投入與調整的長期過程，隨著技術進步和需求變化，策略需更新以應對挑戰。

五、長照經濟學

在資源有限和成本上升的環境下，長照科技的投資回報尤為重要。從長照經濟學角度看，某些長照科技領域具有較高的投資報酬率（ROI），不僅提升服務品質與效率，還能帶來經濟效益。以下分析具有較高經濟效益的長照科技項目：

（一）遠距照護系統之經濟效益：

1. 降低成本：減少不必要的醫院就診和住院
2. 擴大覆蓋範圍：惠及偏遠地區長者
3. 提高效率：一名專業人員可同時監控多位長者

研究顯示，遠距照護可減少 20-25% 的住院率，每年每位患者節省約 5,000 美元醫療費用[16]。台灣估計可節省數十億新臺幣年度醫療費用[17]。

（二）人工智慧（AI）輔助診斷和照護系統之經濟效益：

1. 提高診斷準確性
2. 提供個性化健康管理方案
3. 全天候監控，減少人力需求
4. 預測和預防健康風險

根據麥肯錫的報告，AI 在醫療健康領域可能在 2025 年為全球經濟帶來約 1,000 億美元價值[18]。在長照領域，AI 應用可能減少 10-15% 人力成本，同時提高 20-30% 照護品質[19]。

（三）智能家居和輔助設備之經濟效益：

1. 提高長者獨立生活能力
2. 降低意外風險
3. 改善生活品質

根據國際研究機構 MarketsandMarkets 全球智能家居研究報告，預估 2028 年全球智能家居在居家健康照護領域市場規模將達 131.6 億美元，年複合成長率 6.8%。[20]

（四）可穿戴設備和生物感測器之經濟效益：
1. 實時健康監測
2. 為醫療決策提供精確依據
3. 促進自我管理

全球可穿戴醫療設備市場預計 2025 年達 270 億美元，年複合增長率約 20%。[21] 在長照應用中，可減少 15-20% 緊急就醫次數。[22]

（五）機器人輔助照護之經濟效益：
1. 解決人力短缺
2. 提高照護一致性
3. 降低職業傷害

日本調查顯示，63.9% 受訪者認為智能型照顧機器輔具可減輕照顧負擔。[23] 預計 2025 年全球醫療機器人市場規模將達 200 億美元。[24]

（六）虛擬現實（VR）和增強現實（AR）培訓和治療系統之經濟效益：

1. 提高培訓效率和標準化
2. 降低培訓成本
3. 提供虛擬治療和增強現實訓練

　　VR 培訓可縮短 40-60% 培訓時間，提高 20-30% 學習效果。[25] 預計 2025 年醫療保健 VR/AR 市場達 50 億美元。[26]

（七）區塊鏈技術之經濟效益：

1. 提高電子病歷管理的安全性和可追溯性
2. 提升長期護理保險理賠效率和透明度[27]

　　總結來說，長照科技在提升照護品質的同時，展現了巨大的經濟潛力。從遠距照護、AI 輔助到智能家居和機器人，不僅改善了長者生活品質，還能節省醫療成本和提升效率。隨著技術進步，長照科技將成為應對老齡化挑戰的關鍵，也吸引更多投資。政府與企業應優先投入，最大化資金效益。

六、長照科技政策的考量

　　台灣在長照產業和科技政策方面已有進展。基於這些資訊，

建議政府考量制定以下長照科技政策,以促進長照產業發展:

(一) 財政支持和補貼政策

1. 研發補貼:提供研發補貼,鼓勵企業和科研機構開發先進的長照科技產品和服務。
2. 購置補貼:對家庭購置長照科技產品提供補貼,減輕經濟負擔,促進市場需求。

(二) 稅收優惠政策

1. 企業稅收減免:對從事長照科技研發和生產的企業提供稅收減免,鼓勵企業投入資源。
2. 購買稅收減免:對購買長照科技產品的個人和家庭提供稅收減免,增加消費者的購買力。

(三) 推動跨領域整合政策

1. 協作機制:建立醫療、社會服務、科技企業等多方協作機制,推動信息共享和資源整合。
2. 統一平台:開發統一的一站式長照服務平台,方便用戶使用。
  台灣政府已認識到長照產業需跨領域整合。行政院的「高齡科技產業行動計畫」就是一個跨部會、跨領域的方案,旨在利用科技提升健康促進和醫療照護服務。政策制定時應鼓勵醫

療、照護、科技和住宅等領域的合作，並設立跨部門工作小組，協調資源與專業知識。建議政府和企業提供資金支持跨領域研究和創新項目。

（四）強化長照科技人才培養

1. 專業人才培養：支持設立長照專業課程和培訓機構，培養專業人才，提高從業人員服務能力。

人才需求隨著長照產業的快速發展，人才需求也在增加。應在大學和職業學校開設長照科技課程，提供在職培訓，並鼓勵產學合作，讓學生參與實際長照科技項目。

（五）建立長照科技標準和認證體系

1. 產品標準：制定長照科技產品的技術和品質標準，確保產品安全性和有效性。
2. 服務標準：制定長照服務的操作規範和標準，提高服務的專業性和一致性。

為了確保長照科技的品質和安全，政府應制定長照科技產品和服務的標準，建立認證體系，對長照科技產品進行評估和認證。此外，還要定期更新標準，以適應快速發展的技術變革

（六）推動長照科技的普及和應用

1. 科技產品使用培訓：推行老年人科技產品使用培訓計畫，提高老年人對科技產品的使用能力。

台灣擁有豐富的資通訊和數位發展基礎，這為長照科技的應用提供了良好的條件。政策應該專注在提供稅收優惠或補貼，鼓勵長照機構採用新技術，並開展公眾教育活動，提高社會對長照科技的認知和接受度與支持長照科技的示範項目，展示其實際效果和價值。

(七) 完善長照保險制度，納入科技應用

1. 保險計畫：推行長期照護保險計畫，為老年人提供經濟支持，減輕家庭負擔。根據美國約翰霍普金斯（Johns-Hopkins）大學醫療政策與管理研究所與美國 Kaiser-Permanente 等保險公司的合作，建議長照保險規劃應與台灣私人保險公司共同討論，匯聚資源。
2. 補充保險：鼓勵商業保險公司推出補充長期護理保險產品，增加保障的多樣性。

台灣已實施了長照 2.0 政策，仍需要進一步完善。在科技應用方面，需將長照科技產品和服務納入長照保險的覆蓋範圍，並建立科技輔助照護的給付標準。同時，鼓勵保險公司開發與長照科技相關的創新保險產品。

（八）支持長照科技創新創業

1. 創業資助：提供創業資助和孵化服務，支持創業公司在長照科技領域的創新和發展。
2. 創新獎勵：設立創新獎勵機制，表彰和激勵在長照科技領域有突出貢獻的企業和個人。

　　為了促進長照產業的創新，政策應設立專門的長照科技創新基金，並提供創業孵化空間和資源，此外政府可以簡化長照科技創新產品的審批流程，加快上市速度。

（九）推動長照數據共享並制定數據隱私和安全法規

1. 數據保護法：制定專門的數據保護法，明確用戶數據的保護措施和企業的責任，保障老年人隱私。
2. 安全標準：制定長照科技產品和服務的數據安全標準，確保數據的安全性和完整性。

　　數據是發展智能長照系統的基礎。政策應該建立統一的長照數據標準和共享平台，並制定嚴格的數據隱私保護法規。

（十）促進國際合作和經驗交流

　　台灣應借鑑其他國家的成功經驗，同時推廣自己的長照科技。組織國際長照科技交流活動，如台灣已經在做的長期照顧政策及產業研習交流團，並支持台灣長照科技企業走向國際市

場和吸引國際長照科技企業在台灣設立研發中心或分公司。

(十一) 建立長照科技評估機制

建立科學的長照科技評估體系,定期發布評估報告,根據結果調整政策和資源分配,以確保長照科技有效性和成本效益。

(十二) 推動智慧化長照社區建設

筆者之前在台北榮總任職期間,擔任國發會「國際智慧養生園區」的總召集人,並參與台北榮總「國家長照示範中心」等規劃,其中以智慧化長照社區為主軸,發展長照科技並增加投資機會,提供土地和稅收優惠、吸引外資,並制定智慧長照社區的建設標準和指南。

總結來說,台灣在發展長照產業時,應充分利用科技和醫療方面的優勢,制定全面而靈活的長照科技政策,涵蓋人才培養、標準制定、技術應用、創新支持、數據利用等方面,並重視跨領域合作和國際交流。通過這些政策,台灣可以建立更高效、人性化和可持續的長照體系,應對人口老齡化挑戰。

七、長照科技發展之合作模式

為有效推動長照科技的落地和普及,政府、企業、醫療機構和科研機構之間的合作至關重要。以下是三種建議合作模式:

(一)公私合作模式(Public-Private Partnership, PPP)
1. 特點:整合資金與資源、風險分擔、長期合作。
2. 實施:簽訂 PPP 合同、多元籌資、企業運營管理。
3. 例子:建立智能家居示範點,政府提供場地和政策支持,企業提供產品,醫療機構提供健康管理服務。

(二)產學研合作模式(Industry-University-Research Collaboration)
1. 特點:促進技術創新、知識共享、人才培養。
2. 實施:建立聯合研發中心、執行合作項目、提供實習與培訓機會。
3. 例子:研發健康監測設備,科研機構提供技術,企業負責產品開發和市場推廣,大學提供培訓和研究支持。

(三)生態系統合作模式(Ecosystem Collaboration)
1. 特點:多方參與、協同創新、資源共享。

2. 實施：建立合作平台、成立行業聯盟、提供公共服務。
3. 例子：建立長照科技生態系統平台，整合各方資源，提供一站式服務。

這三種模式各有優勢：
1. PPP 模式有助於整合公私資源，分擔風險。
2. 產學研合作促進技術創新和人才培養。
3. 生態系統模式實現多方協作，共享資源。

通過這些合作模式，可以有效整合各方優勢，推動長照科技創新和應用，最終提高長者生活品質。選擇合適的模式時，應考慮具體情況和需求，靈活運用，以達到最佳效果。

八、長照科技創新案例

（一）成功案例分析

1. CarePredict（國外）

概述：CarePredict 利用人工智慧和穿戴式設備監測老年人日常活動。系統通過可穿戴設備和居家傳感器收集數據，分析行為模式，檢測異常行為並通知護理人員或家屬。

成功因素：

（1）提前識別健康問題徵兆

（2）提高老年人安全性和獨立性

（3）提升照護效率，減少不必要的住院和急診[28]

2. 智齡科技的 Jubo 安心寶（國內）

 概述：Jubo 安心寶是台灣長照科技的創新產品，為長者提供全面的健康監測和安全保障解決方案。

主要特點：

（1）健康監測：實時監測心率、血壓、活動量等

（2）緊急求助：一鍵求助功能

（3）日常提醒：藥物服用、醫療約診等提醒

成功因素：

（1）用戶友好設計：界面簡單直觀，易於使用

（2）高可靠性和準確性：提供準確可靠的健康數據和警報

（3）多功能整合：結合健康監測、緊急求助和日常提醒功能[29]

 這兩個案例展示了智慧技術在長照科技中的實際應用效果，為未來技術創新和應用提供參考。

（二）未來發展方向

長照科技的未來發展呈現多元化和創新趨勢：

1. 智慧照護與數據整合：開發和應用智慧照護系統，通過數據收集和分析實現精準照顧。
2. 照護科技與長照資料的結合：利用大數據改進服務，預測健康趨勢，開發新解決方案。
3. 跨領域整合與創新：結合醫療、護理、科技等領域，開發綜合性照護方案。
4. 服務串接與系統整合：協同各種長照服務和技術，建立完整生態系統。
5. 政策支持與產業發展：政府、社會和產業界合作，推動科技創新和應用。

長照科技的創新顯示了其提升老年人生活品質和安全的潛力。從 CarePredict 的預防性監測到 Jubo 安心寶的全方位照護，這些技術有效支持長期照護。未來，長照科技將更智能化、數據驅動、跨領域整合，專注於解決實際問題和提升服務品質，不僅改善長者生活，也為社會創造新經濟機會。

九、總結

長照科技時代的來臨，標誌著長期照護領域進入新的發展階段。隨著人口老齡化加速和科技快速進步，長照科技面臨前所未有的機遇和挑戰。其涵蓋了人工智慧、物聯網、機器人技術、虛擬現實、大數據分析、5G 應用和基因科技等領域，提升了照護效率與精準度，並增強了長者的生活品質和獨立性。然而，面臨技術可靠性、接受度低、成本高、隱私和安全等挑戰，需要多方面的解決措施，如增加研發投入、加強測試、推廣數位教育和開發人性化設計。

從長照經濟學角度看，遠程照護、AI 輔助系統和智能家居等領域具高經濟效益，值得重點投資和發展。政策上，建議政府制定靈活的長照科技政策，包括財政支持、稅收優惠、跨領域整合和人才培養。政府、企業、醫療機構和科研機構的合作至關重要，可採用公私合作、產學研合作等模式。國內外成功案例如 CarePredict 和 Jubo 安心寶展示了智慧技術在長照科技中的實際應用效果，強調了技術創新和用戶友好設計的重要性。

「負面老化」是亞洲國家存在已久的問題，過去的文獻較少探討在規劃長照政策時，如何同時讓老年人面對積極老化及如何讓老人快樂的方式。我們 2024 年起應全球知名出版社 Springer 之邀，主編《健康與養生產業專業叢書》[30]，其中第三

冊《銀髮科技》及第八冊《快樂經濟學》，探討了「樂齡產業」的要素和發展策略。長照科技的發展將更智能化、數據驅動、跨領域整合，解決實際問題，提高服務品質。

長照 3.0 時代的長照科技發展既充滿挑戰，也蘊含巨大機遇，它不僅提升長者生活品質，也創造新的經濟價值。未來，長照科技將在提高照護品質、降低成本和增強獨立性方面發揮重要作用。各界共同努力下，我們有望建立高效、人性化和可持續的長照體系，推動包容、友善的高齡社會發展。

十、建言

台灣面臨快速老齡化挑戰，長照科技對提升照護品質、減輕社會負擔至關重要，為促進其創新與應用，在本章最後提出以下建言：

（一）強化產學研合作

鼓勵大學、研究機構與企業共同開發長照科技解決方案。建立長照科技創新中心，整合資源，加速技術轉化。

（二）完善法規環境

制定長照科技相關法規，涵蓋數據隱私保護和產品安全標

準，為產業發展提供指引。

（三）提供財政支持

設立發展基金，資助創新項目，對採用長照科技的機構和個人提供稅收優惠。

（四）培養跨領域人才

在大學設立長照科技相關課程，培養兼具照護和科技知識的專業人才。鼓勵在職人員進行跨領域培訓。

（五）推動標準化和互操作性

制定產品和服務統一標準，確保系統兼容性，促進數據共享。

（六）建立示範項目

在不同地區設立長照科技示範社區，展示先進技術的應用效果，提高社會認知度。

（七）加強國際合作

與先進國家建立長照科技交流機制，引進先進經驗，同時推動台灣長照科技產品走向國際市場。

（八）發展智慧照護平台

整合長照資源，建立智慧化長照服務平台，提供個性化照護方案。

（九）重視使用者體驗

在開發長照科技產品時，充分考慮老年人需求，提高易用性和接受度。

（十）推動保險創新

鼓勵保險公司開發與長照科技相結合的保險產品，分擔長期照護風險。

（十一）加強倫理考量

在發展長照科技的同時，注重保護老年人的尊嚴和隱私，避免過度依賴科技而忽視人文關懷。

（十二）建立評估機制

定期評估長照科技的應用效果和經濟效益，為政策調整提供依據。

通過以上措施，台灣可充分發揮科技和醫療優勢，打造具國

際競爭力的「長照科技產業」，不僅能有效應對國內人口老齡化挑戰，還可為全球老齡化社會提供創新解決方案，帶動長照產業發展，成為長照科技領域的領先者。

註解

註1：衛生福利部。長期照顧十年計畫2.0（106-115年）。台北：衛生福利部。2017。

註2：同註1。

註3：「2017台灣銀髮族暨健康照護產業高峰會」。中華經濟研究院。參：https://www.chinatimes.com/newspapers/20171209000999-260210？chdtv

註4：楊梓峻、倪同芳、林姿妙（2024）。探討資訊科技在長期照護的應用現況與展望。福祉科技與服務管理學刊。12（1）。

註5：P. Kulurkar et al. AI based elderly fall prediction system using wearable sensors: A smart home-care technology with IOT. Measurement: Sensors. 2023;25:100614

註6：Helaly HA, Badawy M, Haikal AY. Deep Learning Approach for Early Detection of Alzheimer's Disease. Cognit Comput. 2022;14(5):1711-1727. doi: 10.1007/s12559-021-09946-2. Epub 2021 Nov 3. PMID: 34745371; PMCID: PMC8563360.

註7：Mao Q, Zhang J, Yu L, Zhao Y, Luximon Y, Wang H. Effectiveness of sensor-based interventions in improving gait and balance performance in older adults: systematic review and meta-analysis of randomized controlled trials. J

Neuroeng Rehabil. 2024 May 28;21（1）:85. doi: 10.1186/s12984-024-01375-0

註 8：Lin W, Li C. Review of Studies on Emotion Recognition and Judgment Based on Physiological Signals. Applied Sciences. 2023; 13（4）:2573. https://doi.org/10.3390/app13042573

註 9：García-Betances RI, Jiménez-Mixco V, Arredondo MT, Cabrera-Umpiérrez MF. Using Virtual Reality for Cognitive Training of the Elderly. American Journal of Alzheimer's Disease & Other Dementias®. 2015;30（1）:49-54. doi:10.1177/1533317514545866IF: 2.7 Q2

註 10：Chaoyi Xiang, Yafei Wu, Maoni Jia, Ya Fang. Machine learning-based prediction of disability risk in geriatric patients with hypertension for different time intervals. Archives of Gerontology and Geriatrics, 2023（105）, 104835.

註 11：Mohd Javaid, Abid Haleem, Ravi Pratap Singh, Rajiv Suman, 5G technology for healthcare: Features, serviceable pillars, and applications, Intelligent Pharmacy, 2023（1）,2-10. ISSN 2949-866X.

註 12：盧燕嬌, & 陳麗琴（2017）。智慧醫療與健康照護。

註 13：數位發展部。111 年數位發展調查報告及摘要。 2022。

註 14：衛生福利部。2019。參：https://www.mohw.gov.tw/cp-4343-49147-1.html

註 15：同註 14。

註 16：Leff B, Burton L, Mader SL, Naughton B, Burl J, Inouye SK, et al. Hospital at home: feasibility and outcomes of a program to provide hospital-level care at home for acutely ill older patients. Ann Intern Med. 2009;151（7）:457-465.

註 17：黃龍冠, & 楊培珊（2021）。以長照 2.0 為基礎回顧臺灣長照政策發展與評析未來挑戰。福祉科技與服務管理學刊。 9（2）。212-236。

註 18：McKinsey Global Institute. The Bio Revolution: Innovations transforming economies, societies, and our lives. McKinsey & Company; 2020.

註19：Deloitte. 2021 Global Health Care Outlook: Accelerating industry change. Deloitte Insights; 2021.

註20：Markets and Markets. Smart Home Market - Global Forecast to 2028; 2023.

註21：Markets and Markets. Wearable Medical Devices Market - Global Forecast to 2025; 2020.

註22：同註21。

註23：徐明仿（2018）。日本長照領域高科技輔具創新與福利服務。社區發展季刊。161, 264-275。

註24：Allied Market Research. Healthcare Assistive Robot Market by Product Type and Application: Global Opportunity Analysis and Industry Forecast, 2021 - 2030; 2021.

註25：ABI Research. Virtual Reality in Enterprise Training. ABI Research Market Report; 2020.

註26：PwC. Seeing is believing: How virtual reality and augmented reality are transforming business and the economy. PwC; 2021.

註27：Blockchain-Based Location Sharing in 5G Open RAN Infrastructure for Sustainable Communities. Intelligent Sustainable Systems, 2022, Volume 333. ISBN：978-981-16-6308-6

註28：Smith J. The Impact of Wearable Technology on Elderly Care. J Healthc Inform. 2021;12（3）:45-59.

註29：Jubo Health。科技新創與資金　新加坡打造長照生態系。https://jubo-health.com/technological-innovation-and-funding-singapore-builds-long-term-care-ecosystem/

註30：Rayleigh Chiang （Ed.）. Springer Reference Series on Health and Wellness Industry. https://meteor.springer.com/sleepmedicine

第 12 章

長照法規之發展與探討

鄭聰明 [1,2]

[1] 前行政院衛生署 參事 [2] 阮綜合醫療社團法人阮綜合醫院 顧問

前言

　　我國長照法規,現行法主要包括長期照顧服務法及長期照顧服務機構法人條例等二大主要法律。

　　長期照顧服務法,主要係對長期失能者提供長期照顧服務之方式與項目,以及對長期照顧服務之提供機構及長照服務人員之管理,建立制度,以提升長期照顧服務品質。長期照顧服務機構法人條例,則係對提供住宿式服務類之私立長照機構,建立長照法人制度,以使長照機構住民權益及照護品質,不因機

構負責人（自然人）更換而受到影響，並利長照機構永續經營與發展。所稱長照法人，包括長照財團法人及長照社團法人。

由於我國國民平均壽命延長，且生育率持續降低，於1993年正式邁入聯合國世界衛生組織（WHO）所稱老年人口超過7%之「高齡化社會」，於2017年老年人口達14%，邁入高齡社會，至2025年更可能達20%，邁入超高齡社會，失能人口中老年人口約占六成。[1]因我國人口快速老化，需照顧人口急速成長，老化速度較各國快，2015年全人口失能人數76萬人，2031年快速增加至120萬人，推估國人一生中長照需求時間約7.3年（男性：6.4年；女性：8.2年）。[2]

長期照顧即係針對不分年齡、身分別、障別之身心失能，且有長照需求者，提供其所需之社區式、居家式及機構式等多樣式之照顧服務，使長期失能者得到妥適之失能照顧與家庭支持。因有長照需求者日益增加，已成為各國政府與國民所需面對之重大風險課題，世界衛生組織即曾建議先進國家應積極建立全國普及式長照制度。長期照顧服務，在北歐以建立提供之稅收制長照制度，在美國有商業長期照護保險，在日、韓、德、荷等國已實施長期照護保險之強制性社會保險制度。我國於1998年起陸續推動「建構長期照護先導計畫」、「新世代健康領航計畫」、「加強老人安養服務方案」、「照顧服務福利及產業發展方案」，2007年推行「長期照顧十年計畫」，

對長期失能者,加強提供居家與社區式照護,對經濟弱勢者,亦提供機構式照護[3]。2009 年並推動長照服務網計畫,加強長照服務資源之規劃,將全國規劃為 22 大區、63 次區及 368 小區之服務網絡,以建構均衡完整之長照服務體系,期以促進各類長照機構之均衡分布及普及性與可近性。[4]

長期照顧服務之提供,因分屬衛生福利部及退輔會主管。長期照顧相關法規,亦分散於衛生福利部主管之老人福利法、護理人員法及退輔會之國軍退除役官兵輔導條例等,對於失能者長期照顧服務,未能有一致品質之照護。再者,長期照護需求快速增加,服務型態多元化,原有法令已無法完全涵蓋,以致長期照顧服務之資源不足,發展緩慢,且分布不均之情形。[5]

為健全發展長期照顧服務體系,以及整合分散於老人福利法、護理人員法及國軍退除役官兵輔導條例等法律中相關長照照顧服務規範,使長期照顧服務有一致性之規範,衛生福利部於 2009 年起即著手規劃草擬長期照顧服務法,並以全部失能人口之長照需要為基礎,整合法規為一致性規範,保障照護品質,建立長照機構設立許可機制,建立長照人員訓練、認證、繼續教育、登錄制度,設置長照基金獎助均衡資源發展,家庭照顧者提供支持服務,對個人看護者提供訓練等原則方向,積極進行研擬草案,期以資建立完善的長期照顧服務制度[6]。長期照顧服務法並已順利完成立法,於 2015 年 6 月 3 日公布,全

文66條,自公布後二年施行。長期照顧服務機構法人條例,則亦於2018年1月31日公布,全文47條,自公布日施行,完備長照法規體系。

一、長期照顧服務法概述

(一) 長期照顧服務法(下稱長照法)之通過立法

長照法之立法,當時除有行政院函請審議「長期照護服務法草案」外,並有立法委員分別提出「長期照護服務法草案」、「長期照顧服務法草案」、「長期照顧法草案」等提案,合計有17案,經併案審查通過,法案名稱定為「長期照顧服務法」,並作成下列附帶決議[7],於2015年6月3日公布:

1. 長照人員之訓練及認證,應考量外國籍個人看護者之語言特殊性與工作年限,並於相關辦法內訂之。
2. 長照人員之繼續教育訓練,其課程內容應包括性別敏感度、傳染性疾病及其他特殊疾病之防護教育、職業傷病預防及多元族群文化。
3. 為促進照顧者之生活品質、社會參與及自我實踐,家庭照顧者之支持服務應包括:諮詢及轉介、定點式及到宅式教育訓練、情緒支持及團體支持、符合在地需求之喘息服務,及其

他有助於提升家庭照顧者能力及生活品質之服務。
4. 鑒於實務上涉多縣市之長照需求評估時間拖延過久，民眾等待長達兩、三個月，與民眾需求急迫性之落差過大。中央主管機關應協助充實照管中心人力，以落實每名照管專員合理之個案管理量 200 件之上限，以縮短評估、服務輸送之程序；並於長照服務法之施行細則，明訂合理流程時間，以一個月內完成為原則。
5. 為促使長照服務之均衡發展，中央主管機關應定期辦理長照服務需求調查、資源分配之盤點及計算服務人口比，並每年進行修訂據以劃分或調整長照服務網區、訂定計畫及資源配置。同時對各類長照人員之勞動條件與職業傷害及各類長照人員與家庭照顧者身心健康、長照服務計畫之人權影響評估與性別影響評估等事項進行調查，並將結果上網公告。
6. 衛生福利部應成立全國性長照專線，提供長照服務各項諮詢、資源轉介，建立與相關部會、地方主管機關之連線系統，並應積極宣導該長照專線，裨益於民眾取得長照服務之相關資訊。
7. 鑑於現行聘僱外籍家庭看護工之資格條件，係依據就業服務法授權訂定之標準辦理，惟該標準過於嚴苛，與長期照顧服務法有所扞格，爰建請勞動部會同衛生福利部檢討聘僱外籍看護工之資格，以保障失能者接受照顧之權益。

8. 中央主管機關應於本法施行日起一年內，訂定本法與老人福利法、身心障礙者權益保障法、護理人員法、精神衛生法、國軍退除役官兵輔導條例等相關法規之銜接機制。

9. 長服法畢竟還是僅限長照服務的架構、服務模式和樣態定義、人員與機構的管理，和長照服務費用的增加，民眾負擔的減輕完全無關。例如：長服法的通過，護理之家繳 4 萬的一樣要繳 4 萬；養護機構 3 萬的還是要繳 3 萬；居家服務時數一樣是遠遠跟不上失能者的需求；聘外勞的一樣聘外勞。這些問題有賴衛生福利部依長照服務法，行政院想辦法編列更多的預算，和建置更綿密的服務網路增加服務時數，擴大補助項目等來逐步解決。行政院應於 2 年內完成長照財源和服務的準備，因為高齡、失能、失智人口在不久後，將以海嘯般的速度衝向我們。

10. 長照體系應該是一個涵蓋醫療照護與照顧服務的持續性照護體系，只有無縫的銜接與跨領域的照護計畫才能真正提供優質的長照服務，而非創立照護體系中另一個鴻溝，建立片斷的服務體系只是讓民眾更受苦。

11. 為充實長照服務量能，以提供民眾普及之長照服務，長照服務法業已明定設置長照服務發展基金提供長照資源發展之用；該基金主要來源之一則包括菸品健康福利捐（以下稱菸捐）。為使長照服務發展基金額度及早到位，以利資源之

建置、發展,爰要求衛生福利部應依菸害防制法第 4 條,檢討及修訂菸捐之分配及運作辦法,並明訂社會福利項下長照資源發展之分配比率,於長照服務法通過並公告後 3 個月內送本院審查。

(二) 長照法之主要內容規範

長照法共分 7 章,第 1 章「總則」、第 2 章「長照服務及長照體系」、第 3 章「長照人員之管理」、第 4 章「長照機構之管理」、第 5 章「接受長照服務者之權益保障」、第 6 章「罰則」、第 7 章「附則」。長照法之內容,以健全長照服務體系發展、服務單位及人員管理、確保服務品質及保障受照護者權益等四個構面,透過長照服務網計畫及長照發展基金之支持,以達到整合發展服務體系,促進長照資源均衡發展、發展與管理服務人力,提升服務品質與效率,及辦理長照資源供需調查之立法措施[8]。長照法其主要內容規範如下:

1. 揭示長照法之立法目的,係為健全長期照顧服務體系提供長期照顧服務,確保照顧及支持服務品質,發展普及、多元及可負擔之服務,保障接受服務者與照顧者之尊嚴及權益。與長照服務之提供,不得有差別待遇等之歧視行為原則(第 1 條)

2. 長照法之用詞定義（第3條）
 (1) 長期照顧：指身心失能持續已達或預期達六個月以上者，依其個人或其照顧者之需要，所提供之生活支持、協助、社會參與、照顧及相關之醫護服務。
 (2) 身心失能者：指身體或心智功能部分或全部喪失，致其日常生活需他人協助者。
 (3) 家庭照顧者：指於家庭中對失能者提供規律性照顧之主要親屬或家人。
 (4) 長照服務人員：指經本法所定之訓練、認證，領有證明得提供長照服務之人員。
 (5) 長照服務機構：指以提供長照服務或長照需要之評估服務為目的，依本法規定設立之機構。
 (6) 長期照顧管理中心：指由中央主管機關指定以提供長照需要之評估及連結服務為目的之機關（構）。
 (7) 長照服務體系：指長照人員、長照機構、財務及相關資源之發展、管理、轉介機制等構成之網絡。
 (8) 個人看護者：指以個人身分受僱，於失能者家庭從事看護工作者。
3. 提供長照服務應經評估之原則（第8條）
4. 長照服務之提供方式（第9條）
 (1) 居家式：到宅提供服務。

（2）社區式：於社區設置一定場所及設施，提供日間照顧、家庭托顧、臨時住宿、團體家屋、小規模多機能及其他整合性等服務。但不包括機構住宿式之服務。

（3）機構住宿式。

（4）家庭照顧者支持服務：為家庭照顧者所提供之定點、到宅等支持服務。

（5）其他經中央主管機關公告之服務方式。

5. 長照服務網之規劃與推動（第14條）
6. 中央主管機關應設置長照服務發展基金，以政府預算撥充、菸品健康福利捐7等為基金之來源，提供長照服務所需之經費（第15條）
7. 建置長照資源供需調查所需之長照服務資源資訊（第16條）
8. 長照服務人員之訓練（第18條）
9. 個人看護之訓練（第64條）
10. 各類長照機構之分類界定（第21條）
11. 機構住宿式服務類應為長照法人之強制限制（第22條）
12. 長照體系資源之連結機制（第32條）
13. 公共意外責任險之投保（第34條）
14. 長照服務品質之基準原則（第40條）
15. 未經長照服務使用者書面同意，不得對其進行錄影、錄音或攝影，並不得報導或記載其姓名等之隱私保護（第43條）

16. 長照服務使用者長照機構及其人員應對予以適當之照顧與保護，不得有遺棄、身心虐待、歧視、傷害、違法限制其人身自由等情事（第44條）

二、長照法 2017 年之修正

　　長照法於 2015 年 6 月 3 日制定公布，並自公布後二年施行。

　　依長照法第 15 條規定，長期照顧服務之經費來源，以政府預算撥充及菸品健康福利捐為主要來源，其基金額度為新臺幣至少一百二十億元，五年內撥充編列，且長照服務發展基金之用途，僅限於資源發展及布建，而面對長期失能人口及長期照顧服務需求快速成長，同時為提升服務品質、推動普及化社區照顧服務、增加服務多樣性、發展失智症者所需長照服務，使有長照需求者獲得基本服務，以政府預算難以因應長期照顧服務需求[9]。因此修正長照法第 15 條，將長期照顧服務基金用途，擴充包括補助各項經費，以加強提供各項長期照顧服務，發展社區化之長照服務，普及之長照服務體系。長照服務基金經費來源，並修正增加下列二項，作為長照服務之穩定財源：

1. 以遺產稅及贈與稅稅率由 10％調增至 20％以內所增加之稅課收入。

2. 菸酒稅菸品應徵稅額由每千支（每公斤）徵收新臺幣 590 元調增至新臺幣 1,590 元所增加之稅課收入。

　　長照法第 62 條規定，長照法施行前，已依其他法律規定，從事長照法所定長照服務之機關（構）、法人、團體、合作社、事務所等（以下稱長照有關機構），應於長照法施行後五年內依長照法之規定，申請長照機構設立許可，或完成改制及長照機構許可設立文件之換發；屆期未取得許可或換發者，不得提供長照服務。衛福部為保障現有服務對象權益，並使現有相關長照服務提供單位賡續提供服務，同時因應衛福部所推行長照十年 2.0 計畫之資源佈建及提升服務量能，對於長照法施行前，已依老人福利法、護理人員法及身心障礙者權益保障法相關規定，提供本法所定長照服務之機關（構）、法人、團體、合作社、事務所等，得受長照法需申請長照機構設立許可之規範，無須申請改制為長照機構，而得以依原設立許可或提供服務之規定，繼續提供長照服務，修正第 62 條明定，長照法施行前，已依其他法律規定，從事長照法所定長照服務之機關（構）、法人、團體、合作社、事務所等，仍得依原適用法令繼續提供長照服務。[10]

　　另長照法第 22 條規定，設有住宿式服務之長照機構，應以財團法人或社團法人之長照法人設立之。為考慮長照法施行前，已依相關法律設立提供機構住宿式長照服務之私立機構，

得不受長照法人之限制為原則,使已從事長照服務者,得依原法律規定繼續提供服務,維護接受服務者之權益,並保障現存長照有關機構穩定經營之機制,使其服務不致中斷。修正第22條增訂,於長照法施行前,已依老人福利法、護理人員法及身心障礙者權益保障法設立從事機構住宿式長照服務之私立機構,除有擴充或遷移之情事外,不受需申請設立為長照法人之限制。[11]

前述長照法之 2017 年之修正,除行政院函請審議「長期照顧服務法部分條文修正草案」外,並有委員提案修正,併案審查修正通過,並作成下列附帶決議[12],於 2017 年 1 月 26 日修正公布:

(一) 為確保長期照顧財源穩定,2018 年度起第 15 條第 1 項基金及其他相關財源額度以 330 億元為原則,缺額由政府預算撥充之,且主管機關應於 2 年內通盤檢討長照財源建置,研擬其他稅收或採行長照保險制之可行性,以因應我國逐年增加長期照顧之財源需求。

(二) 有鑑於目前需要長期照護的失能人口超過 74 萬人,領有身心障礙手冊的有 114 萬人,於機構內受照顧者僅占 8%,顯示家庭還是提供長期照護之主要場域,但居家照服員卻只有 2 萬多人,其人力缺口全都是靠國際

移工以及家庭成員來彌補。爰此，為提升家庭照顧者之相關照護技能與知識，應給予專業訓練與教育，以使家庭照護者得接受長照人員若干訓練與教育。

(三) 有家庭照顧者，為照顧失能或失智的雙親，或先天性身心障礙的孩子辭去工作，失去工作收入加上龐大的照顧費用支出，造成「照顧貧窮化」現象。爰要求衛福部於本法施行後三個月，提出長照 2.0 喘息服務天數提高可行性評估，放寬中低收入戶老人特別照顧津貼可行性評估及解決家庭照顧者的「照顧貧窮化」之措施。

(四) 就《長期照顧服務法》立法精神為「為健全長期照顧服務體系提供長期照顧服務，確保照顧及支持服務品質，發展普及、多元及可負擔之服務，保障接受服務者與照顧者之尊嚴及權益……。」提供合理價格、相當品質之照顧服務，為長照機構不可忘卻的社會責任及使命。然我國小型機構照顧服務品質良莠不齊、收費過高及建物設施安全性問題備受爭議，在未具「法人化」相對嚴謹之規範拘束下，主管機關依原相關法令所定之機構評鑑制度，亦無法發揮實質監督效果，為求提升照顧品質，確實改善管理問題，爰要求衛生福利部針對未辦理法人化之私立長照小型機構（49 床以下），訂定管理辦法，達到兼顧小型機構穩定營運及健全長照發展之目標。

（五）本法施行前已依老人福利法、身心障礙者權益保障法及護理人員法法律規定，在偏鄉、離島及原住民地區設立之小型長照機構，政府應依相關法令規定研擬輔導措施。

（六）依長期照顧服務法修正條文（以下簡稱本法）第62條規定，本法施行前已依其他法律規定設立之照護機構、老人福利機構及身心障礙福利機構，仍得依原適用法令繼續提供服務，惟該等機構負責人如有變更，依現行相關設立許可辦法規定，須重新申請設立許可。爰建請衛生福利部儘速修正，使該等機構於變更負責人（轉讓或繼承）時，得依原法規申請變更登記，以資便民及提升行政效率。

（七）本法施行前已依老人福利法、護理人員法及身心障礙者權益保障法規定設立之私立住宿式服務類機構，應為其設計簡便可依本法完成改制或許可設立文件換發之程序。

（八）為落實長期照顧服務法並充實長期照護人力資源之供給，關於衛生福利部執行之照顧服務員訓練實施計畫，建請衛生福利部將照顧服務員相關之職業工會納入得辦理訓練之單位。

（九）有鑑於長照的對象常有許多併發症，都需醫療專業合

作,故長照與醫療無法切割。由於醫療專業具高度專業性,爰建請衛生福利部研擬醫療體系、長照體系及社會福利整合,或與醫界進一步商討,讓我國照護體系成為可永久服務之社會體系之一。

(十) 有鑑於目前需要長期照護的失能人口超過 74 萬人,領有身心障礙手冊的有 114 萬人,但居家照服員卻只有 2 萬多人,其人力缺口全都是靠國際移工及家庭成員彌補;為提升家庭照顧者之相關照護技能與知識,給予專業訓練與教育,爰建請衛生福利部,應研議強化家庭照顧者之照顧技巧相關課程與教育訓練。

三、長期照顧服務機構法人條例概述

(一) 長期照顧服務機構法人條例(下稱長照法人條例)之通過立法

長照法於 2015 年 6 月 3 日制定公布,長照法對於提供住宿式服務類之私立長照機構,能夠以法人化運營,使長照機構住民權益及照護品質,不因機構負責人(自然人)更換而受到影響,並利長照機構永續經營與發展[13]。長照法第 22 條第 1 項規定,設有機構住宿式服務之長照機構,應以財團法人或社團法人(以下合稱長照機構法人)設立之。第 3 項規定,長照機

構法人之設立、組織、管理及其他應遵行事項，於本法施行之日起 1 年內，另以法律定之。於第 62 條第 2 項規定，私立機構住宿式服務類之長照有關機構得不受第 22 條第 1 項之限制，以原私立機構住宿式服務類之長照機構名稱完成前項改制及許可設立文件之換發。但其負責人或長照機構擴充、縮減、遷移、名稱等變更，應依第 22 條第 1 項規定辦理。

長照法於 2017 年 1 月 26 日修正公布，將上述第 62 條第 2 項修正刪除，移列至第 22 條第 3 項規定，第 22 條第 3 項修正為第 4 項，並修正為第一項長照機構法人之設立、組織、管理及其他應遵行事項，另以法律定之。

衛生福利部爰依據長照法第 22 條第 4 規定，提出「長期照顧服務機構法人條例」草案，經立法院審議通過，於 2018 年 1 月 31 日公布，全文 47 條，自公布日施行。

（二）長照法人條例之主要內容規範

長照法人條例共分 7 章，第 1 章總則、第 2 章長照機構法人（第 1 節通則、第 2 節長照機構財團法人、第 3 節長照機構社團法人）、第 3 章罰則、第 4 章附則。長照法人條例主要內容規範如下：

1. 長照法人條例之立法目的（第 1 條）
2. 長照法人定義（第 3 條）

3. 住宿式服務之長照機構,應為長照法人(第5條)
4. 長照法人設長照機構家數與規模之限制(第7條)
5. 長照法人組織(第10條)
6. 長照法人之會計制度(第14條)
7. 長照法人擔任公司股東及投資之限制(第16條)
8. 長照財團法人之設立許可(第23條)
9. 長照財團法人登記事項變更之許可(第26條)
10. 長照社團法人之設立許可(第30條)
11. 長照社團法人社員財產權與表決權(第32條)
12. 長照社團法人登記事項變更之許可(第34條)

四、長照法之再修正

長照法於2015年6月3日制定公布、2017年1月26日修正第15、22、62、66條條文,其後分別再於2019年6月19日、民國2021年6月9日修正。

(一)長照法2019年之修正

長照法於2019年修正公布,係由委員分別提案修正部分條文,合計6案,經併案審查通過,修正第14、24、34、39、47條條文,於2019年6月19日修正公布,修正內容重點如下:

1. 第 34 條第 1 項原規定：機構住宿式服務類之長照機構，應投保公共意外責任險，確保長照服務使用者之生命安全。僅將「機構住宿式服務類」之長照機構，應投保公共意外責任險。為強化針對住宿式服務類長照機構服務對象之保障，考量設有住宿式服務之綜合式服務類長照機構，本於相同事物應為相同處理原則，應可納入投保公共意外責任險範疇，故增訂提供「設有機構住宿式服務之綜合式服務類」之長照機構，須投保公共意外責任險規定。並配合修正第 47 條罰則，納入違反第 34 條規定，落實保障長照服務使用者權益之目的[14]。

2. 第 39 條第 3 項原規定：第一項評鑑之對象、內容、方式及其他有關事項之辦法，由中央主管機關定之。修正為：第一項評鑑應依長期照顧服務機構類別訂定；其評鑑對象、項目、方式、評鑑人員資格與遴聘、培訓及其他有關事項之辦法，由中央主管機關定之。以明確要求長照機構之評鑑，應照顧服務機構類別訂定實施[15]。

(二) 長照法 2021 年之修正

長照法於 2021 年修正公布，係由行政院函請審議「長期照顧服務法部分條文修正草案」外，並有委員提案修正，合

計 5 案，經併案審查通過修正第 6、18、22、30、47、49、53、54、58、62、66 條條文；並增訂第 8-1、32-1、32-2、39-1、47-1、48-1 條條文，並作成下列附帶決議[16]，於 2021 年 6 月 9 日修正公布：

1. 通過附帶決議：
（1）按「長期照顧服務機構法人條例」之規定，設有董事資格、自有財產等限制，惟修法後讓私校得以排除長期照顧服務機構法人條例之適用，對於長照機構品質之把關，是否得以維持，不無疑問。另考量教育政策與長照政策面向非相同，且私校之用地可能係租用國營事業之土地，若僅憑設立相關長照科系即可規避退場機制，將與教育政策有所衝突，故爰請衛生福利部針對設有長照相關科系之私立高級中等以上學校研擬設立住宿式長照機構的相關配套措施，並於 3 個月內向立法院社會福利及衛生環境委員會提交書面報告。
（2）鑑於長照特約單位若削價以招攬長照服務使用人，而該削價以招攬長照服務使用人受到相對低價之優惠，難以期待主動舉發，故主要仰賴主管機關自行檢查。另若確認長照特約單位有削價競爭行為以及追收未果之情狀研擬相關配套措施，並於 2 個月內向立法院社會福利及衛

生環境委員會提交書面報告。

（3）為完善長照服務體系，並保障長照人員之權益，長照特約單位應確保其長照人員之勞動條件符合勞動有關法規。爰請衛生福利部於修法後 6 個月內會同勞動部及內政部研議修正現行長照服務契約書之規定，以使該等人員相關勞動權益獲得保障。

（4）我國聘僱外籍看護工之家庭，應為政府長期照顧服務之涵蓋對象，惟現行法規政策尚未納入外籍長照人員。爰此，長期照顧服務之目的事業主管機關，應會同勞動部，於 2021 年 12 月 31 日前提出檢討我國長期照顧服務之政策評估，並提出政策目標落實之路徑與階段目標，以期降低我國長期照顧服務需求者對外籍看護工之依賴，並提升我國長期照顧服務能量。

（5）本法修正通過後，設有長照相關科系私立高級中等以上學校，如屬專案輔導學校，應不予同意其設立住宿式長照機構。另設有長照相關科系私立高級中等以上學校，如欲設立住宿式長照機構，經向地方主管機關提出申請，應再轉由中央主管機關審核。後續請併同修正長期照顧服務機構設立許可及管理辦法。

2. 衛生福利部修正說明：

長照法於 2015 年 6 月 3 日制定，並自 2017 年 6 月 3 日施行，衛生福利部於 2017 年起推動長照十年計畫 2.0，布建居家、社區及住宿式服務資源，並持續精進各類長照服務，結合地方政府提升長照服務品質及充實長照人力，以逐步達成社區長輩在地老化之目標。

鑑於需要長期照顧之失能人口持續成長，為擴增長照服務量能、促進長照相關資源發展，以滿足失能者之多元長照需求，衛生福利部於 2018 年起推動長期照顧服務之長照給付及支付制度與長照服務提供者特約機制，提升我國長照資源不足區之服務量能。社區整體照顧服務體系（長照 ABC）資源建構，ABC 據點自 2017 年度的 80A-199B-441C，成長至 2021 年 3 月的 692A-6,346B-3,343C。此外，2021 年 3 月長照給支付服務人數達 36.5 萬人，較 2017 年度成長 3.4 倍，服務涵蓋率達 55.1%。衛生福利部另基於長照資源合理利用原則，輔以長照給付及支付制度，已提升長照服務費用支付價格，為落實長照服務使用者付費機制，強化失能者權益保障及提升長照服務品質。乃推動長照給付支付制度與長照服務提供者特約機制，另基於長照資源合理利用原則，並考量長照服務給付之公平性及效率性[17]。

3. 通過修正內容重點如下：

(1) 增列經濟主管機關權責事項，即以經濟部為中央目的事業主管機關，辦理長照輔助器材、產品開發之規劃等相關事項。（第 6 條）

(2) 增列照管中心或直轄市、縣（市）主管機關應按民眾失能程度核定其長照需要等級及長照服務給付額度；長照服務使用者應負擔一定比率長照服務給付額度或金額。（第 8-1 條）

(3) 為布建機構住宿式長照服務資源，增列符合特定要件之學校得設立機構住宿式服務類長照機構，排除適用設立長照機構法人之規定。（第 22 條）

(4) 規範直轄市、縣（市）主管機關與長照服務提供者簽訂特約之申審程序、不予特約之條件及違約之處理等相關事項，授權長照服務提供者特約制度之相關辦法，由中央主管機關定之。（第 32-1 條）

(5) 為確保身心失能者之權益，並提升主管機關查核未立案長照機構之效率，明定主管機關之檢查義務，且受檢查者應予配合。（第 39-1 條）

(6) 針對未依規定申請設立許可為長照機構者，明定其違法態樣及罰責；另為保障服務對象權益，增列公布機構名稱及負責人姓名之規定。（第 47-1 條）

（7）增列長照法施行前已依其他法律規定提供長照服務，仍適用原法令繼續提供該服務之機關（構）、法人、團體、合作社、事務所等，其實際執行長照服務人員之認證、繼續教育、登錄及處罰，適用長照法之規定。（第62條）

五、由長照法規衍生之政策討論

（一）社區長照服務機構發展之展望

依據長照法第21條規定，長照機構依其服務內容，居家式服務類、社區式服務類、機構住宿式服務類、綜合式服務類及其他經中央主管機關公告之服務類。

衛生福利部於2017年賡續推動長期照顧十年計畫2.0，在社區式服務，創新納入推動社區整體照顧服務體系，培植A級—社區整合型服務中心，擴充B級—複合型服務中心，廣設C級—巷弄長照站。規劃（A級）社區整合型服務中心之功能：（1）依該區域長期照顧管理中心研擬之照顧計畫進行協調連結照顧服務資源。（2）提升區域服務能量，開創當地需要但尚未發展的各項長期照顧服務項目。（3）資訊提供與宣導。（B級）複合型服務中心之功能：（1）提升社區服務量能。（2）增加民眾獲得多元服務。（C級）巷弄長照站之功能：（1）提供具近便性的照顧服務及喘息服務。（2）向前延伸強化社

區初級預防功能。依據衛生福利部規劃原則，C 級巷弄長照站佈建為一里一 C 級據點[18]。

上述 ABC 據點，以計畫方式申請，依計畫內容補助，其修繕及開辦設施設備、專案活動費、專案計畫管理費、專業服務費、照顧服務員人事費、儲備照顧人力費、社區巡迴接送補助、跨專業團隊業務費、個案管理費等項目之補助[19]。2017 年度 A 級 80 個據點，B 級 199 個據點，C 級 441 個據點[20]。於 2018 年配合長照服務給支付制度施行，調整社區整體照顧服務體系，將 A 級單位功能定位為長照失能個案之個案管理，主要任務為長照失能個案照顧計畫之擬訂與管理；B 級單位則專注於對長照失能個案照顧服務之提供，並不以同時提供多種服務為必要；C 級單位則以強化社區初級預防功能為主軸，個別量能充足的單位則可同時提供喘息服務。至 2023 年 6 月，A 級已達 699 據點，B 級已達 8,013 個據點，C 級亦已達 3,956 個據點[21]，確使社區整體照顧服務體系之普及發展，已具雛形。

（二）住宿式長照機構之整合管理

長照法將原分散於已依老人福利法、護理人員法、身心障礙者權益保障法及國軍退除役官兵輔導條例管理之老福機構、榮民之家、日間照護、居家服務、護理之家、居家護理及身障福利機構等長照機構，予以整合納入管理，並於長照法原第 62

條規定，在長照施行前，已依其他法律規定，從事長照所定長照服務之長照有關機構，強制應於長照法施行後五年內，申請許可或完成改制為長照機構，屆期不得提供長照服務之規定，2017年1月26日修正放寬，在長照施行前，已依其他法律規定，從事長照所定長照服務之長照有關機構，不須重新申請許可或完成改制，得依原適用法令繼續提供長照服務。

但長照法於2017年1月26日之修正，並修正第22條規定，對於私立機構住宿式服務類之長照有關機構，如有擴充或遷移時，仍需依第22條第1項規定，申請許可為長照法人。

上述規定之修正，係將既有各類機構整併至長照法統一規範之原立法目的，回復為既有機構依原設立法律管理，但只能依原狀、原規模繼續提供長照服務；現有機構僅有在擴充或遷移時，才會要求其依長照法規定轉型為住宿式長照機構。該修正方向固然較為尊重既有機構存在之事實，但就長期制度改革而言，則失去了讓住宿式長照服務逐漸整合法規與管理制度的契機，提高了行政管理的負擔。

（三）機構住宿式長照服務需求之提供

政府於2007年推動長期照顧十年計畫，提供居家與社區式照護服務之補助，補助項目包括居家服務、日間照顧、家庭托顧，與居家護理、居家及社區復健、輔具購買、租借、居家無

障礙環境改善服務、老人營養餐飲服務、喘息服務、交通接送服務等，惟對機構式照護，則僅限對限經濟弱勢之重度失能者，提供補助[22]。

2017年賡續推動長期照顧十年計畫2.0，在既有補助項目外，擴充服務項目，如小規模多機能服務、家庭照顧者支持服務據點、失智症照顧服務，另規劃辦理預防失能和延緩失能服務，推動社區整體照顧服務體系；在服務對象方面，則增加55-64歲失能原住民、全年齡失能身心障礙者及50歲以上失智者；服務體系面，則布建（A級）社區整合型服務中心、（B級）複合型服務中心及（C級）巷弄長照站之社區長照服務體系[23]。2018年起進一步將居家式與社區式長照服務項目加以細分為約150項，並導入論量計酬的觀念，推動給支付制度，搭配2017年長照法修正，提供了相應財源支持下，至2023年6月，長照服務使用人數為64萬9,809人，長照需求服務涵蓋率為76.91%。長照服務人數固然有明顯的成長，但對於使用住宿式服務的長照失能者，係採取現金補助方式，有別於對使用居家式與社區式服務之長照失能者，按失能程度規定提供相應額度之實際服務；且依社會通念，使用住宿式長照服務的失能者，其失能程度可能較高，但現金補助金額與使用居家式及社區式長照服務的額度相比較，二者是否相當，亦有討論之餘地。

（四）長照財源之探討

　　長照法雖於 2017 年 1 月 26 日修正，其中第 15 條之長照服務基金經費來源，修正增加遺產稅及贈與稅稅率由百分之 10 調增至百分之 20 以內所增加之稅課收入，及菸酒稅菸品應徵稅額由每千支（每公斤）徵收新臺幣 590 元調增至新臺幣 1,590 元所增加之稅課收入。截至 2024 年均能提供政府推動長照服務之充足財源，惟在台灣高齡人口快速增加之趨勢下，是否能持續符合長期照顧服務需求所需經費，亦仍有待觀察。

　　政府以稅收制有限資源，如無法符合長期照顧服務需求所需經費，是否宜考慮實施長期照顧保險，以資符合長照法所定提供長期照顧服務，確保照顧及支持服務品質，發展普及、多元及可負擔服務，保障接受服務者與照顧者尊嚴及權益之目的。

結語

　　長照法於 2017 年 6 月 3 日公布，自公布後二年施行，並分別於 2017 年 1 月 26 日、2019 年 6 月 19 日、2021 年 6 月 9 日修正三次，以為健全長期照顧服務體系提供長期照顧服務，確保照顧及支持服務品質，發展普及、多元及可負擔之服務，保障接受服務者與照顧者之尊嚴及權益長期照顧服務，提供具體法律依據。

長照法對於長照服務提供方式,規定包括居家式長照服務、社區式長照服務、機構住宿式長照服務及家庭照顧者支持服務等,予以明確制度化規範。對於長照機構,包括老福機構、榮民之家、護理之家及身障福利機構等,原分散於已依老人福利法、護理人員法、身心障礙者權益保障法及國軍退除役官兵輔導條例,並予整合納入長照法管理,分為居家式服務類、社區式服務類、機構住宿式服務類、綜合式服務類等長照機構,以促進提升服務品質。對於長照服務人員及個人看護者,以予明確要求應經訓練,以促進提升照護品質。並對於接受長照服務者之權益保障,以予明確規範。

　　又長照法賦予衛生福利部推動長照服務網之依據,得劃分長照服務網區,規劃區域資源、建置服務網絡與輸送體系及人力發展計畫,以加強長照服務資源之規劃,將可增進各類長照機構之均衡分布及普及性與可近性,促進長照資源、長照體系之均衡發展。

　　整部長照法之規範,輔予長照法人條例,對長照服務可提供完整之法律基礎,將可促進推動長照服務制度健全發展。

註解

註 1：行政院衛生署。長期照護保險政策評估簡報。人口快速老化分析資料。2012 年 12 月 5 日。

註 2：衛生福利部。長期照顧保險法（草案）簡介。人口快速老化分析資料。104 年 9 月 4 日。

註 3：全國法規資料庫。長期照顧服務法104年審議立法歷程。委員會審議紀錄。衛生福利部說明。

註 4：同註 1。

註 5：同註 3。

註 6：全國法規資料庫。長期照顧服務法104年審議立法歷程。委員會審議紀錄。衛生福利部報告簡報。

註 7：全國法規資料庫。長期照顧服務法 104 年審議立法歷程。院會通過紀錄。

註 8：行政院衛生署。長期照護保險之規劃。長期照護體系發展策略。2012 年 5 月。

註 9：全國法規資料庫。長期照顧服務法106年審議立法歷程。委員會審議紀錄。衛生福利部說明。

註 10：同註 9。

註 11：同註 9。

註 12：全國法規資料庫。長期照顧服務法106年審議立法歷程。院會通過紀錄。

註 13：全國法規資料庫。長期照顧服務機構法人條例 106 年審議立法歷程。委員會審議紀錄。衛生福利部說明。

註 14：全國法規資料庫。長期照顧服務法 108 年審議立法歷程。委員會審議紀錄。委員提案說明。

註 15：同註 14。

註 16：全國法規資料庫。長期照顧服務機構法人條例 106 年審議立法歷程。院會通過紀錄。

註 17：全國法規資料庫。長期照顧服務法 110 年審議立法歷程。委員會審議紀錄。衛生福利部說明。
註 18：衛生福利部社會及家庭署。106 年度社區整體照顧服務體系行政說明。
註 19：同註 18。
註 20：同註 17。
註 21：立法院第十屆第八會期衛生福利部對立法院社會福利及衛生環境委員會之口頭施政報告。
註 22：同註 8。
註 23：同註 18。

第13章 衛生福利部所屬醫院長期照護現況

林慶豐[1] 李孟智[2] 黃元德[3] 賴仲亮[4]
歐建慧[5] 林三齊[6] 簡以嘉[7] 王蘭福[8]

[1] 衛福部醫福會執行長 [2] 臺中醫院顧問 [3] 臺中醫院院長 [4] 朴子醫院院長
[5] 臺南醫院院長 [6] 基隆醫院院長 [7] 玉里醫院院長 [8] 臺東醫院院長

前言

　　隨著人口老齡化及慢性病患者的增加，醫療與養護的整合已成為現代醫療照護的重要課題。衛生福利部部立醫院在這方面做出了許多卓有成效的努力，以確保醫療與養護的無縫銜接，為病人提供全方位、持續性的照護。

　　部立醫院在賴清德總統提出的「健康台灣」願景引領下，建

立了多元的合作團隊，這些團隊包括醫生、護士、社工及其他醫療專業人士，為每位病人量身訂製個人化的照護計畫。賴清德總統強調，科技在促進醫療發展中的關鍵作用。部立醫院也引進了先進的健康信息系統，使得不同部門及照護者之間的溝通更加順暢，實現了病人信息的即時共享，對於協調照護至關重要。

部立醫院的醫養整合模式已經取得了初步成果，包括全人照護模式、急性後期照護（PAC）、老人全包照護計畫（PACE）、居家及安寧醫療以及住宿型長期照護等。這些計畫和服務不僅提升了病人的健康結果，也大大提高了病人的滿意度，並有效地使用醫療資源，部立醫院的整合照護模式也成為其他醫院及醫療系統學習的範本。

賴清德總統認為，「健康台灣」不僅是提供醫療服務，更是要打造一個人人都能享有高品質照護的社會。部立醫院的醫養整合實踐，正是推動這一願景的重要組成部分。通過持續創新和合作，確保長照醫療系統能夠滿足所有病人的需求，尤其是最需要照護的人群。

一、醫養整合全人照護模式

（一）邁向老人全人照護模式

台灣正面臨人口快速老化，預計 2025 年將進入超高齡社會。截至 2023 年底，65 歲以上老年人口已達 429 萬，約占總人口兩成，扶老比近 29%。面對少子化和高齡化挑戰，老人的多重慢性病、失能和失智症等照護問題日益嚴重。

長期照顧計畫旨在應對這些挑戰，結合本土需求與文化，創新多元地提供照顧服務。計畫前端著重預防保健，促進健康老化；後端提供多元社會支持服務，協助醫療銜接居家與安寧照護。政府推動社區基礎的健康照顧體系，整合社政和衛政資源，設立長期照顧管理中心，實現就地老化理念。

為建構綿密的長照網絡，政府在各鄉鎮推動社區整體照顧模式，設立 A、B、C 級照護中心，提供個案管理服務。同時成立失智共同照護中心，營造友善社區環境。以醫院為基礎，建立「完整老人照護園區」是政府落實照顧民眾的捷徑。

（二）從醫院到社區的長照一條龍模式

嘉義醫院整合各中心資源，提供預防保健、醫療照護及長照服務等完整且個別化之全方位、全齡社區照顧。建立高齡友善圈，首創社區健康顧問團，提供全天候線上諮詢服務，提升社

區民眾整體健康能力,發展多元連續性服務模式。

其服務包括:

1. 社區長照與篩檢保健:整合醫院資源,提供全齡長照服務。日照中心獲 SNQ 國家品質標章,首創醫養專業整合的三全五力全責式日間照顧模式。

2. 住院醫療:推動 PAC 計畫,提供高強度復健訓練。執行住院整合照護服務試辦計畫,減輕家屬負擔。

3. 出院準備銜接長照服務:組成專業服務團隊,提供個案照護需求及轉介服務。

4. 機構安養:護理之家提供多樣化服務,實施全責照護團照模式。

二、急性後期照護(Post-Acute Care, PAC)

(一) 健保署急性後期照護計畫簡介

衛生福利部所屬醫院早期便積極發展復健科及高齡醫學科。2013 年起配合國家政策推動中期照護計畫。2014 年健保署開始推動急性後期照護計畫,有 20 家醫院參加。2022 年朴子醫院及臺中醫院執行台灣前瞻復健病房計畫,提供更完整的照護。

自 1995 年起,台灣全民健康保險(NHI)已涵蓋 96% 以上人口。2014 年,NHI 實施「急性後期腦血管疾病照護(PAC-

CVD）」試點計畫，專為中風患者設計。患者由急性病房轉診至區域或社區醫院接受復健治療。NHI 計畫要求由照護團隊提供全面後急性期照護，每天 1 至 3 小時的密集康復計畫。定期記錄功能和生活品質評估，包括 MRS、B-ADL、LB-IADL、FOIS、MNA、EQ-5D、BBS、MMSE 和 CCAT。2015 年，增列「急性後期照護病房設置標準」，並因八仙樂園事件增加燒燙傷 PAC 項目。2017 年，擴大 PAC 適應症範圍。部分醫院還提供額外輔助治療，提升急性後期照護成效。

（二）部立醫院急性後期照護計畫初步成果

自 2014 年起，部立醫院積極參與健保署 PAC 計畫，涵蓋腦中風、燒燙傷、創傷性神經損傷、脆弱性骨折、衰弱高齡和心臟衰竭等領域。

臺中醫院及朴子醫院的研究顯示，PAC 計畫顯著改善中風患者的 MRS、B-ADL、LB-IADL、FOIS 和 MNA 指標，76.8% 患者出院後能回到社區。腦外傷急性後期照護計畫平均住院 45.11 天，多項評估指標均顯著改善，96% 患者能返回社區。

豐原醫院急性後期照護團隊成果顯示：2014 年 1 月至 2024 年 5 月，1020 位中風患者在 MRS、Barthel 指數、FOIS、營養篩檢、MNA、EQ-5D、IADL、BBS、六分鐘行走、FMA-motor、認知評估和 CCAT 等方面均有顯著進步。

各部立醫院積極參與健保署計畫,並獲得品質認證及發表論文。臺中醫院和朴子醫院分別於 2015 年和 2020 年獲得 SNQ 國家品質標章,二家醫院發表多篇學術文章和海報。

三、全責式醫療照護模式（Program of All-Inclusive Care for the Elderly, PACE）

(一) 引領全國導入全責式醫療照護模式

2008 年起,內政部積極推動社區照顧服務,其中日間照顧中心成為失能或失智老人的重要資源,透過日間課程與活動設計,維持老人健康、增強認知功能與社交參與,並提升老人的自我效能,讓其感到生活有目標。

老年人常面臨不典型疾病表現、多重用藥等問題,健康照護體系需要整合,以銜接醫療與社區照護。臺中醫院於 2014 年參訪美國 PACE 計畫,該計畫的精神是全方位的照護,提供老人醫療、社會、復健及生活照顧,期望長者在社區內獨立生活並維持生活品質。

2017 年,臺中醫院參循 PACE 模式,成立國內第一所醫院基礎的全責式老人日間照顧中心,結合醫院與社區的周全性老人照顧模式,串連相關醫療專科及社會福利機構,提供跨專業整合性的醫療照護與評估,幫助長者克服衰弱及失能,提升家

屬的照護技能與健康管理能力，預防不必要的入院。

1. 臺中醫院全責式老人日間照顧中心宗旨與特色

全責式老人照護日間照顧中心秉持「尊重生命」、「關懷弱勢」、「以客為尊」的理念，並以「個別化」、「人性化」為基本精神，透過跨專業評估及溝通，擬定個人化照護目標，提供老人活動參與、營養餐飲、門診醫療、復健治療等服務，並運用社會福利資源，連結急性及亞急性醫療照護與社區長期照護服務，增進長者獨立生活能力及生活品質，達成「在地老化」及「健康老化」的目標。

2. 全責式老人日間照顧中心（PACE）的服務目標

（1）生活自立，社福支持

（2）預防保健，醫療守護

（3）教育訓練，研究發展

整合跨專業醫療團隊，服務範圍涵蓋照顧一般老人及同時罹患多種疾病或老年病症候群的老人，將照護流程、資訊、醫院與社區照護整合，連結周邊資源，建構以個人為中心的社福長期照護網。

3. 團隊服務運作的模式

（1）無縫接軌服務：由專責個管師提供一站式快速通關服務，為每位老人實施入住前完整社福處遇評估，並由社工師與個案和家人面談，協助安排申請手續和連繫方式。

（2）提供個別化的照護服務：依據年長者需求量身訂做照護計畫，串連醫師群和護理師的評估、營養、復健、用藥等資源，與家屬共同擬定照顧計畫，並定期檢視。

（3）建構無障礙照護環境：設計建造具有人性化、安全、溫馨的生活環境，讓長者在居家情境中輕鬆獲得專業團隊照顧，並設有診療室、無障礙浴廁等活動空間。

（4）定期評估老人照護品質與服務指標：包括入住、第1、3、6月的周全性老人評估、身體功能進步率、跌倒發生率、感染發生率等，並進行滿意度調查分析。

（5）運用個案管理模式：給予預防注射、癌症篩檢等預防保健，發展多元化居家服務方案。

（6）提升健康識能與自我健康管理照護能力：設計多元衛教活動，增強個案及家屬的健康識能，協助功能恢復及生活自理能力。

4. 全方位的體適能訓練活動

（1）日常生活功能訓練：透過專業評估分析，根據長輩的能

力與生活習慣，給予適當的訓練及照護策略，提升生活自理能力。
(2) 自主復健運動訓練：提供上下肢功能訓練器，運用垂直塔、滑車等設備進行訓練。
(3) 多元活動課程訓練：結合體能、營養、社交、記憶等多元活動課程，預防大腦退化。
(4) 預防肌少症訓練：教導長輩在家用簡易肢體動作進行訓練，避免跌倒。
(5) 加強吞嚥功能訓練：由語言治療師評估長輩吞嚥功能，提供相關訓練。

5. 服務特色與創新
(1) 整合衛政、社政照護服務體系：建構日間照護中心新模式，提供專業跨團隊。
(2) 整合性照顧：使用周全性老年評估（Comprehensive Geriatric Assessment, CGA）評估每位長輩。
(3) 活到老學到老：透過多元化課程提升老人 IADL 功能，強化肢體功能，預防跌倒。
(4) 支援自立、健康無價：依循個案及家屬需求提供五全（全人、全家、全程、全隊、全社區）照護，從第一次訪談開始，將醫療照護、社會福利需求及住家照顧安全等列

入優先評估項目。

6. 臺中醫院全責式日照中心實施成效

（1）建構成功經驗模式與推廣教育：首創以「衛政醫療照護」為基礎的全責式老人日間照護中心，累計有 545 人次參訪學習。

（2）老人照護品質與服務指標成效卓著：成立迄今收治約 80 位長輩，其中 10 位成功回到社區。經專業醫護團隊診治照顧，長者功能顯著改善。

（3）標竿學習：臺中醫院全責式老人日間照護模式成效顯著，衛生福利部所屬部立醫院跟隨推動，截至 2023 年，共有 10 家部立醫院成立「全責式老人日間照護中心」，充分落實社區照顧功能，並榮獲 2018 年 SNQ 品質標章。

（二）醫、養、護合一的抗衰弱服務中心

臺南醫院自 1896 年成立，已逾兩甲子，為大台南地區區域教學醫院。自 2017 年，台南市 65 歲以上老年人口占總人口比率已超過 14%，成為「高齡社會」。隨著年齡增長，長者功能逐漸下降，醫療及長照需求增加。

臺南醫院於 1989 年設立「省立臺南醫院附設居家護理所」，提供出院病人的持續照護服務。1999 年，臺南醫院成立「衛

生署臺南醫院附設護理之家」，應對失能及失智個案需求，從在宅照護轉為機構式住宿型長期照顧，強調「照顧」以維持個案身體功能及生活品質。2015年，臺南醫院護理之家通過「全國第一家護理之家高齡友善認證機構」並榮獲台南市唯一「高齡友善典範選拔優良獎」。

1. 抗衰弱服務中心的源起

　　在長期多元化照護基礎上，認識到需更早進行「預防及延緩失能」工作。2017年10月，成立了「抗衰弱服務中心」，提供衰弱高風險族群的篩檢與評估，並針對不同衰弱症族群進行介入治療計畫。早期診斷衰弱原因並及早提供防治計畫，能避免後續的惡性循環。

2. 抗衰弱服務中心的11個檢測項目
（1）生命活力檢測：基本測量包括身高體重、血壓心律、握力測試、活動度調查等。
（2）身體適能評估：評估上下肢柔軟度、肌耐力、平衡、心肺適能、步行狀態等。
（3）身體組成分析：分析脂肪、骨骼肌肉量、水分比例，協助判定肌少症。
（4）腦力心智健診：依據台灣臨床失智症學會的「腦適能測

驗」標準進行檢測。
（5）心情溫度計量：通過「老人憂鬱量表」進行憂鬱心理評估。
（6）生活品質檢測：使用「EQ-5D」與「WHO-QoL BREF」進行多層面評估。
（7）生活功能評估：運用「ADL」和「IADL」量表評估日常生活功能。
（8）抗骨鬆肌少症：通過「一分鐘骨鬆風險評估表」與足部超音波骨密度檢測進行初步篩檢。
（9）預防跌倒骨折：使用「十年骨折風險評估 FRAX」進行骨折風險評估。
（10）抗衰弱營養諮詢：通過「迷你營養評估量表」評估營養狀況。
（11）長照資源連結：經過「日本潛在介護風險篩檢量表」評估，提供不同形式的醫療資源服務或照護，並與各區衛生所資源整合樞紐站連結。

3. 醫、養、護合一的抗衰弱服務中心

檢測之後，醫師會解釋結果並提供醫療或社區資源轉介。2019 年 10 月，推出了「抗衰弱一條龍」服務，在門診有抗衰弱中心及整合門診服務；在社區提供民眾衛生教育、長照 2.0 及居家醫療服務；在住院部分，有急性後期照顧病房（PAC）、

抗衰弱住院共照團隊及出院準備服務計畫；出院後有出院準備銜接長照 2.0 社區整體服務計畫，以及居家醫療照顧等服務，整合衰弱篩檢、衛教、整合門診、轉銜居家醫療或結合長期照顧十年計畫 2.0，達到醫、養、護合一的境界。

為提供長照服務並支持家庭照顧者，臺南醫院在台南市中西區設立了「南醫成功社區長照機構」全責式日照中心，於 2019 年 3 月開始營運。中心設計溫馨懷舊，提供多元整合服務，包括食、衣、住、行、育樂及復健療養等，並定期安排營養、物理治療、職能治療及中醫相關課程，延緩失能與失智。機構相關服務內容包含：

（1）學員管理照顧模式：設有收托流程、服務契約、個別需求照顧計畫、健康檢查等。
（2）個別化生活照顧服務：提供個人衛生維護、午憩時間、營養師評估的餐食服務等。
（3）抗衰弱、醫療保健服務：包括體能回復促進訓練、生命徵象評估、醫療諮詢及轉介服務、預防保健服務等。
（4）失智防治及認知生活訓練：設計適合老人的文康活動，促進自我成長。
（5）照顧技巧訓練及自我照顧能力教育：提供學員或家屬醫療保健、心理、社會諮詢與轉介服務。

（6）家屬教育方案及支持團體：定期舉辦銀髮族講座及家屬聯誼活動。

4. 機構相關照護品質

　　機構定期舉辦討論或檢討會議，檢核服務品質與績效。每月召開學員照護討論會議，每季召開團隊檢討會議，每半年與家屬召開會議，評估學員狀況並調整照顧計畫。

5. 機構營運狀況

　　自 2019 年 3 月營運至今，使用率維持在 80% 至 85%。營運初期遇到一些挑戰，但隨著時間推移，照護品質逐步提升。

6. 全責式日照中心暨抗衰弱服務整合

　　臺南醫院日照中心個案入住時提供全面衰弱篩檢及運動介入。自 2019 至 2021 年，提供運動介入計畫，取得顯著成果。

（1）2019 年運動介入成果：9 位個案參與 12 週運動班，體重顯著增加，日常生活功能有所提升。握力、手臂屈舉次數、兩分鐘踏步次數、抓背及坐姿體前彎有進步但無統計差異。運動能有效改善個案上下肢情況。
（2）2020 年運動介入成果：計畫因疫情中斷，後測資料不完

整。完整運動介入後，手臂屈舉、2 分鐘踏步、30 秒起坐、抓背有進步，2 分鐘踏步有統計差異。運動對體適能的維持或強化有幫助。

（3）2021 年運動介入成果：疫情影響長者不願到院檢測，6 個月後追蹤發現肌肉流失，體適能退步。完整 24 週運動介入顯示，2 分鐘踏步、抓背、坐姿體前彎及開眼平衡進步。

（4）2019 年至 2021 年運動介入結論：運動介入能有效改善個案上下肢活動情況，對失能或輕微失智個案體適能的維持或強化有幫助。

四、居家及安寧醫療

（一）五全照顧下的居家醫療與安寧

　　居家醫療，又稱「在宅醫療」，是在病患居住地提供整合性健康與社會支持性服務的醫療模式。自 1995 年起，健保開始提供居家護理及安寧居家給付，使得這種服務模式得以廣泛推行。衛生福利部臺中醫院秉持老年醫學照護的五全照顧（全人、全家、全程、全隊、全社區）理念，積極推動居家醫療服務。

　　臺中醫院於 1995 年成立附設居家護理所，為慢性病患者提供全面的照護服務。居家護理師提供直接性的照護，包括身體

評估、管路更換、採檢等，並創新了多項服務模式，如跳動符號溝通技巧和創意神奇毛毯等。2017 年，臺中醫院更進一步承接健保署試辦計畫，成立「晏居居家醫療團隊」，建構照護時共享平台，確保照護的完整性。

在安寧緩和醫療方面，台灣自 2022 年起擴大了安寧療護政策，強調早期介入的重要性。臺中醫院的安寧緩和醫療發展始於 2003 年，並於 2016 年成立專門的安寧緩和醫療病房。醫院發展了以「五全照顧」為特色的安寧緩和醫療照護，由多專業團隊提供積極的身體心理、社會及靈性照護。醫院還利用 NIS 醫護團隊溝通平台，定期舉辦遺族關懷活動，並提供優質多元的安寧照護環境與設備。

小結

臺中醫院安寧緩和醫療照顧推行多年，由原本針對癌症病患推廣延伸至非癌症重大器官衰竭，期望提早及擴大安寧緩和醫療照護的介入，提升末期病人醫療品質，避免無效醫療及資源浪費，讓家屬能順利地照顧末期病人。臺中醫院以醫院安寧緩和醫療團隊及安寧緩和病房為基礎，連結社區基層醫療院所，推動居家安寧緩和醫療，作為未來努力方向。

（二）整合基層機構、強化傷口照護

嘉義醫院附設居家護理所成立 25 年來，其服務範圍涵蓋嘉義縣、市及臺南市部分地區，提供全面的居家護理、醫療、安寧和長照服務。2016 年，嘉義醫院加入健保署的「居家醫療照護整合計畫」，進一步強化了其居家醫療服務能力。

嘉義醫院還積極參與「傷口照護外展計畫」，為長期照顧機構住民提供專業的傷口照護服務。在長期照顧服務體系中，醫院的居家護理師扮演著重要角色，提供長照個案居家護理指導與諮詢等專業服務。自 2018 年起，嘉義醫院開始提供居家安寧療護，為末期病人及其家屬提供全面的身心靈照護。在服務成效方面，嘉義醫院的傷口照護服務取得顯著成果，傷口服務個案的傷口縮減率達 66.6%。醫院的卓越表現也獲得了多項榮譽，包括國家醫療品質獎和 SNQ 國家品質標章，彰顯了其在居家醫療與照護服務領域的傑出成就。

五、住宿型長照

（一）首家公辦公營住宿式長照機構

基隆醫院附設南港綜合長照機構於 2022 年 10 月 20 日由蔡英文總統揭牌營運，成為首家公辦公營、跨部會合作、跨縣市經營的長照機構示範點。機構提供 71 床住宿型長照及 16 位

日間照顧服務，環境設計以安全便利、舒適健康為原則。

機構整合醫療團隊提供專業照護，包括定期巡診服務和多項醫事支援服務。多元活動及人性化照護方面，機構提供復健設備、節慶活動和靈性關懷服務，住民及家屬滿意度達 98.5%。機構積極與社區資源連結，參與感染管制獎勵計畫並獲得獎勵。未來，機構計畫培訓照顧服務員，提升緊急應變能力，持續提升高齡友善健康照護品質。

（二）公費養護床轉型住宿式長照機構

玉里醫院執行「精神疾病公費養護床轉型住宿式長照機構」計畫，分三階段進行：

1. 階段一：精神疾病公費養護床轉型計畫執行現況

全力執行「精神疾病公費養護床轉型住宿式長照機構」計畫。萬寧住宿式長期照顧機構於 2023 年 12 月設立啟用，提供 100 床長照服務。機構設有多科門診服務，提供全方位的醫療照顧，並規劃多功能室，提供住民多元生活體驗。

2. 階段二：祥和院區住宿式長照機構

玉里醫院現有祥和院區將分六棟重新整建，整建後每棟收治床數為 85 床，共計 510 床。將收治失能慢性精神障礙者及長

期臥床者,推動住民學習自主負責及互助學習的精神。

3. 階段三:溪口院區二、三期推動住宿式長照機構

溪口院區將分二期與三期興建,每一期工程新建 200 床,以滿足新興院區住民需求,並增加 400 床住宿式長照床位,滿足社區居民長照需求。

衛福部持續關注並推動精神疾病公費養護床轉型,以守護民眾健康。玉里醫院萬寧住宿式長照機構啟用只是第一步,未來該院祥和院區住宿長照機構 510 床和溪口院區住宿長照機構 400 床亦將陸續完工。預估總計有 1,010 床於花蓮縣設立,不僅滿足現有住民需求,亦能服務更多花蓮地區有長照需求的失能或失智長輩,以減輕家庭照顧負擔,達成在地老化目標。

(三) 首家原鄉地區住宿式長照機構

隨著人口老齡化,長期照顧需求快速成長。衛福部於 2018 年起推動獎助布建長照機構公共化資源計畫,共有 14 案部立醫院參與,其中包括修繕和新建兩種模式,針對修繕與新建模式之優缺點如下:

1. 修繕模式

　　優勢在於機構設置於院區，長者可獲得便捷的醫療服務，並可藉由跨團隊醫療的協同作業，提升照顧品質。然而，現有空間有限，機構擴展或特殊需求難以滿足，且醫院環境可能不夠舒適，增加醫療院所工作壓力。

2. 新建模式

　　新建機構可依據最新長照理念與長者需求進行設計，提供更舒適、安全的居住空間，提升機構形象。但建設成本較高，設計、規劃與建造需時較長，可能導致開業時間延遲，另新建機構需時間與社區建立良好合作關係。

　　臺東醫院附設藍景住宿式長照機構設置在成功分院，具有偏鄉醫療資源優勢。機構採取自用自訓措施解決人力問題，設施完善，包括無障礙衛浴、交誼廳、餐廳等。安全設備齊全，確保長者安全。

1. 軟體部分

　　藍景住宿式長照機構設置在衛生福利部臺東醫院成功分院，具有偏鄉醫療資源優勢，提供便捷的慢性疾病及緊急醫療資源。為解決偏鄉地區醫療及照護人力招募問題，採行自用自訓

措施,於成功分院培訓照服員,提供基本薪資並解決交通及經濟問題,提升當地就業機會及照顧服務員服務能力。

2. 硬體部分

藍景住宿式長照機構設有 26 張床位,提供單人、雙人和多人房型,每間房間配有無障礙衛浴設備。設施包括交誼廳、餐廳、宗教使用空間、醫療護理站和急救設備,營造溫馨、安全的居住環境。寢室配備自動升降床、製氧機、移動式抽痰機、多功能桌椅及舒適的視聽娛樂設備,促進長者社交互動及生活品質。

3. 安全設備

藍景住宿式長照機構設有離床警示器、火災警報系統、緊急照明設備、防火門、消防安全區劃、緊急呼叫按鈕、撒水系統、防煙床窗簾及無障礙衛浴設施,確保長者在任何緊急情況下能獲得迅速且有效的協助。成功分院樓層設有工作站,內有準備區工作台、工作車簡易急救設備及緊急應勤裝備,提升住民之居住安全。

六、總結

長照機構的設置不僅是應對高齡化社會的重要計畫，也是提升老年人生活品質、減輕家庭負擔及促進社會發展的重要規劃。以下總結部立醫院近年來的長照成果及未來發展如下。

1. 醫養整合模式取得成效：部立醫院多年來推動醫養整合，建立全人照護模式，並有效利用醫療資源提升病人的健康結果和滿意度，包含全人照護、急性後期照護（PAC）、全責式醫療照護模式（PACE）、居家及安寧醫療、以及住宿型長期照護等。
2. 急性後期照護成效顯著：部立醫院積極參與急性後期照護，尤其是在中風、脆弱性骨折、創傷性神經損傷等方面表現卓越，病人功能顯著恢復，患者出院後大部分能順利回到家中和社區。
3. 全責式照護模式的推廣：部立臺中醫院及臺南醫院導入全責式醫療照護模式，成功整合了醫療與社會福利資源，提供跨專業整合性的照護，幫助長者克服衰弱失能並提升自立生活能力，有效減少不必要的住院，達成「在地老化」及「健康老化」的目標。
4. 居家醫療與安寧照護：部立醫院大力推動居家醫療和安寧照

護服務，提供五全照顧（全人、全家、全程、全隊、全社區），強調早期介入，並為末期病人提供全方位的身體、心理、社會及靈性照護，提升病人生活品質以達到生命善終。
5. 住宿式長照機構轉型：部立醫院推動長照機構轉型，跨部會與跨縣市創新合作以提高資源整合，並推動精神疾病公費養護床轉型。同時，利用醫院醫療優勢推動原鄉建置住宿式長照機構，強調專業照護與社區連結，以提供優質的長照機構服務。

七、未來發展建議

1. 強化數位科技應用：強化醫療長照社區資訊的整合，運用大數據及人工智慧，加強與產學業合作，積極發展智慧居家照護及遠距醫療等系統，為每位長者量身打造個人化的照護計畫，提升照護效率和品質。
2. 推廣全責式照護模式：借鑒臺中醫院的經驗，整合醫療及社福資源推動全責式照護模式，尤其針對偏遠或醫療資源不足的地區，以維持長者自立生活能力，減少衰弱失能之產生。
3. 加強專業人才培養：加強長期照護及老年照護各領域專業及管理人才的培養，訂立進階標準，並提供年輕人參與長照服務之誘因，促進跨世代交流，以因應未來長照服務需求。

4. 強化跨部門合作：醫療與社政部門整合，並強化與社區組織之協作，建立共同目標及評估輔導體系，鼓勵資源共享，服務創新，以共同推動長照服務。
5. 強化跨部醫院創新平台：基於各院推動社區及長照整合的成果經驗、面臨困解決方案，強化經驗分享、建立標準化評估，整合數據、導入尖端技術、加強與產學業合作及國際交流，善用研發資源以起示範作用，支持國家政策，完善整合照護系統的建立，提供多元化長照服務。

致謝

感謝各醫院長照相關人員的支持和協助，才得以完成本文，謹致最深的敬意。

第 14 章

臺北醫學大學長期照護發展與目標

劉芳[1] 張詩鑫[2] 吳麥斯[3]

[1] 臺北醫學大學高齡健康暨長期照護學系 系主任
[2] 臺北醫學大學附設醫院 副院長 [3] 臺北醫學大學 校長

緣起背景

　　隨著醫療科技的進步與生活品質的提升，出生率逐年下降、社會結構的改變等現象，直接或間接導致我國老年人口比例快速增加。依據我國國家發展委員會的資料顯示，我國已在 1993 年進入高齡化社會，並於 2018 年正式進入「高齡社會」，老年人口比例超過 14%。這一趨勢加速，預計 2025 年我國將進入「超高齡社會」。

有鑑於此現象，為建構我國完整長期照護體系，我國政府於2007年核定「長期照顧十年計畫」（簡稱長照1.0），主要工作在普及照顧服務、支持家庭照顧能力、建立照顧管理制度、發展人力資源與服務方案，及建立財務補助制度等項目，針對日常生活需他人協助之65歲以上老人、55歲以上山地原住民、50歲以上身心障礙者、僅工具性日常生活活動失能且獨居之老人及中、重度失能者，提供包括居家照護、日間照顧、機構照護和喘息服務等多元化的照護服務。政策推動後雖已有初步執行成果，惟長照服務對象範圍待擴大、長照人力資源短缺、偏遠地區長照資源不足及政府預算嚴重不足等許多問題及困難待解決，因此，長期照顧十年計畫 2.0（簡稱長照2.0）應運而生。

長照2.0 主要透過建立以服務使用者為中心的體系、發展以社區為基礎的小規模多機能整合型服務中心、培育社區基礎服務照顧團隊、推動照顧服務人力職涯發展策略、強化縣市照顧管理中心的定位與職權、整合中央及地方政府資源等策略，實現在地老化，並提供涵蓋家庭、居家、社區及住宿式照護的多元連續服務。其目標是通過建立社區為基礎的照顧型社區，提升長期照護需求者及其照顧者的生活品質。

長照2.0 推動近十年的時間，服務人數及政府預算不斷成長，執行成果讓國內民眾看得見的有感，但長照2.0 仍有可以

改進的空間。在 2024 年賴清德總統的參選政見中，對於我們人口老化的問題也提出了長照 3.0 的改進方案，包含：（一）強化重度失能者照顧，優化住宿式服務機構；（二）照顧者不離職、照顧者有喘息；（三）提高長照服務涵蓋率，加強照顧服務功能；及（四）打造居家、社區、機構、醫療、社福的一體式服務。期待透過上述方案，來增強照護品質及能量，減低家庭照顧壓力，打造對高齡者友善社會的健康台灣。

一、北醫大的戰略發展及核心目標成果

（一）人才培育

由於人口老化帶來的健康管理與長期照護議題，臺北醫學大學（以下簡稱北醫大）於 2007 年成立高齡健康與長期照護學系（原名老人護理暨管理學系），亦為全國首創與老人相關之高等教育學系，期待透過在校扎實的學習及實際場域實務學習，培育未來高齡健康與長期照護之專業人才，以符合現今社會所需及未來創新人才。除了高齡健康與長期照護學系於長期照護領域深耕之外，校方更邀請各醫事專業系所進行跨領域合作，如口腔衛生學系、保健營養學系、護理學系、生物醫學工程學系、跨領域學院……等專業教學單位，針對台灣高齡化社會健康照護議題，共同培育長期照護跨專業整合人才，未來校

方更規劃成立復健學系，積極完善高齡化社會健康照護專業人才培育網。

北醫大除了持續培育長期照護專業人才之外，伴隨著政府長期照護相關政策發展愈見明確，加上社會需求多元化，需要有長期照護進階專業人才來協助整合長者多元的生活及健康上的需求。因此在 2013 年成立長期照護碩士學位學程，2018 年成立高齡健康管理學系碩士班，並於 2022 年整併為高齡健康與長期照護學系碩士班，積極培養具跨領域專業、產學合作應用以及長照政策與管理之高階核心人才，以投入政府及長期照護服務相關產業。

根據監察院 2020 年報告，居家式照顧服務員人力缺口接近一萬人，急需加速培育專業照顧服務員以彌補當前及未來的人力缺口及過度依賴外勞。有鑑於此，北醫大管理顧問公司也同步培訓專業居家照顧服務員，並提供北醫大優秀學生獎助學金來留才與育才，最終目的在能串連照服體系的管理人才與實際在第一線的專業照顧服務員人才，提供暢通進修管道，來提高品牌認同度與終身學習的機會。

（二）產業串接

除了學校端持續培育長期照護專業人才外，北醫醫療體系也因應高齡化進行調整，例如臺北醫學大學附醫醫院將社區醫學

中心改編為「預防醫學暨社區醫學部」，整合醫、養、護合一提供社區居家醫療服務，並與鄰近的基層醫療診所組成醫療群、預防醫學衛生教育、出院準備服務、居家醫療服務、長照A單位、北醫石頭湯等服務；萬芳醫院及雙和醫院亦成立預防醫學暨社區醫學部及附設護理之家；為維護鄰近社區長者之健康持續努力。

長期照顧議題衝擊的層面，除了醫療與照護體系的財政、醫療服務人力和提供的服務型態等，對失能者及其家庭照顧者，更是影響每一天的日常。而北醫大除現有醫療服務體系外，於2024年起更開始經營台北市委託住宿型長照機構（內湖行愛住宿型機構），可收住住民79位高齡長者，是台北市第10家依長照法設立的長照機構，也是台灣以大學名義經營住宿型長照機構的第一家。其設施以全智慧照護為主要核心技術，並強調自立支援與資訊串聯平台，包含機構、日照、居服與醫療HIS來串聯成照護平台來提升照護品質，其目的是以北醫大創新與智能的強項來建立新的長期照護模式，以有效降低照服員人因工程傷害來提升照護品質。除此，明年底，北醫大將承接日間照護中心（北醫創齡），可提供服務60位高齡長者，另外也提供夜間喘息服務（小規模多機能服務，簡稱小規機，以提供日間照顧服務、居家服務及臨時住宿服務等多元服務配搭，減輕家庭照顧者在日、夜間及例假日的負擔與壓力）。北

醫大除直接經營住宿型機構與日間照護中心外，另有發展以日間服務為主要業務的「北醫大管理顧問股份有限公司」（以下簡稱北醫大管顧）。

北醫大管顧除了熟悉北醫大附屬醫院的急重症醫療體系外，更了解人口高齡化所衍生之健康照護問題，深知發展長期照顧服務體系事業的刻不容緩。高齡失能者伴隨老化、慢性病、營養、複雜性用藥等問題，增添照顧的複雜性，因此，以教育體系為基礎發展長照服務，期能更精準掌握生活照顧需求及身體心理與社會面環環相扣的照顧議題。因此於 2014 年 4 月成立「北醫國際生技股份有限公司」，亦為北醫大管顧的母公司，成為產學界及新創事業發展的橋梁。

北醫大管顧於 2020 年 8 月起，調整發展方向為長期照顧及失能預防，依據在地老化必須深耕社區的相同理念，分別於 2020 年 11 月假新北市中和區附設新北市私立茹禾居家長照機構、2020 年 11 月台北市文山區附設私立杏芳居家長照機構，及 2021 年 12 月假台北市信義區附設私立君蔚居家長照機構，服務該區域之長照需求民眾。北醫大管顧及三所機構的組織如圖 1。

```
                    北醫大管理顧問股份有限公司
         ┌──────────────────┼──────────────────┐
        君蔚                杏芳                莉禾
      居家長照機構         居家長照機構         居家長照機構
         │          ┌───────┴───────┐          │
       君蔚居服     杏芳A單位      杏芳居服     莉禾居服
```

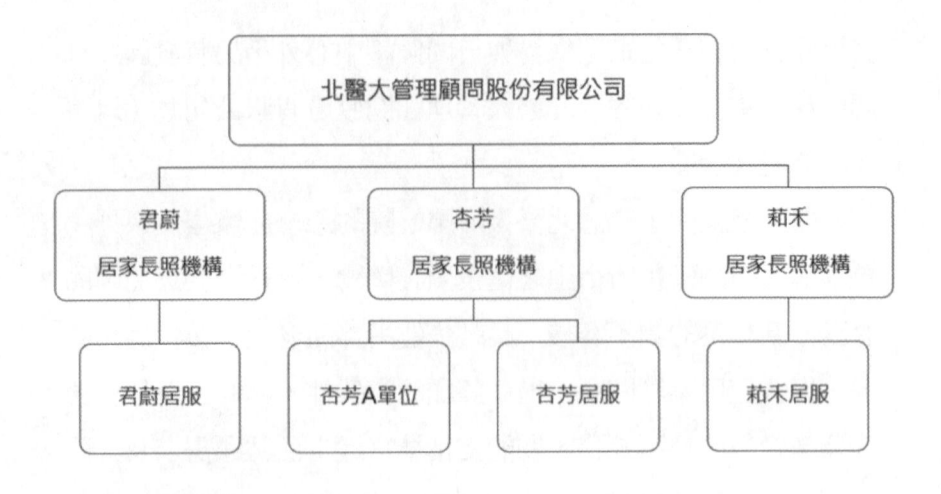

圖 1. 北醫大管顧組織架構　(本文作者製表)

　　而在公司服務體系擴展部分，將以促進規模成長、增加營收，並最終實現 IPO 上市為發展目標，為確保這些目標的順利達成，聚焦於資金籌募、人才留任、稅務法規的遵循與合理規劃，以及通過投資與併購活動提升市場地位和業務範疇。在業務發展策略方面，公司將從四大面向著手：市場滲透、產品擴張、市場擴張以及多角化經營。在市場滲透面向，公司將增加居服員數量並擴展長照 OT 案（政府投資興建完成後轉移給民間經營管理）的經營，提升營運效益；同時計畫投入資金發展日照中心和住宿型長照據點。在產品擴張面向，成立專業團隊專注於長照商品的開發與代理，通過多樣化輔具產品及租賃服

務增加營收,也將持續關注政府法規之調整,積極開發客製化多元服務模式。市場擴張面向,公司將加大對自建自營與自租自營項目的投資,特別是在日照中心及住宿型長照據點的經營上,提升市場份額及盈利能力。最後,多角化經營將透過建立產業策略聯盟及同業併購進行,進一步整合價值鏈,降低風險並提高市場占有率與綜效。

　　台灣有很多優秀的新創公司,每年有相當多的長照相關產品,需要場域驗證以及專業照護人員的使用經驗來提供產品優化與升級。行愛住宿機構開幕至今未滿半年,已經超過 3 件的臨場驗證的產學合作並有一件已經提出專利申請。

　　北醫大擷取產業、醫院與學校平衡互惠「三位一體」的策略發展並導入其他有關企業合作,呈現極為獨特創新的模式。就產業面而言,賴總統強調打造居家、社區、機構、醫療、社福的一體式服務。換言之,整合連續性的全人照顧是日後政策的關鍵。北醫大目前的發展具有絕大的優勢。

(三) 資訊科技

　　長照事業需大量的照護人力來支持。在台灣,普遍照護者年紀偏高,有效降低照顧者人因工程傷害與發揮最佳照護品質,需運用各種科技輔助來達到此目標。由北醫大經營的內湖行愛住宿機構在設立之初,即大量引進北醫大體系驗證的智慧

裝置，以及與全國優秀的科技公司共同研發新創產品來建構智能長照機構；其成效已經獲得國內長照機構標竿學習對象，並多次接待日本最大的長照產業者如 SOMPO 損保集團數次來訪與交流。

另外，資訊串聯也是醫療與長照結合最高目標，截至目前為止，北醫大已經初步整合長照機構（居服體系、日照中心以及住宿型機構）與各類機構內 AIOT（如智慧床墊、智慧尿袋以及移動式智慧藥櫃）串聯外，更進一步與醫療資訊（HIS 3.0）整合為醫療長照資訊平台；住民在北醫大體系各類機構的健康資訊以及體系內附屬醫院就醫歷程，皆可以由此平台快速查詢

圖 2. 整合式長照體系登錄平台畫面　（本文作者提供）

並做出最佳後續照護模式。

舉例說明，此北醫大長照體系整合式照護平台，可以進入各北醫大長照機構了解住民各類生理參數以及機構內智慧照護的資訊如智慧床墊的離床數據、智慧尿袋數位管理數據以及移動式智慧藥物管理系統；同步查詢此住民在北醫大各附屬醫院所有門診、急診與住院醫囑與照護記錄，依此整合平台，可以提供護理人員各完整了解住民醫療資訊來提高照護品質。此整合式平台目前初步已經建置完成，後續將提供北醫各機構使用經驗分享並提供客製化服務。如圖2所示。

使用者可依各類長照機構來查詢，除內建智慧照護數據分享外，也具備進入北醫大附屬醫院的完整查詢功能換言之，整合連續性的全人照顧是日後政策的關鍵。北醫大目前的發展具有絕大的優勢。

二、機會與挑戰

長期照護與醫療一樣，是一個「以人為本」的專業跟服務，不管是對長照服務需求者，以及長照服務提供者，如何打造優質的長期照護服務體系，人是重要的根本所在。

依據國發會（2022）的人口推估資料，2022年老年人口約406萬人，2050年將增加至766萬，若以2~3成人口估算為

長照需求者，未來的長照需求人口可說是非常龐大。而依據衛生福利部統計處的資料顯示，在 2023 年底長期照護相關人力約 27 萬，其中約有 8 成為外籍看護工，相較於長照需求人口預估數來看，確實嚴重不足。而除了老年人口持續攀升外，因幼年人口下降，我國扶老比預估由 2022 年 24.9，大幅上升至 2070 年之 91.3，並驅使扶養比上升，由 2022 年的 42.2，上升至 2070 年之 109.1，對於自行照顧家中長者的家庭照顧者更是一大壓力，由上述資料可知道，如何培育足夠的長期照護人力以應對需求，是台灣長照政策面臨的重大挑戰之一。

在國內長期照護人力培育部分，依 112 學年度大專校院一覽表查詢老年人及失能成人照顧學類共 37 系所，每年培育逾 6,000 位畢業生，其中多以技專校院（四技、五專、二技）為主，課程設計以培育照顧服務人力為主軸，照顧管理人力為輔，可以看出國內對於長期照護相關科系學生培養大多以就業導向，學生畢業後多以從事投入照顧服務工作為目標；而一般大專校院開設相關學系，課程設計以培育居服督導、照管專員等照顧管理工作為主，另搭配相關研究導向課程及產業管理相關課程，期待學生透過相關課程學習，能培育具照顧服務基本技能之管理及研究人才。看似國內技職及高等教育機構對於長照人力培育均有規劃及持續推動著，為何政府及業界仍頻頻呼籲長照人力不足呢？除了少子女化導致學齡人口數逐年下降

外,主要仍是因為照護工作的辛苦程度與待遇不符以及社會對於照護工作的職業聲望不高,是讓我們多數的年輕學子畢業後不願投入長期照護產業的主要原因。

照顧服務員是我國長期照顧政策裡需求量最大宗,也是最基本的照顧服務人力,我國對於照顧服務員技術士技能檢定之報考資格亦相對寬鬆,目前以:(一)取得照顧服務員結業證明書(核心課程、實作課程、綜合討論與課程評量及臨床實習,共 90 小時);(二)高中(職)以上照顧服務員職類相關科系所(含高中相關學程)畢業;及(三)大專校院相關科系所學生,取得照顧服務理論與實務相關課程各 2 學分,及照顧服務員 40 小時實習時數證明等三大類為主。透過參與照顧服務員訓練課程取得證照的照顧服務員,以及透過學校培養,具備充實學理及技術的照顧服務員,其專業度上來說一定有所差異,但在薪資待遇上均一視同仁,且機構對於職涯進路上無妥善規劃時,這讓就讀大專校院受過專業知能的學生情何以堪呢?

而依據 112 年衛服部長期照顧司的統計資料顯示,112 年 1~10 月期間提供居家服務之照顧服務員約有 5 萬 6 千多人,性別以女性為多數,約占全體比例 83.5%,年齡層以 45~54 歲(約占全體比例 30.6%)及 55~64 歲(約占全體比例 27.1%)為大宗,男性居服員年齡分布偏向青壯人口,女性居服員則以中高齡為主。而 112 年擔任居家服務督導員人數約 6,500

人,其中女性占多數(約占全體比例 85%);個案管理師人數約 3,300 人,其中亦以女性占多數(約占全體比例 86%)。而 112 年申請居家服務人數約達 50 萬人,對於照顧服務員、居家服務督導及個案管理師都是非常龐大的工作負擔,而這些工作壓力對於年輕人來說也是讓他們卻步不前的原因。

為提升國內照護人力品質及長期照護專業照護及整合人才培育之現況,未來北醫大及北醫醫療事業體系將持續努力,透過下列策略及執行方案,積極推動長照人力養成及培育長照整合人才。

在推動產學合作部分,學生在學校學習專業知識,是否能用實際運用在職場或是未來研究上是相當重要的,可以透過實習的安排,讓學生在北醫大管顧學習照護技能實務,且未來將視需求,安排帶薪實習以及提供獎學金的方式,鼓勵學生畢業後留任於北醫大管顧公司作為職涯發展之基石。另外,可與高中端合作,由大學具照護專業師資協助高中端教師精進照顧教學知能,共同培育未來長期照護人力。在智慧照顧部分,與學校相關系所及其他產業界進行合作,除了輔助開發及租賃外,亦可研發居家照顧相關資訊設備,讓在宅照顧的需求者也能透過設備的使用,快速且方便的獲得協助。

在培訓訓練師資方面,伴隨高齡人口逐年增多,國內照顧服務人力需求應會逐年提升,國內照顧服務員、外籍看護工及家

庭照顧者的相關訓練課程及在職訓練需求應會相對增加，而北醫持續已培育許多具專業知能的長期照護進階人才，未來將積極培育學校畢業生擔任訓練課程師資，透過北醫大管顧公司作為業務發展平台，開辦相關訓練課程或在宅專屬訓練服務。

在持續社會倡議及改善就業環境部分，社會上對於擔任照顧工作普遍聲譽不高，但照顧工作需要有細心、耐心還有創意思維的人來投入，才能讓職場發展越來越符合大家的期待，因此不論是產業界、政府單位、教育機構等，都需要針對薪資改善、職場負荷合理性、長照人才職涯發展規劃、社會觀感改善等目標積極進行討論，才能持續培養相關人力及留任優質人才。

三、對未來長照的展望及建言

在國內的長照給付尚無法與日本介護保險比擬。目前國內優秀業者都非常努力開發各種照護產品，但公司初期資源獲得有限，具體成效有提升空間。作者認為，政府唯有明確政策指向、設定誘因，以號召並實質鼓勵各界對長照產業有興趣的業者共同投入，與開發各種長照新創產品、各類輔助照護機器人，並與優秀的長照業者互相合作、進行場域驗證；希望能在最短時限內組成國家級長照新創團隊，以拓展國際高齡長照市場。

四、結語

在面對人口老化與長期照護需求日益增長的挑戰時，除了政策支持，人才培育更是關鍵的一環。長期照護是關乎每個人與家庭的議題，無論是為長者提供妥善的照護，還是為照顧者減輕壓力，這都是讓社會更加溫暖與友善的重要一步。

未來，北醫大及北醫大管顧，在吳麥斯校長的 One Campus 的理念下，透過學校、醫院與公司之間綿密的產學合作及國內外人才培育計畫，來發展出北醫大具創新，智慧以及具產業規模的照護體系，讓每一位長者都能在自己熟悉的社區中享受尊嚴、健康、幸福的晚年生活。也期許北醫大及北醫大管顧能成為國內長期照護學界與產業界人才培育及業界合作的最佳典範，共同為台灣社會長期照護發展盡一份力。

參考資料

1. 衛生福利部（2016）。長期照顧十年計畫 2.0 核定本。https://www.mohw.gov.tw/dl-78115-5511ccc0-cae0-4d16-b729-6d0e16228fb5.html
2. 中華民國家庭照顧者關懷總會（2024）。「長照 3.0 挑戰與展望」專題座談會。https://www.familycare.org.tw/sites/default/files/upload/field_attached_files/news/1130519「長照 3.0%20 挑戰與展望 %20」專題座談會 _ 會後版 .pdf

3. 國家發展委員會（2022）。中華民國人口推估（2022年至2070年）。https://ppws.ndc.gov.tw/Download.ashx？u=LzAwMS9VcGxvYWQvNDY0L3JlbGZpbGUvMTAzNDcvNTAvMTMxNmIxMGYtMzUzYS00NDk3LTk2N2YtN2M2MjA5ZjIwNzZmLmRvY3g%3d&n=5Lit6I%2bv5rCR5ZyL5Lq65Y%2bj5o6o5LywKDIwMjLlubToh7MyMDcw5bm0KeWgseWRii5kb2N4

第15章
慈濟長照模式背景、核心價值及執行成果

莊淑婷[1] 林名男[2]

[1] 台中慈濟醫院副院長 [2] 大林慈濟醫院副院長

一、慈濟長照模式的背景

慈濟基金會於 1966 年成立，最初從慈善事業出發，逐漸投入長期照護服務。創辦人證嚴法師觀察到「貧因病起，病由貧生」，發現許多獨居老人缺乏照顧，缺乏送餐服務，甚至沒有飯吃。因此，慈濟的四大志業以「慈善」為起點，1966 年成立的第一個月，第一個長期濟助對象是孤寡貧病的八十六歲老婆婆林曾老太太。慈濟每月濟助白米一斗、現金三百，並請人為她燒飯、照料起居，直到 1970 年終老。

1966 年剛成立的第一個月,第一個長期濟助對象為孤寡貧病的八十六歲老婆婆林曾老太太(左圖)。慈濟很早開始家訪以及居家照顧服務,58 年來病患走不出來,慈濟就走進去(右圖)。(圖片提供/慈濟基金會)

慈濟的慈善服務包括醫療、居家照顧、居家關懷、居家打掃、送餐等。至今,慈濟在長期照護領域已有 58 年的歷史。這些年來,慈濟不僅興辦醫療機構,還在各地進行慈善訪視與關懷服務,確保長輩在家中也能得到應有的照顧。

二、慈濟長照模式的核心價值

慈濟長照模式的核心價值是「守護生命、守護健康、守護愛」,強調慈善與醫養的完整守護。

在靜思精舍師父及林碧玉總召集人、莊淑婷副召集人帶領之下，慈濟設立長照 ABC 服務模組。（圖片提供 / 慈濟基金會長照推展中心）

　　慈濟在全台設立了 8 家醫院和 1 家診所，39 家長照機構，213 個長照服務點。提供以病人為中心的優質醫養一條龍服務，成為社區民眾的磐石。

　　慈濟依據衛福部的長期照顧 2.0 計畫，在 2016 年於台中太平成立了第一家居家長照機構。設立「A 級社區整合型服務中心」，連結在地的「B 級複合型服務中心」及「C 級巷弄長照站」，提供日間照顧、居家服務、復能、家庭托顧、家庭照顧者支持、輔具租借、住宅無障礙改善、失能預防及健康促進活動等，構建社區基礎的整合服務體系。

三、慈濟長照模式的執行及成果

（一）全人照護

全人照護強調對每位受照護者進行全方位的關懷，包括其身體、心理、社會及精神層面的需求。慈濟通過醫療、心理輔導和社會支持等多方面的服務，確保每一位長者在生理健康的同時，心理和情感上也能得到妥善照顧。這種全方位的關懷，提高了長者的生活品質，促進了他們的整體健康。

慈濟長照推展中心自行開發的慈濟 880（幫幫您）健康照護管理系統獲得經濟部智慧財產局新型專利，掌握數位力與應變力，整合核心跨團隊服務。長照團隊能深入現場，提供高效率與品質服務，全台設有 24 家長照機構，142 個長照服務據點及 89 個健康照福小站，健康管理近百萬人次。

慈濟 880（幫幫您）健康照護管理系統完成血壓量測，數值會即時上傳到長照推展中心雲端系統。（圖片提供 / 慈濟基金會長照推展中心）

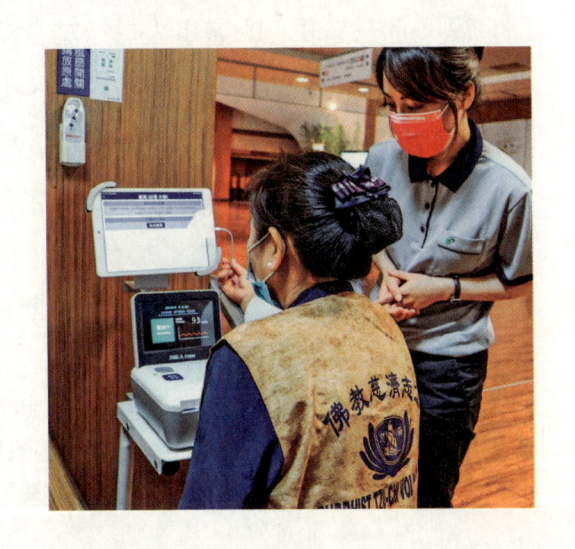

（二）全家支持

長照服務不僅針對長者個人，還注重其家庭的整體福祉。慈濟在提供長照服務的同時，為家庭成員提供支持和教育，幫助他們了解如何更好地照顧家中的長者。

2018 年成立的慈濟長照推展中心，結合慈善及醫療跨專業團隊，提供社區化的長照服務，協助長者在地安老、活躍老化，提升生命價值。

慈濟基金會協助提供「安穩家園、美善社區」修繕居住環境，2021-2022 年居家環境改善項目受益達 4,076 人次。

（三）全隊合作

慈濟醫療體系各醫療院所、慈濟大學、慈濟科技大學合作，培育專業且充滿愛心的醫事人員。結合慈濟人醫會強大的醫療體系團隊，提供高齡整合、胸腔內科、復健科、物理或職能治療、中醫部等多專業服務。長照機構安排高齡整合醫師，每月協助長者健康狀況評估及長期用藥的開立，提供多元長照健康照顧體系。

復健師建議裝設扶手，交由慈濟「安穩家園，美善社區」專案評估，志工實地丈量、安裝適合的扶手及照明後，居家環境變得明亮又安全，讓住戶非常歡喜（右上）。慈濟醫療專業團隊幫長輩針灸治療，針灸部位主要在頭部和部分體針（右下）。（右上／張馨云攝；右下／慈濟基金會提供）

慈濟月刊

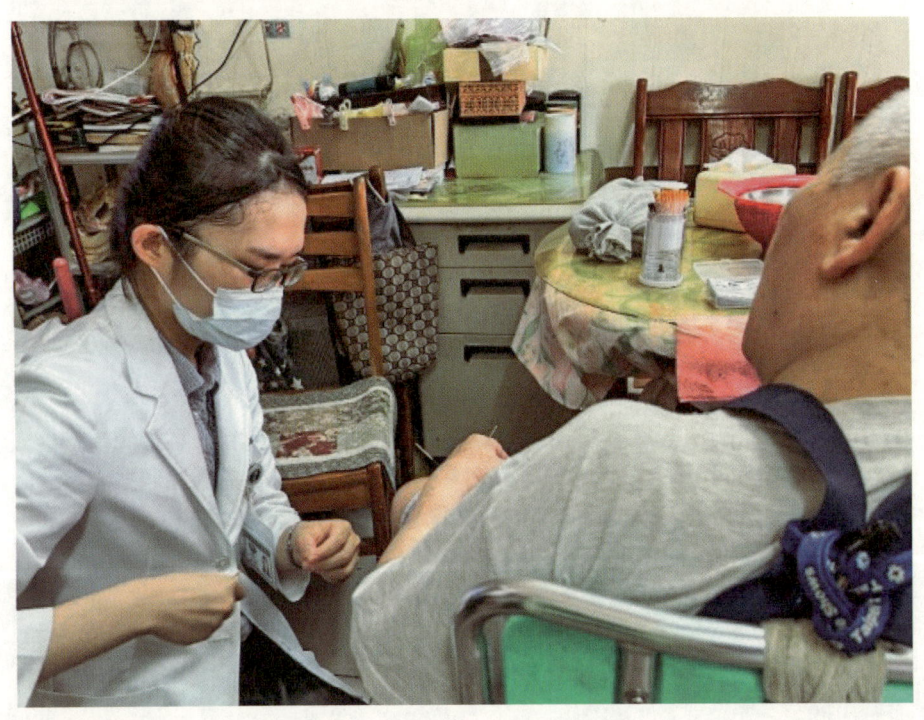

（四）全程關懷

從長者進入長照系統開始，慈濟提供全程照護服務，涵蓋預防、治療、康復和臨終關懷等各階段。持續的健康監測和定期健康評估，確保長者在生命每個階段都能得到妥善的照顧。

長照團隊包括護理師、職能治療師、物理治療師、營養師、社工師、老年照護員和居家照顧服務員，結合社區醫療資源及相關福利資源，延緩老化，使矜寡孤獨廢疾者皆有所養。

（五）全社區參與

慈濟強調在地社區的參與和支持，通過設立社區整合型服務中心、複合型服務中心和巷弄長照站，構建全面性的社區照護網絡。

1. 慈濟長照社區據點長者雖年紀大，仍活躍參與手作義賣、環保輔具平台等活動，增強社區凝聚力，促進互助互愛。
2. 慈濟基金會環保輔具平台榮獲「TSAA 臺灣永續行動獎」，2017 年成立至 2024 年 5 月底，共送出 91,179 件輔具，幫助 59,968 戶家庭，提供免費運送和安裝服務。

長照居家關懷創意專屬相簿書啟心扉 (右上)。把長照個案當做媽媽來疼惜。81 歲的月娥阿媽，是台中慈濟居家長照機構關懷個案；在母親節前夕，大家為阿媽準備一個驚喜，做了一本「生命故事書」，留住阿媽的幸福記憶 (右下)。（圖片提供 / 慈濟基金會長照推展中心）

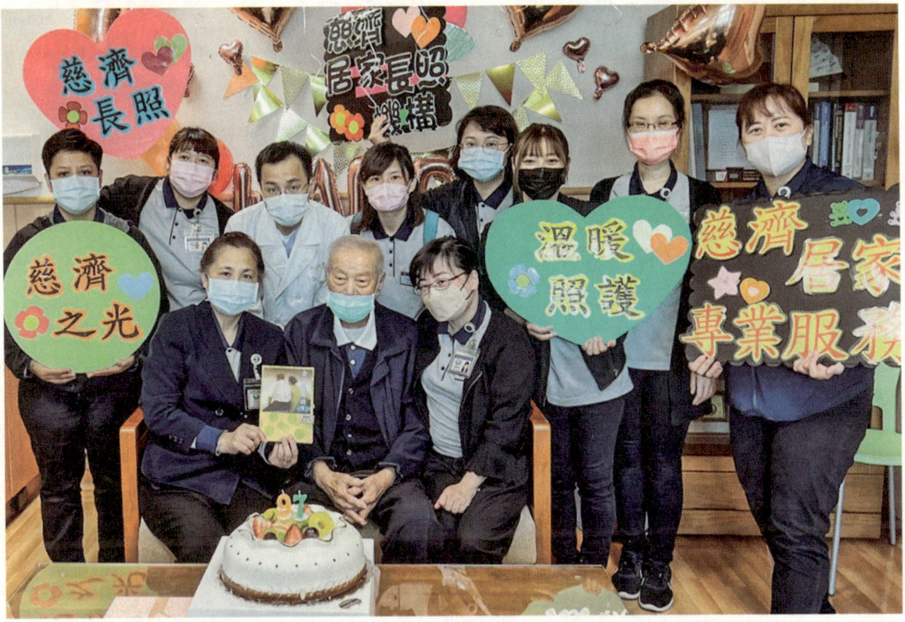
慈濟
長照
慈濟
居家長照
慈濟
之光
溫暖
照護
慈濟
居家
專業服

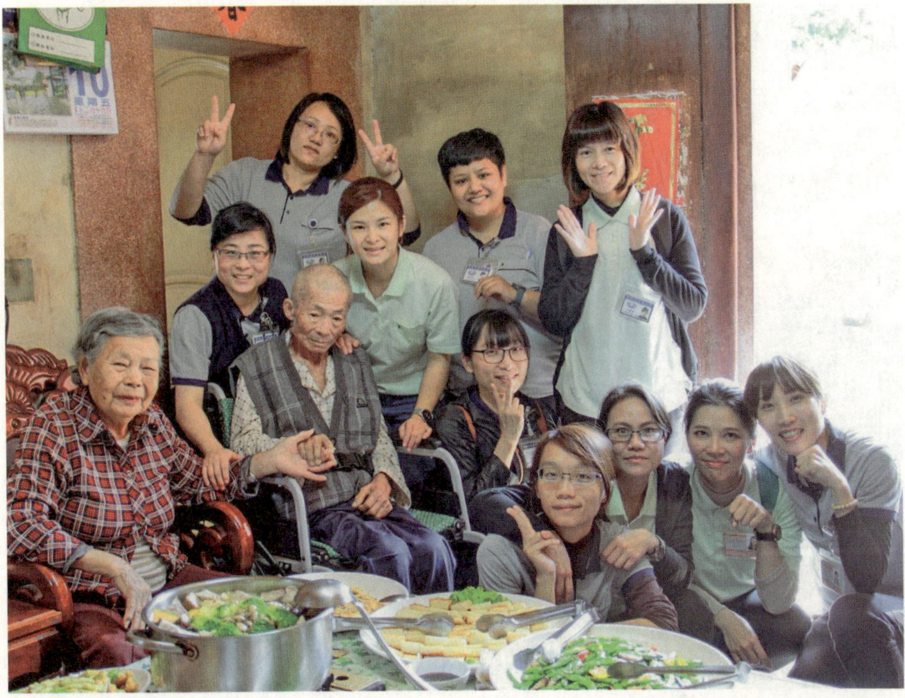

慈濟基金會環保輔具平台翻山越海穿梭大街小巷運送（左圖）。志工們縫製布包、編織、製作天然手工皂等，用實際行動幫助他人，保持心智活力（下圖）。奶奶教他們如何握筆、運筆，一筆一劃地練習漢字的寫法，孩子們讚嘆不已（右上）。在爺爺的指導下，孩子們學會了如何種菜，成就感和喜悅是無法用言語表達的（右下）。（上、下／顏霖沼攝；右上、右下／慈濟基金會長照推展中心提供）

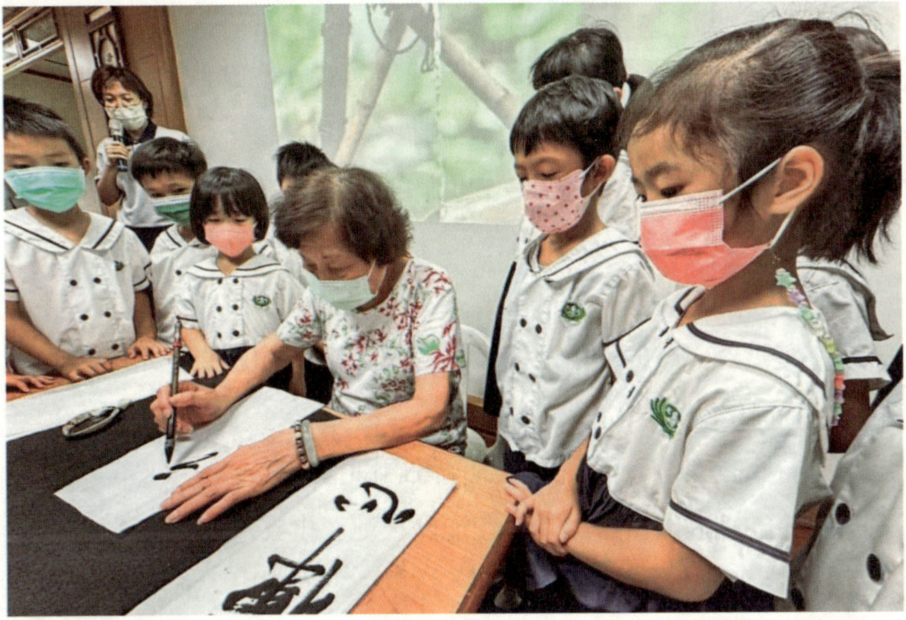

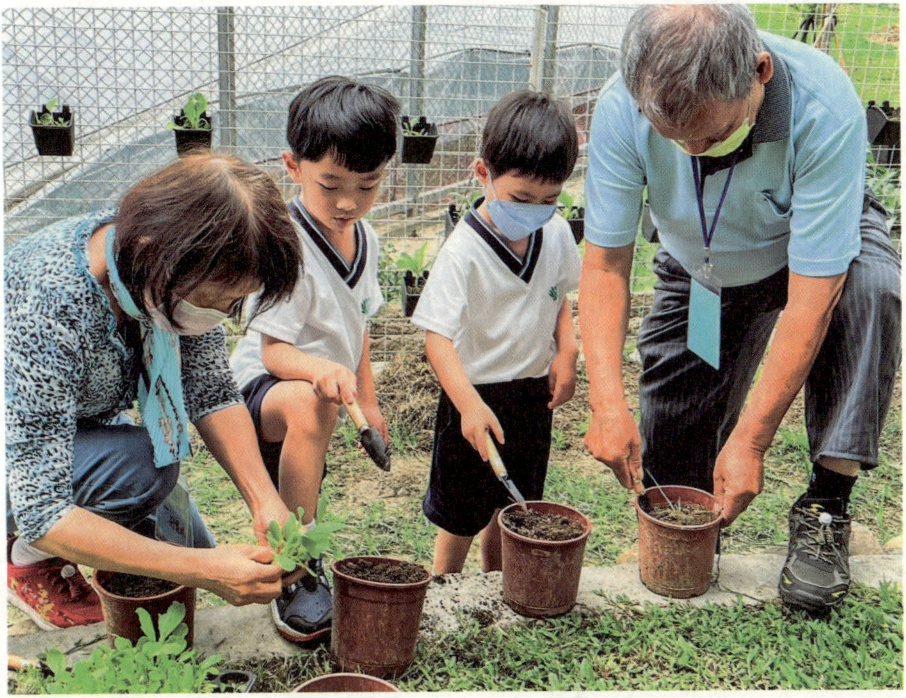

3. 爺爺奶奶教孩子們種菜、寫書法和講故事,傳承智慧和傳統文化,促進世代融合與社會和諧。
4. 環保桌遊考驗長輩的反應力與腦力,由社區長照據點長輩純手工再製,富含 SDGs 綠色永續再生意義。

四、慈濟環保站的作用及慈濟醫院失智症共照模式

(一) 目前台灣社區照顧現況:社區關懷據點

台灣的社區關懷據點,旨在提供在地老化支持,讓長者能在熟悉的環境中獲得照顧與關懷。這些據點通常由政府、慈善組織或民間團體設立,透過健康促進活動、共餐、訪視與電話問安服務,提供高齡者綜合支持。例如,健康講座和運動活動幫助長者保持身心健康,共餐服務讓長者不僅能獲得足夠的營養,還能透過社交活動減少孤獨感。這些據點為獨居或行動不便的長者提供定期訪視、送餐服務,並協助他們在日常生活中獲得心理和情感支持。此外,這些據點還提供諮詢與轉介服務,將長者引導至其他專業機構,以達成更全面的支持。

(二) 台灣慈濟環保站的社區高齡照護

慈濟環保站在環保領域展現卓越成效,也成為長期照護社區據點的典範。至 2023 年底,慈濟在全球 19 個國家設有 568

個環保站和8,132個社區環保點,累計台灣有91,982名環保志工。這些志工通過資源回收的實際行動,達到了顯著的環保成果——減少了3,287,957公噸的碳排放,這相當於種植8,454座大安森林公園所能吸收的碳量。

1. 慈濟環保站的功能擴展:老人身心健康支持

慈濟環保站的另一重要功能是能夠為長者提供了社會參與的機會。

參與資源分類與回收活動,長者能獲得適度的身體運動,延緩體能退化。回收活動要求的手眼協調運動,不僅有助於刺激腦部活化,還能防止認知功能的減退,對失智惡化的減輕有顯著成效。研究表明,定期進行有規律的環保活動,能夠減緩失智症狀的惡化。大林慈濟醫院的失智症照護模式結合了社區參與和環保活動,透過刺激長者的記憶力與邏輯思考,延緩腦功能退化的速度。環保活動除了讓長者記住回收分類的細節並保持思維的專注,訓練腦部,提高認知功能,避免腦退化的過早發生外,這樣的活動也讓長者與志同道合的朋友互動,形成互助支持的社交圈,減少了孤獨感和憂鬱情緒,增強了自信心。此外,這些環保活動提升了長者的自我認同,讓他們能以實際行動回饋社會,感受到自身對環境和社會的貢獻,進一步增強了自尊心。

（三）慈濟醫院的醫養合一照顧模式：以失智症為例

大林慈濟醫院結合醫院和社區，構建了失智症的醫養合一共照模式，這種模式不僅能夠滿足患者的醫療需求，也能提升照護者的生活品質，為台灣長期照護體系提供了寶貴經驗。

1. 一站式的失智症門診服務

大林慈濟醫院針對失智症患者設有「一站式」的綜合服務，結合了醫師、心理師和社工師的協作。神經內科醫師提供病情評估和認知訓練，心理師協助患者進行情緒管理，社工師評估並安排所需的社會支持。這種服務減少了患者在不同部門間來回奔波的麻煩，提高了就醫效率。跨專業團隊的合作讓醫療資源更加整合，能夠即時調整患者的需求。

2. 支持照護者的壓力管理

失智症患者的家屬或照護者往往承受巨大的壓力。大林慈濟醫院考量照護者的需求，設置了減壓支持服務，並提供定期的團體輔導，讓照護者能分享經驗和互相支持。心理師會進行個別諮詢，並提供放鬆訓練，幫助照護者找到適當的情緒調適方法。這些措施減少了照護者的壓力，有助於他們長期投入照護工作，同時提升照顧品質。

3. 多層次的社區支持網絡

慈濟醫院在社區中設置了失智症共照中心，透過「互助家庭」、「居家醫療」、「住宿式照護」及「社區失智據點」等方式，為患者提供多元化的支持。互助家庭計畫使患者能在社區中找到情感支持，避免社交孤立；居家醫療派遣專業人員進行健康評估和護理，確保患者在家中也能獲得適當的照護。

針對病情較重的患者，慈濟醫院設置了住宿式照護服務，提供安全、舒適的長期照護環境。此外，社區失智據點成為患者的活動中心，透過專業照護人員的安排，讓患者參加記憶訓練和健康促進活動，延緩病情惡化。這種多層次的照護模式有效提升了患者及其家庭的生活品質，使患者能夠在熟悉的環境中得到安全、穩定的照護。

五、長照政策建言

(一) 家庭與照顧者工作友善環境支持鼓勵

人才短缺競爭激烈，隨著少子化問題更為嚴峻。利用照顧輔助設備與 ICT 資通的優質工作環境，減少搬抬與負重等友善環境建構，將成為吸引醫護人才的關鍵因素。因此，政府應通過政策和資金支持，減輕家庭照護者與照顧工作者的身心負荷壓力。除了提供更多的培訓和資源，未來應加強科技創新及適當

運用零抬舉技術，鼓勵家庭與年輕工作者參與長期照護。

（二）長照管家服務品質提升的多樣性與靈活性

監督與控管長照服務，並開放長照自費管家服務，讓長照服務兼顧服務品質與案家客製化的需求。自費服務的彈性是長照服務中的重要環節，能夠讓家庭根據自身經濟狀況和長者需求，選擇適合的服務項目和頻率，確保照護的多樣性和靈活性。這種彈性安排不僅提升了服務的品質，還能有效解決部分家庭在公共資源不足時的緊急需求，使得長照服務更具人性化和適應性。

（三）鼓勵科技創新

政府應支持和推廣科技在長照產業中的應用，如智能家居、遠距醫療等，提高服務效率和效果。加強與科技企業的合作，開發更多符合老年人需求的創新產品，推廣可穿戴設備、健康管理系統等技術，提升老年人的自我健康管理能力。

（四）建立長照服務評估與監管機制

建立完善的長照服務評估與監管機制，確保長照服務的品質和效果。定期對長照機構進行評估，公開評估結果，讓老年人和其家屬能夠選擇優質的長照服務。加強對長照機構的監管，

確保其遵守相關法律法規和服務標準。透過整合資源、提升服務品質和促進社區融合等方式，可以有效解決當前長照政策面臨的困境，為老年人提供更優質的照護服務。

（五）結合大健康大環境支持建立全人、全責、全社區的創新模式

慈濟透過環保站和醫療資源的有機結合，打造了一個服務長者、推動環保的創新模式。環保站在達成環保目標的同時，也成為老人參與社會、維持身心健康的場域。大林慈濟醫院的失智症共照模式不僅改善了患者的醫療照護，還通過多層次的社區支持網絡，讓患者和照護者都能在社會中找到歸屬和支持。支持這種能夠激勵人類潛能並尊重其基本權利、人性尊嚴及自主獨立與社會共助共生共益的創新模式，在面對台灣高齡化挑戰時，提供了多重價值的解決方案。

長照新政策的未來展望──落實健康台灣大策略

主　　編／林元清、邱文達、王懿範
撰　　文／邱文達、林元清、王懿範、祝健芳、王銀漣、李玉春、許志成
　　　　　林珏赫、黃偉嘉、曾珮玲、黎家銘、詹鼎正、楊宜青、李光廷
　　　　　余尚儒、王維昌、蔡芳文、蔡孟偉、徐建業、郭佳雯、饒孝先
　　　　　江秉穎、許明暉、鄭聰明、林慶豐、李孟智、黃元德、賴仲亮
　　　　　歐建慧、林三齊、簡以嘉、王蘭福、劉　芳、張詩鑫、吳麥斯
　　　　　莊淑婷、林名男（依篇次先後）

發 行 人／王端正
合心精進長／姚仁祿
主 責 長／王志宏
叢書主編／蔡文村
美術指導／邱宇陞
出 版 者／經典雜誌
　　　　　財團法人慈濟傳播人文志業基金會
地　　址／台北市北投區立德路二號
電　　話／（02）2898-9991
劃撥帳號／19924552
戶　　名／經典雜誌
製版印刷／禹利電子分色有限公司
經 銷 商／聯合發行股份有限公司
地　　址／新北市新店區寶橋路235巷6弄6號2樓
電　　話／（02）2917-8022
出版日期／2025年2月初版
定　　價／新台幣600元

版權所有　翻印必究
ISBN 978-626-7587-31-7（平裝）

Printed in Taiwan

國家圖書館出版品預行編目(CIP)資料

長照新政策的未來展望──落實健康台灣大策略 / 邱文達，林元清，王懿範，祝健芳，王銀漣，李玉春，許志成，林珏赫，黃偉嘉，曾珮玲，黎家銘，詹鼎正，楊宜青，李光廷，余尚儒，王維昌，蔡芳文，蔡孟偉，徐建業，郭佳雯，饒孝先，江秉穎，許明暉，鄭聰明，林慶豐，李孟智，黃元德，賴仲亮，歐建慧，林三齊，簡以嘉，王蘭福，劉芳，張詩鑫，吳麥斯，莊淑婷，林名男撰文；林元清，邱文達，王懿範主編.
-- 初版. -- 臺北市：經典雜誌，財團法人慈濟傳播人文志業基金會，2025.02
　　面；　公分　ISBN 978-626-7587-31-7（平裝）
1.CST: 高齡化社會　2.CST: 長期照護　3.CST: 衛生政策　4.CST: 臺灣
544.81　　　　　114001234

[經典]
HUMANITY
[人文]